经济预测科学丛书

全球集装箱港口系统预测：“四环”研究框架

汪寿阳　许利枝　谢　刚　著

科学出版社
北　京

内 容 简 介

本书以系统工程思想为指导，从时间、空间及经济贸易三个维度构建一个从中心逐渐向外辐射的全球集装箱港口系统“四环”研究框架。所构建的全球集装箱港口系统“四环”研究框架，反映了全球生产贸易格局、全球货物流量和流向的系统特征。同时基于所构建的全球集装箱港口系统“四环”研究框架以及 TEI@I 方法论港口系统集成预测研究方法框架的理论研究，分析全球典型集装箱大港的发展趋势，以显著地提高对全球集装箱港口系统的分析与预测能力，推动预测理论和方法的研究与发展。

本书可供从事物流、海运和港口及经济管理与预测研究的研究人员、政府有关管理部门的工作人员，以及港口和航运企业发展战略研究和从业人员阅读。本书也可供高等院校的管理科学、海运和港口经济、物流管理、应用经济学等专业的教师和研究生阅读。

图书在版编目（CIP）数据

全球集装箱港口系统预测：“四环”研究框架 / 汪寿阳，许利枝，谢刚著. 一北京：科学出版社，2020.6

（经济预测科学丛书）

ISBN 978-7-03-064184-7

Ⅰ. ①全… Ⅱ. ①汪… ②许… ③谢… Ⅲ. ①集装箱码头－港口管理－系统工程－研究 Ⅳ. ①U656.106

中国版本图书馆 CIP 数据核字（2019）第 297967 号

责任编辑：徐 倩 / 责任校对：贾娜娜
责任印制：张 伟 / 封面设计：无极书装

科 学 出 版 社 出版
北京东黄城根北街 16 号
邮政编码：100717
http：//www.sciencep.com

北京虎彩文化传播有限公司 印刷
科学出版社发行 各地新华书店经销
*
2020 年 6 月第 一 版 开本：720 × 1000 1/16
2020 年 6 月第一次印刷 印张：11 1/4
字数：227 000

定价：102.00 元

（如有印装质量问题，我社负责调换）

丛书编委会

总　　序

中国科学院预测科学研究中心（以下简称中科院预测中心）是在全国人民代表大会常务委员会原副委员长、中国科学院原院长路甬祥院士和中国科学院院长白春礼院士的直接推动和指导下成立的，由中国科学院数学与系统科学研究院、中国科学院地理科学与资源研究所、中国科学院科技政策与管理科学研究所、中国科学院遥感应用研究所、中国科学院大学和中国科技大学等科研与教育机构中从事预测科学研究的优势力量组合而成，依托单位为中国科学院数学与系统科学研究院。

中科院预测中心的宗旨是以中国经济与社会发展中的重要预测问题为主要研究对象，为中央和政府管理部门进行重大决策提供科学的参考依据和政策建议，同时在解决这些重要的预测问题中发展出新的预测理论、方法和技术，推动预测科学的发展。其发展目标是成为政府在经济与社会发展方面的一个重要咨询中心，成为一个在社会与经济预测预警研究领域中有重要国际影响的研究中心，成为为我国和国际社会培养经济预测高级人才的主要基地之一。

自2006年2月正式挂牌成立以来，中科院预测中心在路甬祥副委员长和中国科学院白春礼院长等领导的亲切关怀下，在政府相关部门的大力支持下，在以全国人民代表大会常务委员会原副委员长、著名管理学家成思危教授为前主席和汪同三学部委员为现主席的学术委员会的直接指导下，四个预测研究部门团结合作，勇攀高峰，与时俱进，开拓创新。中科院预测中心以重大科研任务攻关为契机，充分发挥相关分支学科的整体优势，不断提升科研水平和能力，不断拓宽研究领域，开辟研究方向，不仅在预测科学、经济分析与政策科学等领域取得了一批有重大影响的理论研究成果，而且在支持中央和政府高层决策方面做出了突出贡献，得到了国家领导人、政府决策部门、国际学术界和经济金融界的重视与高度好评。例如，在全国粮食产量预测研究中，中科院预测中心提出了新的以投入占用产出技术为核心的系统综合因素预测法，预测提前期为半年以上，预测各年度的粮食丰、平、歉方向全部正确，预测误差远低于西方发达国家；又如，在外汇汇率预测和国际大宗商品价格波动预测中，中科院预测中心创立了TEI@I方法论并成功地解决了多个国际预测难题，在外汇汇率短期预测和国际原油价格波动等预测中处于国际领先水平；再如，在美中贸易逆差估计中，中科院预测中心提出了计算国际贸易差额的新方法，从理论上证明了出口总值等于完全国内增加值和完全进口值之和，提出应当以出口增加值来衡量和计算一个国家的出口规模和两个国家之间的贸易差额，发展出一个新的研究方向。这些工作不仅为中央和政府高层科学决策提供了重要的科学依据和政策建议，所提出的新理论、新方法和新技术也为中国、欧洲、美国、日本、东南亚和中东等国家和地区的许多研究机构所广泛关注、学习和采用，产生了广泛的社会影响，并且许多预测报告的重要观点和主要结论为众多国内外媒体大量报道。最近几年来，中科院预测中心获得了 1 项国家科技进步奖、6 项省部级科技奖一等奖、8 项重要国际奖励，以及张培刚发展经济学奖和孙冶方经济科学奖等。

中科院预测中心杰出人才聚集，仅国家杰出青年基金获得者就有 18 位。到目前为止，中心学术委员会副主任陈锡康教授、中心副主任黄季焜教授、中心主任汪寿阳教授、中心学术委员会成员胡鞍钢教授、石勇教授、张林秀教授和杨晓光教授，先后获得了有"中国管理学诺贝尔奖"之称的"复旦管理学杰出贡献奖"。中科院预测中心特别重视优秀拔尖人才的培养，已经有 2 名研究生的博士学位论文被评为"全国优秀博士学位论文"，4 名研究生的博士学位论文获得了"全国优秀博士学位论文提名奖"，8 名研究生的博士学位论文被评为"中国科学院优秀博士学位论文"，3 名研究生的博士学位论文被评为"北京市优秀博士学位论文"。

为了进一步扩大研究成果的社会影响和推动预测理论、方法和技术在中国的研究与应用，中科院预测中心在科学出版社的支持下推出这套"经济预测科学丛书"。这套丛书不仅注重预测理论、方法和技术的创新，而且也关注在预测应用方面的流程、经验与效果。此外，丛书的作者们将尽可能把自己在预测科学研究领域中的最新研究成果和国际研究动态写得通俗易懂，使更多的读者和其所在机构能运用所介绍的理论、方法和技术去解决他们在实际工作中遇到的预测难题。

在这套丛书的策划和出版过程中，中国科技出版传媒股份有限公司董事长林鹏先生、副总经理陈亮先生和科学出版社经管分社社长马跃先生提出了许多建议，做出了许多努力，在此向他们表示衷心的感谢！我们要特别感谢路甬祥院士，以及中国科学院院长白春礼院士、副院长丁仲礼院士、副院长张亚平院士、副院长李树深院士、秘书长邓麦村教授等领导长期对预测中心的关心、鼓励、指导和支持！没有中国科学院领导们的特别支持，中科院预测中心不可能取得如此大的成就和如此快的发展。感谢依托单位——中国科学院数学与系统科学研究院，特别感谢原院长郭雷院士和院长席南华院士的长期支持与大力帮助！没有依托单位的支持和帮助，难以想象中科院预测中心能取得什么发展。特别感谢学术委员会前主席成思危教授和现主席汪同三学部委员的精心指导和长期帮助！中科院预测中心的许多成就都是在他们的直接指导下取得的。还要感谢给予中科院预测中心长期支持、指导和帮助的一大批相关领域的著名学者，包括中国科学院数学与系统科学研究院的杨乐院士、万哲先院士、丁夏畦院士、林群院士、陈翰馥院士、崔俊芝院士、马志明院士、陆汝钤院士、严加安院士、刘源张院士、李邦河院士和顾基发院士，中国科学院遥感应用研究所的李小文院士，中国科学院科技政策与管理科学研究所的牛文元院士和徐伟宣教授，上海交通大学的张杰院士，国家自然科学基金委员会管理科学部的李一军教授、高自友教授和杨列勋教授，西安交通大学的汪应洛院士，大连理工大学的王众托院士，中国社会科学院数量经济与技术经济研究所的李京文院士，国务院发展研究中心李善同教授，香港中文大学刘遵义院士，香港城市大学郭位院士和黎建强教授，航天总公司710所的于景元教授，北京航空航天大学任若恩教授和黄海军教授，清华大学胡鞍钢教授和李子奈教授，以及美国普林斯顿大学邹至庄教授和美国康奈尔大学洪永淼教授等。

许国志院士在去世前的许多努力为今天中科院预测中心的发展奠定了良好的基础，而十余年前仙逝的钱学森院士也对中科院预测中心的工作给予了不少鼓励和指导，这套丛书的出版也可作为中科院预测中心对他们的纪念！

汪寿阳

2018年夏

前　言

20 世纪 60 年代以来，港口系统受社会发展和经济全球化进程、全球供应链管理以及国际贸易发展等外部因素驱动，受港口客户降低成本和追求高水平服务需求、港口间争夺客户竞争的加剧和实现港口功能的扩大与整合需求等内部因素驱动，同时受集装箱标准化运输技术和信息技术等技术发展因素的催化，港口自身，以及港口在物流链，区域贸易链和全球贸易、生产供应链中的功能与作用不断演化发展，结构发生了重大变革。一些大的港口已经从过去的装载中心逐渐发展为全球贸易与物流中心，成为港口所处的物流链，区域贸易链和全球贸易、生产供应链的重要组成部分和全球价值链系统中的一个要素。从系统分析的角度来看，港口本身是相互联系并由共同运营的许多子系统组成的复杂动态开放系统，同时港口系统又逐层成为物流链系统，区域贸易链系统和全球贸易、生产供应链系统的子系统，从而构成了包含港口子系统的层次性复杂系统。

从地理维度来看，目前全球集装箱港口系统在各主要地区、国家、区域以及全球四个维度上形成不同职能和结构模式的“四环”集装箱港口系统，且不同层次和维度上的港口系统相互联系，任意系统的变化会在不同程度上引起和刺激其他系统的改变，不同集装箱港口系统之间的复杂联系，使港口体系演化既呈现一定的规律和不同的发展特征，也形成了一个多层次、多关联的全球集装箱港口复杂大系统。

从历史发展的时间维度来看，20 世纪 60 年代以来，随着世界贸易中心向西移动，全球集装箱运输的重心由欧美向亚洲转移。集装箱港口系统和主要港口在不同的历史发展时期不断崛起，所沿的时间路线为：欧美主要港口—日本主要港口—东亚韩国、中国香港和中国台湾以及东南亚主要港口—中国内地（大陆）主要港口。同时，集装箱港口在不同维度上分别从属于某一国的某一地区，从属于全球的不同区域，受不同地理区域不同经济运行环境影响。

在这样的背景下构成的不断动态变化的复杂系统，需要一个反映整个系统特性、功能和空间结构特征的港口复杂系统研究分析与研究方法框架，分析系统各层影响港口的关键因素及其与港口系统的关联性，揭示港口复杂系统的本质、动态运行的规律和发展趋势，收集并研究港口系统、港口所属系统及其运行环境、运行模式、结构和未来发展趋势的关键信息，从而科学规划港口未来的发展规模并制定长期战略决策。

本书以系统工程思想为指导，从时间、空间及经济贸易三个维度构建一个从中心逐渐向外辐射的全球集装箱港口系统"四环"研究框架。所构建的全球集装箱港口系统"四环"研究框架，反映了全球生产贸易格局、全球货物流量和流向的系统特征。

针对集装箱港口系统的研究问题，基于所构建的全球集装箱港口系统"四环"研究框架，本书提出一个新的融合模型、方法和技术，将定量模型、定性知识和集成技术相结合的集装箱港口系统研究方法框架。同时，基于新建立的港口系统研究方法框架，选择处理复杂系统的 TEI@I 方法论，来构建 TEI@I 方法论港口系统集成预测研究方法框架。从该集成预测研究方法框架的研究步骤本身来分析，在 TEI@I 方法论框架下，使用不同的预测方法和技术，如传统的计量经济模型，基于文本挖掘的判断预测模型和一些智能预测模型等，这些不同类型的预测技术在某种意义上是互补的，将这些预测技术集成起来产生鲁棒预测技术，从而获得更满意的预测结果。

在实证研究上，基于所构建的全球集装箱港口系统"四环"研究框架和 TEI@I 方法论港口系统集成预测研究方法框架的理论研究，分别构建并预测了"一环"珠三角港口系统的集装箱吞吐量、"二环"中国港口系统的集装箱吞吐量、"三环"亚洲港口系统的集装箱吞吐量、"四环"全球港口系统的集装箱吞吐量，以及全球前二十大集装箱港口实证研究，预测和分析全球各主要集装箱港口的货运需求。

基于 TEI@I 方法论的理论和实证研究，进一步将集装箱港口发展的现象和规律，以及所识别的定量指标与 TEI@I 方法论的研究思路、方法和技术相结合，提炼 TEI@I 方法论实证研究中不同时序分解集成预测技术方法与数据特征之间的相互匹配关系，确定与之相匹配及兼容的分解和集成方法，以有效刻画集装箱港口系统未来发展的各因素间相互作用机制，构建全球主要港口集装箱货运量的 TEI@I 方法论综合集成预测模型，定量研究全球典型集装箱大港的发展趋势，这样能显著提高全球集装箱港口系统的分析与预测能力。

在本书的研究与撰写过程中，我们得到了许多同行与朋友的鼓励、支持与帮助，包括中国科学院预测科学研究中心陈锡康教授、杨晓光教授、邹国华教授、杨翠红教授，北京航空航天大学黄海军教授、任若恩教授、王惠文教授，中国科学院成思危教授、董纪昌教授，美国北卡罗来纳州立大学方述诚教授，美国康奈尔大学洪永淼教授，北京大学王一鸣教授，中国科学院科技战略咨询研究院徐伟宣教授，北京联合大学黄先开教授以及香港城市大学黎建强教授。本书研究工作得到了国家自然科学基金委员会（项目编号：

71390330、71390331 和 71840002）和中国科学院预测科学研究中心的资助，对他们表示衷心的感谢！

由于作者水平有限，书中难免存在不足之处，恳请专家和广大读者批评指正。

作　者

2018 年 3 月

目　　录

第1章 绪　论

本章拟阐述集装箱港口系统理论和实证研究的重要意义，并对现有的相关研究进行梳理和总结，从而得出本书的研究思路和研究内容。1.1 节论述了本书的研究背景和意义；1.2 节综述了预测研究及集装箱港口预测研究现状、全球集装箱港口系统发展理论研究现状及分析和研究综述评述；1.3 节概括了本书主要内容。

1.1 研究背景和意义

20 世纪 60 年代以来，随着全球经济一体化与国际贸易自由化日渐加强，产业分工在全球范围内逐步深化，国家与地区之间的贸易合作日益紧密，作为国际贸易发展的重要支撑，集装箱运输技术应运而生，并在全球范围内广泛传播。集装箱运输技术的传播不仅促进了世界产业结构和经济格局重大调整，而且深刻影响了全球港口系统的发展和演进。一方面，随着全球化进程的加快和全球贸易的不断扩张，全球集装箱港口系统的空间规模不断扩大。根据联合国贸易和发展会议（United Nations Conference on Trade and Development，UNCTAD）的 *Review of Maritime Transport* 2017 报告，2016 年集装箱贸易量达 17.20 亿吨，为 1990 年的 7.3 倍；同时，随着世界贸易重心的不断转移，集装箱港口系统的空间演进轨迹和重心区域也不断变迁。目前，随着世界产业结构和经济格局的重大调整与变革，世界集装箱航线的布局和全球集装箱港口系统已逐步形成，并在全球各主要地区、国家、区域等不同空间地理维度上形成不同职能和结构模式的集装箱港口系统。另一方面，随着全球集装箱港口系统空间规模的不断扩大，国际许多集装箱港口系统的功能不断演变。20 世纪 80 年代以来，世界上许多国家或地区的集装箱港口已经完成了从交通基础性功能设施向国际市场资源配置枢纽的转型，已经从过去的装载中心逐渐发展为全球贸易与物流中心，成为港口所处的物流链，区域贸易链和全球贸易、生产供应链的重要组成部分和全球价值链系统中的一个要素（许利枝和汪寿阳，2014）。因此对全球、各区域以及各国的经济和社会发展而言，集装箱运输不仅是世界经济发展和国际贸易增长的重要保障，而且是国家的一种战略资源，还涉及港口国家和所在城市的经济命脉以及众多企业的核心利益和价值。

在实践中，顺应全球经济和贸易发展趋势，以及集装箱港口系统的历史和区域发展与演进特点，世界各国主要贸易区域集装箱港口以及相应的基础性航运服务产业得到各国的高度重视。依托港口城市，创造优势条件吸引航运企业的集聚，形成航运集聚区，最终将港口打造成国际航运中心，已经成为各国政府的政策导向。因此，正确并深入理解集装箱港口系统发展的历史规律和未来的发展趋势，充分认识并把握集装箱港口功能演变的内在规律和特点，可为港口、港口所在城市的发展和港口所在国家的经济增长提供决策必需的重要信息，对正确指导港口规划建设、确定港口投资规模和促进地区经济发展具有特别重要而深远的战略意义。

自2008年全球金融危机爆发以来，美国发生的金融危机逐渐波及欧洲、美洲、亚洲等主要经济体并扩展到实体经济，进而演变成全球性经济危机，严重冲击了世界经济和贸易，使世界经济和贸易格局发生了深刻复杂的变化。作为世界经济和贸易的载体，2008 年全球金融危机以来，世界经济和贸易格局的重要变化，使全球集装箱航运市场进入新一轮调整发展时期，全球集装箱航运系统在发展趋势和重心，以及发展模式上均发生复杂的变化。首先，金融危机以来，主要经济体尤其是发达经济体增长乏力，贸易保护的国家已经从发展中国家扩展并转为发达国家，全球航运需求的变化给全球集装箱港口系统带来很大冲击，全球集装箱港口系统的发展趋势大幅度放缓，并波及整个集装箱航运产业链。其次，世界经济发展在向新兴市场倾斜，经济全球化的主体日益多元化，相应的集装箱航运新兴市场的表现持续良好，尤其是亚洲、非洲和拉丁美洲的需求十分强劲，全球集装箱港口系统的格局发生了变化，发展重心向新兴市场倾斜。此外，面对新的市场形势，国际集装箱航运服务业不断调整，港口和航运企业开始重新审视发展思路，加快调整经营战略和发展模式，加强合作，通过管理转型与创新在新环境下谋求新发展。

全球集装箱航运和港口布局与世界经济格局发展相吻合，且集装箱运输作为与国际贸易的主要支撑，与国际贸易的形成演化相耦合。从中长期来看，世界经济和贸易结构的重要变化对集装箱运输业的影响将长期存在，给全球集装箱港口系统的发展带来新的发展问题和挑战。其一，在经历2008年全球金融危机之前的快速规模扩张和金融危机带来的重创之后，世界经济和贸易发展出现新的重大转折与变革，集装箱港口系统顺应经济需求的发展将进一步实现功能的升级和延伸，从而全球集装箱海运的需求环境无法恢复到原来的轨道。在全球新的经济发展格局和贸易发展结构下，全球港口系统的未来发展趋势和格局如何？发展方向在哪里？其二，在未来新的全球集装箱贸易格局下，将面临新的挑战，如何制定相应的前瞻性战略，是港口管理者关心的重点问题，也是港口城市管理者和港口所在国家需要特别明确的问题。

对中国而言，自1978年改革开放以来，中国对外贸易的快速发展以及集装箱技术在我国的不断扩散，使中国集装箱运输迅速崛起并实现了快速增长。2012年中国港口集装箱吞吐量已连续9年居全球第一，全球每4个集装箱运输就有1个来自或去往中国。中国已经被公认为世界最大的集装箱货源地，中国已成为全球和亚洲区域集装箱港口系统的核心，中国东部沿海地区已成为全球集装箱运输最活跃的地区。随着我国集装箱港口系统规模的不断扩大，港口系统布局与吞吐量结构不断优化，形成了珠三角、长三角和环渤海三大集装箱港口系统。其中，上海港、深圳港、宁波-舟山港、广州港和青岛港纷纷跻身全球前十大集装箱港口，且上海港超过了新加坡港，成为全球第一大集装箱港口。总的来说，我国集装箱港口运输格局基本稳定，枢纽港集聚效应不断提升，专业化集装箱码头建设取得显著成绩。同时，企业在深化全球港口供应链布局方面取得突破。我国集装箱码头国际化投资和经营取得进展，码头投资和运营商的品牌效应增强，国际竞争力明显提高。然而与国际许多集装箱港口相比，我国集装箱港口系统服务于区域经贸发展以及综合物流和航运的功能还有较大差距。首先，从港口经济的角度来看，我国作为出口导向型国家，集装箱港口系统促进了我国港口城市宏观层面的经贸与产业积聚，然而，我国集装箱港口系统在推动港口所在城市经贸发展方面的辐射作用尚未得到很好发挥，港口的资源配置功能、工业功能、服务于地方经济发展的创新功能均有待提升。其次，我国集装箱港口系统的航运服务软环境建设还十分欠缺，在物流、通关、金融等航运服务功能方面不够健全。在港口保税物流园区的建设、高附加值高端航运服务业的发展方面，尤其是航运交易、航运信息、航运咨询、航运保险、海事法律服务等行业与世界强港还有较大差距。此外，企业跨国经营水平不高，全球港口供应链布局有待深化，航运供应链上的竞争优势有待增强。从当前我国港口集装箱运输的发展态势来看，跨地区投资和经营将成为大型码头投资和运营商的普遍选择。在我国企业“走出去”的发展背景下，我国大型航运企业在跨国经营上虽然具有一定的经验和基础，但是与国际跨国公司相比还有较大差距。

2008年全球金融危机以来，中国外部需求环境以及全球集装箱系统的变化，在短期内大幅度放缓了中国集装箱港口系统的发展趋势，使中国集装箱港口系统及整个航运产业链的问题和矛盾凸显。此外，近年来中国经济战略有了很大的变化，经济发展进入“新常态”发展时期，尤其是2014年以来，国务院提出要继续实施西部开发、东北振兴、中部崛起、东部率先的区域发展总体战略，重点实施“一带一路”倡议、京津冀协同发展战略、长江经济带战略。新的国家战略不但包括对外开放战略，也与国内的区域发展密切相关。在全球新的经济和贸易格局下，在全球集装箱港口系统新一轮的调整时期，加之在中国经济“新常态”发展背景下和国家新的发展战略下，中国各区域的经济和贸易发展需要新理念、新思路并采取新举措，进而带动中国经济结构的进一步优化、中国加工贸易的深度升级转型，中国集装箱港口系统的发展将进入港口产业链发展的新阶段；在新的环境和发展阶段以及中国经济贸易发展的“新常态”背景下，中国集装箱港口系统未来的发展趋势、特征和演化格局如何？不仅决定着中国未来发展，而且直接影响着世界航运市场的走势，以及全球航运业的供给和竞争格局。同时，新的发展阶段需要相关管理者重新评估港口的现有组织、管理结构和策略。如何加快发展方式转变和加速转型、如何完善港口功能和提高综合服务质量，以及如何提高资源效益和资产效率等问题对中国未来的发展有着重要的意义。

综上所述，研究集装箱港口系统未来，尤其是港口系统未来 5～10 年的中长期发展趋势、演化格局有重要的理论贡献、实际应用价值和广泛的应用前景；对科学设计未来我国主要集装箱港口相应的发展规模、港口综合物流功能和航运服务功能的扩展方向与重心等方面将有重大而深远的作用和意义。在这样的背景下，本书以系统工程思想为指导，基于世界经济、生产贸易格局与全球集装箱航运和港口重心发展格局，从时间、空间及经济贸易三个维度上构建一个从中心逐渐向外辐射的全球集装箱港口系统“四环”研究框架；基于所构建的全球集装箱港口系统“四环”研究框架，基于汪寿阳教授提出的针对复杂系统数据生成机理、数据特征的 TEI@I 方法论，构建全球主要港口集装箱货运量的 TEI@I 方法论综合集成预测模型，定量预测研究全球集装箱港口系统、全球典型集装箱大港的发展趋势。

1.2 研究现状及分析

随着全球贸易、新技术和港口越来越私有化等的重大变化，港口在全球经济和贸易中的地位，在运输系统、物流和供应链中的功能与作用不断演变，带动了对港口的学术研究需求。目前在预测理论和方法研究、港口经济和全球集装箱港口系统发展理论研究均取得了很好的进展，为我们进一步建立港口系统研究分析和方法框架、港口系统集成预测研究方法框架等提供了扎实的理论和实证基础。

1.2.1 预测研究及集装箱港口预测研究现状

时间序列预测是管理科学与大数据分析领域重要的研究主题之一（Granger and Jeon，2007；汤铃等，2016）。时间序列预测研究涉及各种研究领域，如经济、金融、社会、物流、能源、环境与气候等，一直是各研究领域重要的热点与难点问题。准确把握主要研究变量在时间维度上的波动特性与趋势变化，是深入理解研究系统机制机理和演化规律的基础，是决策分析与政策制定工作强有力的理论依据与数据支持（Gooijer and Hyndman，2006）。现有研究从特定的研究领域和研究对象出发，构建和改进各式各样的预测方法，试图提高其研究对象的预测精度和效能。Makridakis 等（1983）和 Armstrong（1985）对预测方法与技术进行了系统的总结，出版了关于预测理论与方法的专著。许伟等（2011）利用四个国际著名的科学文献数据库（Science Citation Index Expanded、IEEE Xplore、ScienceDirect 和 SpringerLink）对预测研究方法进行了统计分析，结果表明，自2000 年以来，定量分析的方法发展迅速，四个数据库中使用最多且发展速度最快的是自回归求和滑动平均（autoregressive integrated moving average，ARIMA）模型、人工神经网络（artificial neural network，ANN）、混合模型（hybrid model，HM）（Gholamian et al.，2006）和支持向量机模型（support vector machine，SVM）；其中基于统计和计量的预测方法文献数量比较稳定，且应用广泛；采用混合模型进行预测研究的文献数量自 2000 年以来增长较快，且实证研究结果也表明混合模型可以取得比较好的预测结果。此外，近期的文献综述从主流预测方法出发，讨论其预测方法在时间维度上的演化过程。汤铃等（2016）对广泛应用于各研究领域的主流时间序列预测技术进行了全面的梳理，总结了在时间维度上时间序列预测研究大致经历了三个阶段，即基于传统计量模型的时间序列预测研究，基于人工智能算法的时间序列预测研究，以及近年来新兴的基于混合模型的时间序列预测研究，并归纳了它们在函数形式与模型估计等方面存在的明显差异，总结了各类模型的特点及优劣势。

20 世纪 50 年代中期，美国兰德公司提出了系统分析的方法论。之后很多学者提出了关于系统、复杂系统和复杂巨系统分析的一般方法论（钱学森等，1990；钱学森，1991；戴汝为，1997）和集成方法论（Sandelowski，2000；汪应洛，1998；Zhang and Zhang，1999；顾基发和唐锡晋，2006；顾基发等，2007），成为了解决复杂工程系统、经济金融系统和社会发展系统等问题的重要研究方法论。钱学森在 1992 年详细地论述了解决开放巨系统的方法论，在定性到定量综合集成方法论的基础上，将国内外科技发展中的成功经验加以总结，进一步把定性到定量综合集成方法论加以拓展。其中，在国内研究中，一个重要的工作是 Wang（2004）针对复杂系统提出的 TEI@I 方法论，该方法论很好地实现了钱学森倡导的定性到定量综合集成研究思想。该方法论基于复杂系统的数据生成机理、数据特征，引入复杂系统前沿分析技术“先分解后集成”思想，将文本挖掘（text mining）技术、传统计量（econometrics）、人工智能（artificial intelligence，AI）及系统集成（integration）技术相融，以发挥各模型优势并弥补其不足，提高了模型的分析与预测性能和预测精度。TEI@I 方法论研究初期是为研究外汇市场及国际原油市场而提出的分析和预测复杂动态系统的方法论，目前，该方法论已经成为时间序列混合模型中的一种主流方法，在 TEI@I 方法论框架下，构造出各种不同的具体预测方法，是预测理论和技术的一个重要突破。该方法论目前已经应用在原油价格、汇率、进出口、物流和大宗商品价格（Wang et al.，2005；余乐安等，2006；汪寿阳等，2007；闫妍等，2007；郭琨等，2012；Tian et al.，2009）等具有高度波动性和复杂系统的预测研究上。余乐安等（2006）、汪寿阳等（2007）综述并总结了不同研究领域和研究对象的预测研究，实证研究结果表明，TEI@I 方法论基于复杂系统特征和"先分解后集成"思想，将时间序列数据分解为易于刻画的简单子系统和分量，不仅降低了建模难度，提高系统分析研究的可行性与有效性，而且极大地改善了模型预测性能，取得了很好的预测效果。

全球集装箱航运和港口布局与世界经济格局发展相吻合，且集装箱运输作为与国际贸易的主要支撑，与国际贸易的形成演化相耦合。随着全球贸易系统的动态发展和不断演化，全球港口集装箱货运需求系统复杂程度逐步提高。对于港口集装箱货运需求序列而言，时间序列数据不仅具有趋势性和季节性等线性与规则性的特征，而且受港口腹地经济结构和市场发展的影响，同时受一些突发事件的影响，如全球大规模制造业的转移、海盗猖獗、局部战争和码头工人罢工等事件（Tian et al.，2013，2015），数据序列具有极大的波动性、复杂性和不规则性等非线性特征。相应的，基于港口货运需求时间序列数据的预测研究方法也在时间维度上不断进行演化。与其他领域研究的演化进程基本一致（汤铃等，2016），在港口集装箱货运需求预测研究领域，时间序列预测方法可大致分为 4 个阶段和相应的 4 个类别，即传统计量模型、人工智能模型、集成两个或两个以上方法的组合模型以及基于复杂系统前沿分析技术"先分解后集成"思想构建的处理复杂系统问题的预测研究方法论。

第一阶段，首先，在关于港口集装箱吞吐量预测的早期预测研究中主要采用经济计量模型，以定量地研究集装箱港口和港口系统。其中，在大多数的预测研究中采用时间序列分析方法，用于非平稳随机序列的自回归求和滑动平均（autoregressive integrated moving average，ARIMA）模型和用于含有季节波动的非平稳随机序列季节自回归求和滑动平均（seasonal autoregressive integrated moving average，SARIMA）模型是典型的经济计量模型，已经被广泛应用于港口集装箱货运量的时间序列数据的预测研究中（Peng and Chu，2009）。例如，Schulze 和 Prinz（2009）运用 SARIMA 模型和 Holt-Winters 指数平滑方法对德国多个港口的集装箱吞吐量进行了预测研究。其次，随着计量理论和实证模型的发展，更多地研究逐渐开始采用相对复杂的计量模型，同时也识别并引入集装箱货运需求数据动力系统的影响因素，分析潜在发展和演化规律，从而预测港口货运需求的发展趋势。例如，Seabrooke 等（2003）定量研究了影响中国香港货物流量的主要因素，包括宏观经济状况、地区竞争、中国加入世界贸易组织（World Trade Organization，WTO）、中国大陆与台湾地区直接贸易的建立、中国香港经济重建等，如采用误差修正模型（error correction model，ECM）对中国香港集装箱吞吐量需求的预测（Fung，2002；Hui et al.，2004；Yap and Lam，2006）。Chou 等（2008）采用修正的回归模型，将人口、国内生产总值（gross domestic product，GDP）、国民生产总值（gross national product，GNP）、股票指数、劳动人口、工业生产指数等经济指标作为解释变量，对中国台湾的进口集装箱吞吐量进行了预测。然而，ARIMA/SARIMA 等时间序列模型的不足之处在于当数据序列中存在非线性特征时，捕捉不到复杂序列的非线性模式。

第二阶段，为了更好地捕捉时间序列中的非线性特征，许多预测研究采用一些非线性的人工智能方法来拟合时间序列中的非线性特征，且均得到了很好的预测结果（Lam et al.，2004；Liao and Fildes，2005；Chen and Chen，2010；Xie et al.，2013，2017）。例如，Lam 等（2004）将所有商品分为 37 类，运用神经网络技术对 2002～2011 年中国香港货物吞吐量进行了预测，还用蒙特卡罗方法对预测结果进行了可靠性分析。Liao 和 Fildes（2005）采用人工智能中 ANN 非线性模型，对集装箱吞吐量时间序列进行预测实证，实证研究表明，ANN 对数据的非线性特征具有较强的预测能力。Chen 和 Chen（2010）采用遗传规划（genetic programming，GP）、X-11-SARIMA 建模技术预测了中国台湾主要港口的集装箱吞吐量，与 X-11-SARIMA 模型预测结果相比，GP 模型预测的平均绝对误差（mean absolute error，MAE）降低了 32%～36%。然而，基于神经网络模型预测的不足之处在于，该模型容易限于局部优化和过度拟合（over-fitting）问题。在集装箱货运需求预测领域，近年来逐渐开始采用的非线性预测方法还包括 SVM 预测方法，该方法是克服神经网络集成预测模型中遇到的局部优化和过度拟合问题而产生的方法（Xie et al.，2013，2017）。

第三阶段，考虑到港口集装箱货运需求具有极大的波动性、复杂性和不规则性，产生的时间序列通常包含线性和非线性等特征，单独使用某一类模型将不能获得满意的预测结果。在近 10 多年来的集装箱货运需求预测文献中，逐渐开始将不同类型的模型进行组合，构建组合预测模型，以期获得更好的预测结果（Buckley，1968；Mostafa，2004；Huang et al.，2015；Xie et al.，2013，2017；Xiao et al.，2017a，2017b）。考虑到神经网络方法的预测结果与传统的回归分析相对保守可靠，一些研究采用时间序列和神经网络模型以预测港口货运量（Xiao et al.，2017a）。例如，Xie 等（2013）基于港口集装箱货运需求的季节性、波动性、复杂性和不规则性等复杂数据特征，构建了 SARIMA-LSSVR、SD-LSSVR、CD-LSSVR 组合预测模型，对上海港和深圳港集装箱吞吐量时间序列数据进行了实证研究，研究结果表明，尽管有些单一模型的个别评价指标预测精度相对较高，但所构建的 3 个组合预测模型在 4 个评价指标中总体表现一致，并优于其他单独线性和非线性模型。

第四阶段，港口作为全球资源配置中心的一个动态开放的复杂系统（Engelena et al.，2006；许利枝和汪寿阳，2012），与其所处的环境具有大量交互成分，其内部关联复杂且不确定，而且总体行为具有时空多、尺度宽等特性，很难通过系统的局部特性来抽象地描述整个系统的特性，而目前文献中采用单一的线性、非线性预测方法或两种方法的简单集成，很难研究和分析港口物流并科学预测港口货运量，更不用说当港口活动受到偶然性突发事件时，如地震海啸等自然灾害和经济危机等的冲击影响，因此需要从系统工程的角度出发，选择处理复杂问题的预测研究方法来研究集装箱港口系统。

许利枝和汪寿阳（2014）在港口物流货运研究的基础上，基于 TEI@I 方法论，构建了集装箱港口系统的集成预测研究方法框架，定量分析了影响青岛港集装箱货运的线性部分和非线性部分；同时，在结构模型中考虑了同腹地港口间的竞争动态关系，港口物流货运与腹地需求和价格的动态影响关系；还集成分析了其他突发事件干扰因素，如天气、自然灾害、政治因素和全球经济波动等，提高了对港口集装箱货运量的分析和预测能力。之后的相关研究结合分析各集装箱港口系统的不同演化路径和相关的偶然性事件冲击影响，预测了全球前二十大集装箱港口的吞吐量，并连续 10 年将预测研究结果通过媒体向全球发布，对相关行业的方向和决策发挥了重要的作用（许利枝等，2010；汪寿阳等，2011，2012a，2012b，2013，2014，2015，2016，2017；许利枝和汪寿阳，2012）。

1.2.2 全球集装箱港口系统发展理论研究现状及分析

从国内外对集装箱港口系统研究的学术脉络来看，基于集装箱港口的"空间分析"研究主要是通过集装箱港口的历史发展、空间和功能演进以及港口与社会经济系统的相互作用关系变化等方面分析，归纳港口演化的表现特征和基本规律，建立关于港口系统空间结构的理论模型。Hayuth（1981）较早归纳了集装箱港口系统的一般演化模型，之后 Hayuth（1988）的研究引入了基尼系数，根据美国 10 年间集装箱港口系统的实际进程，演绎出集装箱港口系统的一般演化模型，该模型认为集装箱港口系统的一般演化要经历 5 个发展阶段：前集装箱化阶段，集装箱港口初步发展阶段，扩散、巩固和集中阶段，中心枢纽港阶段以及外围挑战阶段，很好地解释了 20 世纪 70～80 年代地区集装箱港口的演化形式与过程。

Hayuth（1981）的一般演化模型成为集装箱港口"空间分析"的理论基础，

之后的研究结合各自所研究的不同区域、国家和地区的集装箱港口系统演化特征对一般演化模型进一步扩展与完善（Gouvernal et al.，2005；Veenstra et al.，2005；Baird，2006；Ducruet and Lee，2007；Guy E and Alix，2007；Hall，2007；Medda and Carbonaro，2007；Tan，2007；Grobar，2008；Lee et al.，2008；McCalla，2008a，2008b；Woo et al.，2011）。国内外代表性的研究成果，如Notteboom（1997）采用赫芬达尔-赫希曼指数（Hefendal-Hirschman index，HHI）以及不同港口间的偏移-分享模型，对欧洲集装箱港口系统的发展过程进行了研究，且研究结果表明，欧洲集装箱港口系统的发展过程呈现出较为明显的分散化趋势；Wang（1998）将港口空间发展的理论模型应用于中国香港港集装箱港口系统的例证研究中；Notteboom 和 Rodrigue（2005）将集装箱港口系统的演进过程进行了进一步总结，提出陆向运输节点的建设和陆向多式联运发展，使同一陆向节点获得多个出海口，加剧了港口分散，从而将早期的模型加以扩展并将港口的功能定义为“节点-扩展-专业化-区域化”的演化过程；Yiping 和 Hitoshi（2010）引入地理经济相结合的新集中度指标，描述了日本、韩国和中国的集装箱港口系统的集中度变化趋势；曹有挥等（2004）在基于国际集装箱港口系统研究范式的基础上，较为深入地研究了中国集装箱港口系统形成的演化机理、空间结构和竞争格局；还有其他的理论模型，如 Hayuth（1982）和 Hoyle（1989）从港口和城市关系的角度分析，建立了港城空间演变关系的模型，研究了港口的空间结构发展演化。

随着经济全球化、市场国际化和信息网络化，集装箱港口进入了具有班轮化、信息化、高效化、网络化、港航一体化等特点的成熟阶段，有关港口系统的理论与实证研究也越来越丰富，并且随着经济和贸易全球化、区域发展一体化进程的加快，有关港口的研究从对单个港口或对一国港口系统的研究逐步转向对全球主要区域港口群和全球港口系统的研究。Pallis 等（2010）的分析结果表明，在 2002～2008 年发表的学术研究文献中，50%是从全球视野的角度研究港口，远高于 1997～2001 年发表的学术研究文献（42%）。从所研究的区域来看，学术界的研究重心集中在北欧港口群（Baird，2002；Ferrari et al.，2006；Gouvernal and Daydou，2005；Notteboom，2010）、北美东西海岸港口群（Kuby and Reid，1992；Luo and Grigalunas，2003；Burroughs，2005；Giuliano and O’Brien，2008）和亚洲港口群（Cullinane and Song，2001；De and Ghosh，2002；Slack and Wang，2002；Notteboom，2006；De，2006），同时研究各港口系统的发展演化模式和竞争格局等特征。其中，对亚洲港口群的研究以研究东亚国家港口群为主，研究主要集中在研究它们之间的动态影响和竞争关系（Fung，2001；Itoh，2002；Cullinane et al.，2004；Lee and Rodrigue，2006；Anderson et al.，2008；Yeo et al.，2008）。也有一些文献研究世界其他地区，如非洲（Hoyle，1999）港口群和澳大利亚（De Langen，2007；Everett，

2007）港口群。学术界基于具体港口的研究主要是国际集装箱运输枢纽港，如亚洲的中国香港港、新加坡港、韩国釜山港，欧洲的鹿特丹港、德国的汉堡港和不来梅港，美国西部海岸的长滩港和洛杉矶港（Wang and Slack，2000；Loo and Hook，2002；Cullinane et al.，2005；De Langen，2005；Frémont and Ducruet，2005；Ducruet，2008；Ducruet and Jo，2008；Grossmann，2008；Ducruet et al.，2009）。

1.2.3　研究综述评述

通过 1.2.1 节和 1.2.2 节预测研究及集装箱港口预测研究现状、全球集装箱港口系统发展理论研究现状及分析，可以得出以下结论和启示。

首先，对于预测方法及其应用研究，尽管针对集装箱港口系统货运量和需求的预测研究取得了一定进展，但现有的理论和实证研究主要是针对不同港口集装箱系统，专注于探索对预测方法的改进和短期预测模型的构建上，而针对全球集装箱港口系统的系统性预测研究还有待进一步深入。因此，从理论与实践上阐述全球集装箱港口系统构建研究框架、研究集装箱港口吞吐量预测模型建立的思想、模型的结构及所采用的主要技术方法，对港口吞吐量的短期和中长期预测的理论与实证研究有着重要的学术贡献。

其次，从对全球各主要港口系统研究来看，国内外学者对集装箱港口系统的演化模式研究大多采用归纳法，即对现有的集装箱港口发展现象和规律的一种归纳与总结；从集装箱港口系统结构定量化研究来看，采用多个指数来研究集装箱港口系统的结构变化、集中与分散等特征。现有的理论和实证研究表明，Hayuth 模式以及之后扩展的一般演化模型，理论概括了集装箱港口系统形成发展过程，揭示了一定地域范围内相关集装箱港口系统的技术扩散规律，以及其与经济规律相互作用的机理，具有一定的普适性和概括性。但需要指出的是，港口系统理论的演进反映了港口发展背景的不断变迁，是当时社会经济环境的产物，具有历史局限性。随着社会经济的深入发展，尤其是港口管理体制的改革和科学技术的进步，港口发展将面临更多的不确定性，由此产生更多的发展新机制和新现象，需要新的港口系统理论和实证研究以提供科学解释或刻画，这些研究有着重要的学术贡献和理论价值。

最后，预测理论和实证研究。基于 TEI@I 方法论的理论和实证研究，进一步将集装箱港口发展的现象和规律，以及所识别的定量指标与 TEI@I 方法论的研究思路、方法和技术相结合，提炼 TEI@I 方法论实证研究中不同时序分解集成预测技术方法与数据特征之间的相互匹配关系，确定与之相匹配及兼容的分解和集成方法，以有效刻画集装箱港口系统未来发展的各因素间相互作用机制，构建全球主要港口集装箱货运量的 TEI@I 方法论综合集成预测模型，定量研究全球典型集装箱大港的发展趋势，这样能显著提高全球集装箱港口系统的分析与预测能力，推动预测理论和实证的研究进程。

1.3　本书主要内容

本书针对全球集装箱港口系统发展特征，在技术路线上，将同时贯彻定性和定量分析相结合，但侧重于定量分析的原则；并采用实践-理论-实践的方针，以保证研究结果具有较高的实际应用价值。

全书分为四大部分，共 10 章。第 1 章绪论，构成了本书的第一部分。主要论述了本书的研究背景和研究意义，预测研究及集装箱港口预测研究现状、全球集装箱港口系统发展理论研究现状及分析，以及本书主要内容。

第二部分为理论研究，包括第 2 章和第 3 章。第 2 章以系统工程思想为指导，基于世界经济、生产贸易格局与全球集装箱航运和港口重心发展格局，从时间、空间及经济贸易三个维度构建一个从中心逐渐向外辐射的全球集装箱港口系统“四环”研究框架。所构建的全球集装箱港口系统“四环”研究框架，反映了全球生产贸易格局、全球货物流量和流向的系统特征。

第 3 章针对港口系统的研究问题，基于所构建的全球集装箱港口系统“四环”研究框架，本书提出一个新的融合模型、方法和技术，将定量模型、定性知识和集成技术相结合的集装箱港口系统研究方法框架。同时，基于新建立的港口系统研究方法框架，选择处理复杂系统的 TEI@I 方法论，来构建 TEI@I 方法论港口系统集成预测研究方法框架，并将其应用于“四环”集装箱港口货运需求的预测和分析研究中。

第三部分为实证研究，包括第 4～9 章。基于第 2 章所构建的全球集装箱港口系统“四环”研究框架和第 3 章所构建的 TEI@I 方法论港口系统集成预测研究方法框架，第 4～8 章分别构建并预测了“一环”珠三角港口系统的集装箱吞吐量、“二环”中国港口系统的集装箱吞吐量、“三环”亚洲港口系统的集装箱吞吐量、“四环”全球港口系统的集装箱吞吐量，第 9 章对全球前二十大集装箱港口进行实证研究，预测和分析全球各主要集装箱港口的货运需求。

第四部分为结论，包括第 10 章，即总结与展望。

具体的研究思路与结构框架如图 1.1 所示。

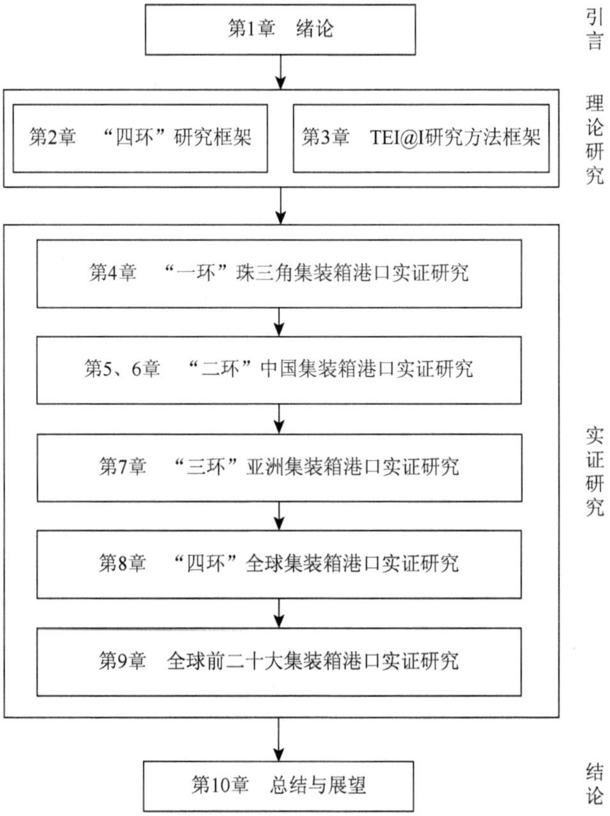

图 1.1　本书研究思路和结构框架

第 2 章　全球集装箱港口系统“四环”研究分析框架

随着集装箱运输技术在全球范围内的扩散，全球主要地区集装箱港口实现专业化，并实现在功能上逐步演化和变革、在空间上迅速扩张。目前，随着世界产业结构和经济格局的重大调整与变革，世界集装箱航线的布局和全球集装箱港口系统已经逐步形成，已在全球各主要地区、国家、区域等不同维度上形成了不同职能和结构模式的集装箱港口系统。本章从地理、经济贸易维度上构建了全球集装箱港口系统“四环”研究分析框架，并进一步设计了从全球贸易生产核心区域向外辐射的全球集装箱港口系统“四环”研究分析框架。

2.1　从地理、经济贸易维度上研究集装箱港口系统

20 世纪 60 年代以来，经济全球化和以国际集装箱化为特征的现代运输方式，极大地推进了世界产业结构和经济格局的重大调整与变革，世界各国、各区域乃至全球的货物流量、流向以及全球货运格局发生了重大的变革。世界上许多国家或地区的国际贸易港口在不到 10 年的时间里已经完成从交通基础性功能设施向国际市场资源配置枢纽的转型，成为全球性国际贸易与运输链中的重要环节，当今世界上每一个国家、区域都已经成为全球性国际贸易与运输链中的一个构成部分。

随着世界产业结构和经济格局的重大调整与变革，世界集装箱航线的布局和全球集装箱港口系统已经逐步形成。从经济、地理的维度来分析，目前全球集装箱港口系统分别在各主要地区、国家、区域以及全球四个维度上，形成了不同职能和结构模式的全球集装箱港口系统“四环”研究分析框架，如图 2.1 所示。

（1）“四环”全球集装箱港口系统。20 世纪 80 年代以来，受全球贸易自由化、交通运输技术尤其是集装箱运输技术、电信技术，以及国际标准化发展的影响，全球化大生产的生产规模和对外扩张的趋势不断扩大。进入 21 世纪以来，世界经济全球化趋势越来越明显，全球主要地区贸易壁垒逐渐消除、商品流通增速、资本流动更自由、各国间经济相互依赖程度日趋加深。越来越多的生产经营活动和资源配置过程在整个世界范围内进行，大量的零部件和半成品全球化生产使国际贸易在相当程度上呈现出乘数效应的结果，带来国际贸易以世界经济 2～3 倍的速度增长；同时，信息和交通运输技术的发展降低了国家间交易成本和运输成本，

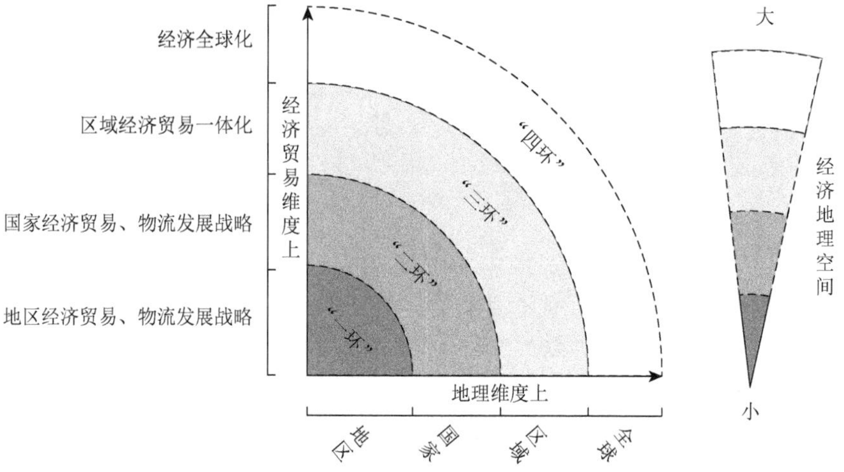

图 2.1　不同维度上全球集装箱港口系统“四环”研究分析框架

全球统一的自由贸易市场使现代企业尤其是跨国生产企业全球采购、生产和销售成为可能。世界各大跨国集团公司全球化生产经营使生产和分销网络日益全球化，大型跨国集团公司在全球范围内寻求资源、成本和效益的最佳组合的经营活动促进了世界经济和贸易结构的调整与发展。

受全球生产纵向一体化和生产外包的影响，全球形成新的贸易模式和格局。近年来，这种贸易模式主要表现为亚洲国家从全球进口大量原材料、半成品和零部件等商品用于制造与加工生产，而将产成品大量出口到发达国家和地区，如美国和欧洲。世界集装箱航线的布局最终取决于各地区经济和贸易的发展，世界经济的三大格局使全球集装箱系统形成了欧洲、北美、亚洲三大集装箱运输区域港口系统，其中远东—北美、远东—欧洲和北美—欧洲世界三大集装箱航线将三大集装箱运输区域连接成一个全球集装箱港口系统。

（2）“三环”区域集装箱港口系统。随着经济全球化发展的市场和体制障碍逐渐消除，生产社会化、国际和区域化程度不断提高，各国的生产和流通及其经济活动进一步越出国界。在这个多国经济区域内，贸易壁垒被削弱或消除，生产要素趋于自由流动。20 世纪 90 年代以来，经济全球化的不断发展、全球范围内日益加深的市场化趋向改革，为区域经济贸易一体化的发展奠定了体制基础。全球范围内区域经济贸易一体化迅速发展且不断深化，现有集团成员不断扩展，同时缔结新的区域贸易协议。区域经济贸易一体化成为经济全球化深入发展的新特点和新趋势。

与区域经济贸易一体化的经济发展格局相吻合，目前全球已形成了欧洲、北美、亚洲三大集装箱运输区域港口系统，这三大系统由许多不同规模、不同区域系统特征、不同发展模式的子区域集装箱港口系统构成。例如，亚洲的东亚和东南亚集装箱运输子区域港口系统。其中，东亚地区形成了三大集装箱核心港口系统，东北亚集装箱核心港口系统（包括日本、韩国、中国东北地区主要集装箱港口）、东东亚港口系统［包括中国东部和东南部地区（包括香港和台湾地区）主要集装箱港口］以及东南亚港口系统（包括东南亚国家的新加坡港和马来西亚主要港口），构成了亚洲地区经济和贸易走廊的主体框架（彭传圣，2007）。

（3）在国家以及国家各地区维度上的"二环"和"一环"集装箱港口系统。在经济全球化和区域经济贸易一体化的背景下，国际贸易最显著的变化大部分发生在经济体之间。每一个国家作为独立的经济实体，对世界和区域经济发展的依赖性日益增强，经济全球化和区域经济贸易一体化的发展进一步深化并扩大了一个国家的贸易发展空间。对一个国家而言，港口是整个交通运输体系中不可或缺的重要组成部分，是国内、国际贸易和运输相连接的节点，其布局和发展将直接影响该国在全球和区域经济、贸易中的地位和国际竞争力。集装箱港口作为国家的一种战略资源，各国都在努力将其发展作为国家的战略意图贯彻实施。

20 世纪 70 年代以来，为了保持和发展各自在国际经济发展中的地位，世界上许多国家和地区越来越重视发展沿海国际集装箱港口建设及其与港口相关的交通基础设施的开发建设，许多国家和地区在不到 10 年的时间里完成了从交通基础性功能设施向国际市场资源配置枢纽的转型，成为全球性国际贸易与运输链中的重要环节，从而在全球各主要贸易区域的国家维度上形成了不同模式和功能的"二环"集装箱港口系统。一些国家，如中国、日本、韩国、新加坡和马来西亚已经发展成为全球重要的集装箱运输基地。同时，在一个国家的不同地区形成了"一环"国家内部不同地区集装箱港口子系统，如中国形成了长三角、珠三角和环渤海等不同地区集装箱港口系统。

目前全球集装箱港口系统在各主要地区、国家、区域以及全球四个维度上形成不同职能和结构模式的"四环"集装箱港口系统，且不同层次和维度上的港口系统相互联系，任意系统的变化会在不同程度上引起和刺激其他系统的改变，不同集装箱港口系统之间的复杂联系，使港口系统演化既呈现一定的规律和不同的发展特征，也形成了一个多层次、多关联的全球集装箱港口复杂大系统。

2.2　从"四环"研究设计维度上研究集装箱港口系统

世界集装箱航运和港口布局格局与世界经济格局发展相吻合，且集装箱运输作为国际贸易的主要支撑，与国际贸易的形成演化相耦合（王成金和于良，2007；Guerrero and Rodrigue，2012）。随着集装箱技术迅速向全球扩散和世界贸易重心的不断转移，集装箱港口的空间演进轨迹和重心区域变迁（王成金和于良，2007；Stopford，2009）。基于世界经济、生产贸易格局与全球集装箱航运和港口重心发展格局，构建了一个从中心逐渐向外辐射的全球集装箱港口系统"四环"研究框架，如图 2.2 所示。

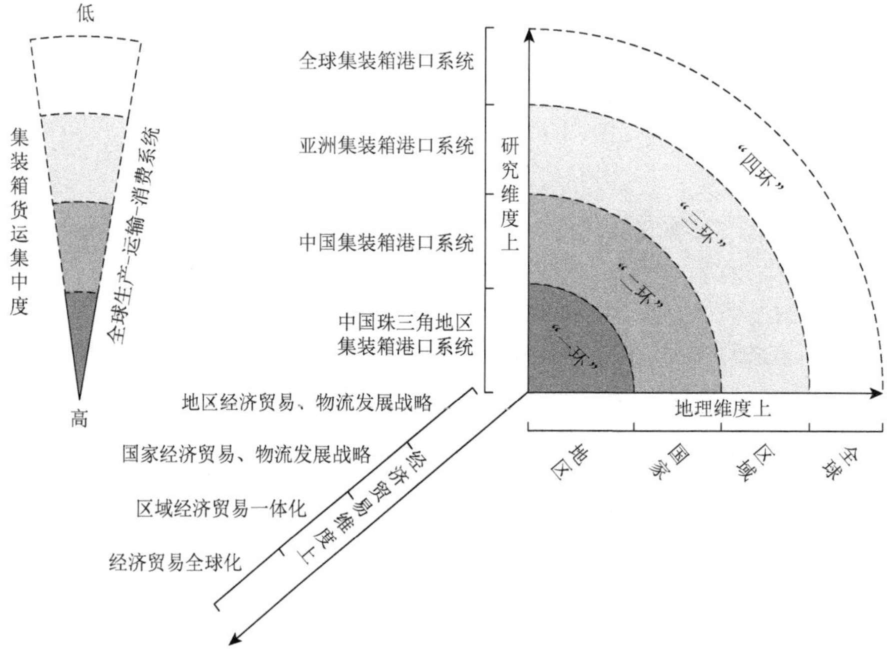

图 2.2　全球集装箱港口系统"四环"研究框架

"四环"全球集装箱港口系统研究重心：亚洲、欧洲和北美。20 世纪 60 年代以来，随着世界贸易中心向西移动，全球集装箱运输的重心由欧美向亚洲转移（Stopford，2009）。从 70 年代初开始，随着北大西洋的贸易网络和欧美两大集装箱港口系统的发展，集装箱技术开始迅速向全球扩散，以及东亚国家或地区，如日本、韩国、中国的台湾和香港等贸易的发展，集装箱港口的布局到 70 年代中期也从欧美扩展到东亚主要贸易国家和地区，如中国高雄、基隆、香港，韩国釜山和日本大阪、横滨、神户等港口迅速兴起，从而形成了亚洲、欧洲和北美三大港口系统（Guerrero and Rodrigue，2012）。目前，北美—东亚、西欧—东亚以及亚洲内部海运贸易发展迅速，逐渐形成了以东亚为中心、面向欧美的贸易流和货流格局。具体表现为，东亚和东南亚为重点组织区域，以此为核心构筑全球集装箱航运网络；亚洲、欧洲和北美三大集聚区域系统构成了全球集装箱港口空间大系统（王成金和于良，2007）。

"三环"区域集装箱港口系统研究重心：亚洲。20 世纪 90 年代以来，全球贸易网络发生很大变化，发展中国家更多地参与到全球生产制造的过程中。根据 UNCTAD 的 *Review of Maritime Transport* 2011 报告，发展中国家海运贸易发展迅速，占全球海运贸易量的 60.6%，而发达经济体为 33.6%。国际海运贸易在全球不同区域的分布方面，亚洲成为主导国际海运贸易的主要区域。2010 年亚洲海运贸易出口达 31.9 亿吨，进口达 38.4 亿吨，2010 年亚洲出口和进口分别占世界五大洲出口和进口的 40%和 55%。

随之，全球集装箱港口系统的区域分布发生了明显的变化，航运网络有了很大的调整，世界集装箱运输的重心继续向亚洲，尤其是东亚倾斜（Fung，2002；Hui et al.，2004）。1990～2000 年东亚国家和地区港口集装箱运输量以 9%的增长率高速发展，高于同期世界港口集装箱的增长速度。到 2000 年，东亚地区港口集装箱运输量总量比 1990 年增加约 2.4 倍，占世界港口集装箱运输量总额的比例也从 25.4%增长到 31.5%（UNCTAD，2011）。其中，中国、日本、韩国、新加坡和马来西亚已经发展成为全球重要的集装箱运输基地。在"三环"区域维度上，亚洲尤其是东亚逐渐成为全球集装箱港口系统的核心。

"二环"区域集装箱港口系统研究重心：中国。自改革开放以来，中国实施出口导向战略，扩大出口贸易，一方面为中国经济的快速增长做出了突出贡献，1978～2009 年，中国国民总收入增长了 17.8 倍，人均国民收入增长了 12.4 倍。另一方面中国贸易的发展不仅对亚洲而且对世界经济的发展以及世界贸易格局和模式的形成也起了决定性作用。中国贸易增长对世界经济增长的贡献率超过了 10%，尤其是对亚洲经济和贸易的发展（乔杜里，2011）。20 世纪 90 年代中期以后，随着中国经济的持续增长和更大规模、更深层次的对外开放，中国逐步成为全球产业链的制造中心，随着中国经济及同全球贸易往来的迅速发展，中国成为东亚开展国际贸易的龙头，在全球贸易网络的地位日渐重要。1978～2010 年中国进出口贸易总额扩大了近 150 倍，2010 年中国在世界贸易中的排名由第 30 位跃居第 1 位。

贸易发展促使中国集装箱港口迅速崛起，尤其是 21 世纪以来，中国港口飞速发展，上海港、深圳港、宁波-舟山港、广州港和青岛港纷纷跻身全球前十大集装箱港口。2010 年中国港口集装箱吞吐量已连续 7 年居全球第一位，上海港超过新加坡港，成为全球第一大集装箱港口。中国东部沿海地区已成为全球集装箱运输最活跃的地区，中国已经被公认为世界最大的集装箱货源地，全球每 4 个集装箱运输中就有 1 个来自或去往中国。在"二环"国家维度上，中国已经成为全球和亚洲区域集装箱港口系统的核心。

"一环"区域集装箱港口系统研究重心：中国珠三角地区。从中国集装箱港口系统整体格局来看，近年来中国不同地区已形成了不同规模和辐射范围集装箱港口系统，如珠三角、长三角和环渤海等主要地区集装箱港口系统。其中，珠三角地区依托中国香港经济、贸易、金融、信息和国际航运中心的优势，形成了规模最大、辐射范围最广的集装箱港口系统。其中，在全球集装箱航运的空间组织网络中，中国香港港迅速发展成为拥有最大集装箱航线挂靠的数量，航班频率仅次于新加坡港的全球第二大港；从与其他港口联系的数量和规模的指标来看，中国香港港是全球最具组织能力和通达性的港口（王成金，2008；Ducruet and Notteboom，2012）。从而形成了以中国香港港、深圳港和广州港为干线港的最具集中趋势与辐射范围的“一环”中国珠三角地区集装箱港口系统。

基于世界经济、生产贸易格局与全球集装箱航运和港口重心发展格局的全球集装箱港口系统“四环”研究框架，反映了全球生产贸易格局、全球货物流量和流向的系统特征，提供了研究和分析全球集装箱港口系统性研究框架。

第3章　TEI@I 方法论理论及实证框架

本章 3.1 节介绍并综述了 TEI@I 方法论理论研究与实证应用；3.2 节基于系统理论基础及港口经济理论，构建并提出了一个新的融合模型、方法和技术，即将定量模型、定性知识和集成技术相结合的集装箱港口系统研究方法框架；3.3 节基于新建立的集装箱港口系统研究方法框架，选择处理复杂系统的 TEI@I 方法论，来构建 TEI@I 方法论港口系统集成预测研究方法框架。

3.1　TEI@I 方法论理论研究与实证应用

在复杂系统中，由于各种组成要素交互作用和外部因素相互影响，基于复杂系统的突现性和非线性等特征，使传统的线性研究范式很难处理复杂系统的相关问题。因此，众多学者被吸引投身于复杂系统领域的研究，从而形成了一个新的交叉性学科——复杂性科学，并涌现出许多新的理论、方法和模型。TEI@I 方法论是 Wang（2004）为研究外汇市场和国际原油市场而提出的分析与预测复杂动态系统的方法论，该方法论目前已经在原油价格、汇率、进出口、大宗商品价格等具有高度波动性和复杂系统的预测研究上取得很好的预测效果。

TEI@I 方法论是一种新的处理一类复杂系统预测的研究方法论，是一种结合传统的统计技术与新兴的人工智能技术的方法论。它是基于“文本挖掘+经济计量+智能技术@集成技术”而形成的。这里用“@”而不用“+”，主要目的在于强调是一种非叠加性的集成，以及集成的中心作用（余乐安等，2006）。TEI@I 方法论以集成思想为核心，以人工智能技术为集成工具，将文本挖掘技术、计量经济模型和人工智能技术综合集成起来，开拓了定量和定性相结合的预测技术研究方向。TEI@I 方法论可构造出各种不同的具体预测方法，是预测理论和技术的一个重要突破。

TEI@I 方法论基于“先分解后集成”思想，首先将复杂系统数据分解为线性主要趋势和非线性的不确定性波动部分，根据数据特征采用不同的方法分析预测分解数据的各部分；其次进行集成，不仅考虑集成数据分解部分，而且考虑基于复杂系统，综合集成系统外部冲击和动态运行结构的影响；最后基于集成的思想，把以上分解复杂系统的各个部分集成起来，形成对复杂系统总体的分析与建模，从而达到分析复杂系统的目的。

目前，TEI@I 方法论已经在原油价格、汇率、进出口、大宗商品价格（Wang et al.，2005；汪寿阳等，2007；闫妍等，2007）等具有高度波动性和复杂系统的预测研究上取得很好的预测效果。汪寿阳等（2007）采用先进的人工神经网络技术和非线性集成技术，提出了几套外汇汇率预测模型，开发了一个集成的外汇汇率预测与交易决策支持系统。同时基于 TEI@I 方法论框架，构造了三个不同的外汇汇率预测模型。实际综合评价结果表明，外汇汇率短期预测（预测期在一周内）在国际上处于领先水平：平均误差精度在 4‰以内，方向预测准确率达到 74.2%（国际同类研究平均误差精度在 7‰～8‰，方向准确率仅在 60%～65%）。这一工作得到了学界和金融业界（如花旗银行和路透集团）的高度好评。该系统在现有类似系统中是一个最好的外汇集成预测系统。

Wang 等（2005）基于 TEI@I 方法论，利用文本挖掘、神经网络、粗糙集理论和专家系统及流行的 Web 技术开发了基于文本挖掘的神经粗糙集专家油价预测决策支持系统。在预测国际石油价格波动的研究领域取得了实质性进展。互联网搜索的结果显示，该系统是一个迄今为止，利用智能集成技术进行定性与定量相结合的最全面的油价预测系统。有关研究论文和技术报告得到了国内外同行的高度好评，基于中国科学院管理、决策与信息系统重点实验室所开发的关于国际石油价格预测的管理、决策与信息系统（management decision and information system，MADIS）也已经得到业界有关专家和人士的关注与好评。

闫妍等（2007）以 TEI@I 方法论为指导，提出房价预测的研究框架，根据研究框架中对小样本数据的处理方法，基于粗糙集理论对 114 个影响房价的指标进行筛选，采用时差相关分析得到先行指标，分别建立回归模型和灰色模型预测季度房价，最后用小波神经网络进行误差校正，得出“国八条”对房地产投资和房价上涨均有显著的抑制作用。郭琨等（2012）基于 TEI@I 方法论，对 2010 年 4 月 30 日发布的北京房地产调控政策的影响强度及持续时间进行分析，并将其与国家调控政策对其他一线城市的影响进行对比。结果发现“京十二条”调控政策对北京市期房和现房交易额的影响显著，而国家统一的调控政策对上海、深圳的房地产交易市场影响较小。

Tian 等（2009）基于 TEI@I 方法论，对珠三角地区香港港集装箱物流货运量进行了预测研究，并将预测方法总结为四个阶段。第一阶段，通过建立计量经济模型，得到线性预测结果并产生非线性数据序列；第二阶段，建立人工智能模型，如神经网络模型对非线性数据序列进行分析处理；第三阶段，挖掘一些可能出现的不规则事件，通过事件分析、专家判断等方法估计事件对指标的影响；第四阶段，通过集成方法进行整合，得到最终的预测结果。结果表明，新的集成方法使预测在精度上有了很大的提高。

张嘉为等（2010）基于 TEI@I 方法论提出了通货膨胀预测的研究框架。通过对通货膨胀的相关影响因素进行分析，建立了因子预测模型、ARIMA 模型、向量自回归模型（vector auto-regressive，VAR）以及马尔可夫状态转移模型，并分别进行了预测。然后采用 Boostrap 方法进行了集成，得到了每种预测方法的权重，并利用截至 2007 年 12 月的数据对 2008 年的月度通货膨胀率进行了集成预测，实证结果表明，新的集成方法使预测结果更为稳定。

综上所述，在 TEI@I 方法论框架下，可构造出各种不同的具体预测方法，这一方法论是预测理论和技术的一个重要突破。更为重要的是将该方法论应用在原油价格、汇率、进出口、大宗商品价格等具有高度波动性和复杂系统的预测研究上取得了令人满意的预测效果。

3.2　集装箱港口系统研究方法框架

在研究港口的过程中，港口系统受社会发展和经济全球化进程、全球供应链管理思想以及国际贸易发展等外部因素驱动，受港口客户降低成本和追求高水平服务需求、港口间争夺客户竞争的加剧和实现港口功能的扩大与整合需求等内部因素驱动，同时受集装箱标准化运输技术和信息技术等技术发展因素的催化，使港口所处的环境具有突变性、高度不稳定性、非线性和不确定性等特征，港口自身，以及港口所在物流链，区域贸易链和全球贸易、生产供应链中的功能与作用不断演化发展，结构发生重大变革。在这样的背景下构成动态变化的复杂系统，需要一个基于港口复杂系统内外发展特征的系统研究方法框架，该系统框架不仅能够构成特殊的研究和认识港口系统的棱镜，而且对研究港口系统方法论有重要的参考价值。

系统分析方法论是指把要解决的问题作为一个系统，对系统要素进行综合分析，找出一套解决问题的程序化的基本工作方法。它反映了研究和解决问题的一般规律与模式，是思考问题和处理问题的一般方法和总体框架（刘军等，2011）。20 世纪 50 年代中期，美国兰德公司提出了系统分析的方法论。之后很多学者提出了关于系统、复杂系统和复杂巨系统分析的一般方法论（钱学森等，1990；钱学森，1991；戴汝为，1997）和集成方法论（Kast and Rosenzweig，1972；Engelena et al.，2006；Sherman et al.，2006；Grammenos，2009）。钱学森（1991）详细地论述了解决开放巨系统的方法论，在定性到定量综合集成方法论的基础上，将国内外科技发展中的成功经验加以总结，进一步把定性到定量综合集成方法论加以拓广。它实际上是将专家群体经验、智慧、数据、信息和计算机有机结合，通过综合集成使认识逐步逼近实际。许伟等（2011）将系统分析方法集成的研究框架总结为一种以数据库、模型库、知识库以及案例库为基础，包括了模型和方法的选择、定量方法和专家经验相融合、模型和方法的评估以及发挥各种方法的优势，将各种方法进行集成的研究框架。

基于系统分析方法论的理论研究基础，建立了港口系统研究方法框架，具体研究和技术路线如图 3.1 所示。首先，港口系统本身在三个层次上分别属于物流链系统、区域贸易链系统和全球贸易、生产供应链系统的子系统，港口系统与这三个系统内其他各子系统动态运行、相互作用并不断调整和演化，从而形成了港口系统动态运行结构。据此，本书将港口动态开放系统的研究分为港口系统和港口系统动态运行结构两部分来研究。

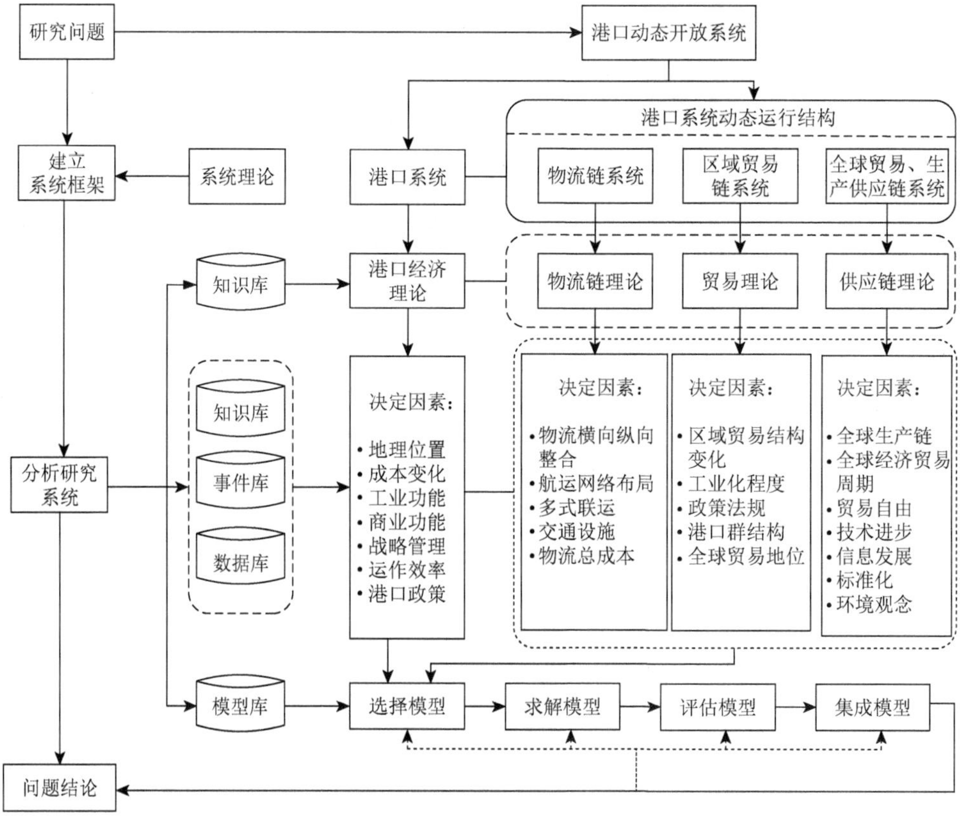

图 3.1　港口系统研究方法框架

其次，根据建立的系统研究方法框架进一步分析研究系统。①从理论上分析系统。根据建立的系统框架，利用知识库中分析各系统的理论知识，从理论上系统研究各子系统，从而建立分析各子系统的理论框架。②定性的分析系统。

基于各系统的理论知识，结合各系统的知识库知识模型集合、数据库中数据和事件库中已有解决方案的集合，确定影响各系统动态发展的关键决定性因素及其相互关系、相关代理变量等，从而为下一步模型选择建立基础。③定量的分析系统。根据上面的分析结果，选择模型，定量评估模型，选择合理的集成方法，更好地将定性和定量方法的分析进行集成，并进一步对集成结果进行分析并反馈回系统分析的各个步骤及相应系统，直到得出所研究问题的系统分析的最终结论。

从物流链系统的角度分析，物流链系统是由物流结点和路线结合在一起构成的物流网络结构，结点和路线的相互关系和配置关系形成了物流链系统的比例关系，即物流链系统的结构。港口作为多种运输模型的交汇和结合点，通过两侧的运输商（船公司和陆上运输商）与物流企业连接国内和国际市场，港口系统成为一条集多种运输方式和物流形态的物流网络链的枢纽节点，同时是由港口企业、船公司、货运代理、船舶代理、装卸公司、码头经营者、内陆运输企业等物流服务商组成的服务价值系统（真虹等，2010）。因此，物流链系统中各子系统的变化、物流网络上各结点、路线及配置关系的调整以及物流链上各服务商的服务模式和规模的变化，将在不同程度上以不同方式动态地影响港口系统功能的发展演化和结构的变革。

20 世纪 90 年代，随着全球贸易产品的运输服务需求不断增加，以港口为核心的物流链系统发生了巨大的变化。例如，以航运公司为核心的物流链各物流服务商，通过贸易协议、运营协议等加强合作，通过兼并和收购等方式实现横向与纵向一体化，以获得共赢并减少运营成本和降低运营风险，达到共享市场和规模经济，提高市场支配力和服务质量。航运服务商规模因此不断增大，实力不断增强，航运船舶也逐渐向大型化发展，航运路线结构也随之变得更加复杂而不稳定。随之，全球港口投资逐步开始向私有化发展，兴起了全球港口和码头运营商，扩建了许多深水泊位、物流和工业园区，以适应船舶大型化发展和班轮运输网络设计变化的需求。

从区域贸易链系统、全球供应链系统来分析，作为派生性需求，港口货运需求来源于区域贸易发展和供应链节点企业对港口的选择。为最大限度地满足贸易发展和供应链上供需方面货物流通的需求，当前港口与港口腹地和供应链的结合比以往任何时候都更紧密，托运人选择港口不仅根据港口的费用、服务质量和效率，而且还要优先考虑港口所在物流链的流畅性、陆路和水路可达性，考虑所属区域贸易货物流向和供应链走向。同时，区域贸易结构、区域贸易政策和发展战略的变化将影响港口在全球运输网络中的地位与作用，供应链核心企业对节点企业的不同选择会导致供应链结构的变化，从而影响客户的选港策略。港口失去客户的危险不仅仅来自港口基础设施的不足、码头运营不善，更多的来自区域政府贸易发展的规划、客户供应链网络的重新布局，或是与新的物流服务供应商建立合作关系而导致更换所需服务的港口。

港口系统研究方法框架，根据各层系统的理论结构，定性地分析各层系统的相互关系，确定系统的关键因素和变量，作为定量分析系统的依据，从不同系统层次上认识和分析港口系统并通过综合集成，揭示港口复杂系统的本质、动态运行的规律和发展趋势，收集并研究港口系统、港口所属系统及其运行环境、运行模式、结构和未来发展趋势的关键信息，从而逼近港口系统发展实际、科学规划港口未来的发展规模并制定长期战略决策。

港口系统研究方法框架，针对研究的港口其动态开放系统的特点，采取从上到下，从整体到部分，并把宏观和微观研究统一起来的研究路线。同时根据研究路线建立相应的基于理论和实证研究的技术路线，并将系统所涉及的信息、知识和模型技术综合集成，最终从整体上提出研究港口复杂系统的系统分析方法框架。在解决和研究系统的过程中，融合模型、方法和技术，将定量模型、定性知识和集成技术相结合，从而克服了单一视角和技术研究问题的缺陷，从不同角度上使用不同方法的研究框架，使获得的知识表达能力和推理能力更强，运行更科学合理、效率更高，以求达到满意的分析和求解问题的效果。

3.3　TEI@I 方法论港口系统集成预测研究方法框架

港口复杂系统具有大量交互成分，其内部关联复杂且不确定，而且总体行为具有时空多、尺度宽等特性，港口系统和更高层的物流链系统、区域贸易链系统以及全球贸易、生产供应链系统相互作用和相互影响，使港口系统中实际问题所处的环境具有突变性、不稳定性、非线性和不确定性等特征，因此很难通过系统的局部特性来抽象地描述整个系统的特性，需要选择处理复杂问题的预测研究方法来研究系统。

基于以上构建的港口系统研究分析框架、港口系统研究方法框架，本书选择处理复杂系统的 TEI@I 方法论。然后基于处理复杂系统的 TEI@I 方法论理论基础和框架，在许利枝和汪寿阳（2014）的港口物流货运预测研究的基础上，构建 TEI@I 方法论港口系统集成预测研究方法框架，如图 3.2 所示。

首先，港口系统自身。一个港口系统发展取决于其自身的条件和供应能力，如港口系统所处全球运输航线的地理位置、港口基础设施条件、港口的管理和运行效率等，从而形成了港口的发展趋势和规模、管理和服务水平、货运结构等。

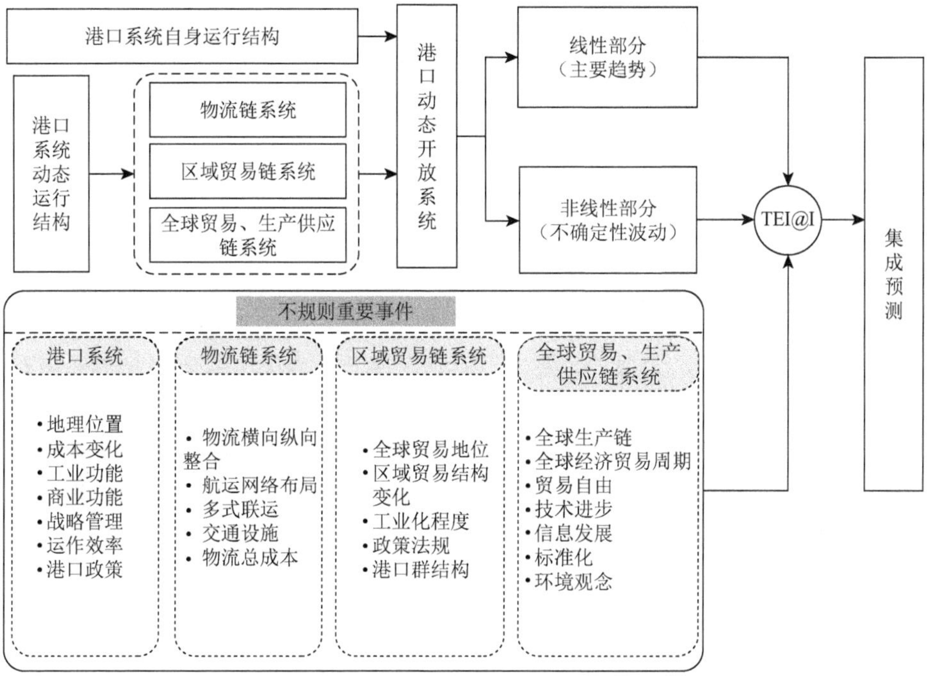

图 3.2　TEI@I 方法论港口系统集成预测研究方法框架

其次，根据系统理论研究建立的港口系统研究分析和方法框架，港口系统本身在三个层次上分别属于物流链系统、区域贸易链系统和全球贸易、生产供应链系统的子系统，港口系统与这三个系统内其他各子系统动态运行、相互作用并不断调整和演化，从而形成了港口系统动态运行结构，因此其系统发展受系统动态运行结构的影响。具体而言，作为地区贸易的重要出口，港口系统受物流结构的陆路可达性、海运航线结构、密度和频次等物流因素的影响与制约，受腹地经济状况、贸易发展方式和产业结构等的影响与制约；同时，很多港口都受与之同一腹地并提供相同服务的竞争港口的影响，构成了港口系统动态运行结构。在更高层次上，港口受所处区域乃至全球经济和贸易发展需求、运行周期、政策和环境等因素影响而动态运行发展。

港口系统自身与港口系统动态运行结构两方面共同作用形成了港口复杂系统的整体动态运行结构，构成了港口动态开放系统发展的主要趋势和不确定性波动趋势。基于港口系统研究方法框架，从模型库中选择合适的经济计量模型预测数据线性部分及数据的主要趋势部分；选择智能技术模型预测数据非线性部分。

再次，港口作为动态开放系统，不同层次系统内决定影响因素的不规则变化和偶然性事件的发生，将对港口系统造成一定程度的冲击，从而影响港口系统的输出。①偶然性事件的冲击对港口系统的影响，如天气、自然灾害、政治因素和全球经济波动等突发事件的干扰因素。②不同层次系统内决定影响因素的不规则变化对港口系统的冲击影响。从港口系统自身来看，港口系统的成本变化、工业功能和商业功能的完善、新的港口政策的出台等；从物流链系统的角度来看，物流横向纵向整合、海运方向航运网络布局的变化、陆运方向多式联运的改进、物流总成本的降低等；从区域贸易链系统和全球贸易、生产供应链系统的角度来看，区域贸易结构的变化、在全球贸易地位的改变、工业化的程度、新的贸易自由政策和环境观念的变化等。所有这些影响因素的不规则变化和偶然性事件均可能给港口系统造成不同程度的冲击，使港口系统所处的环境具有突变性、不确定性和不稳定性。需要选择定量方法和专家经验等定性分析方法相结合的方法来分析和预测集装箱港口货运需求。

最后，以上各部分模型预测结果和判断性调整结果的集成，从研究问题的数据来考虑，港口系统动态运行下形成的时间序列数据很少是纯粹线性或者非线性的，它们通常同时包含线性和非线性。任何一种单独的预测技术不可能捕捉到现实世界中的任何复杂性特征。因此，单独使用某一类模型将不能获得满意的预测结果，将不同类型的模型集成起来可能会获得更好的预测结果。从 TEI@I 方法论的研究步骤本身来考虑、在 TEI@I 方法论中使用了不同的单独预测技术，如传统的经济计量模型、基于文本挖掘的判断预测模型和一些智能预测模型等，这些不同类型的预测技术在某种意义上是互补的。多数 TEI@I 方法论的实证预测研究结果也表明了这一点，如 Wang 等（2005）对外汇汇率和油价预测模型结果进行了分析，表明经济计量中的 ARIMA 模型是一类典型的线性模型，它能有效捕捉时间序列的线性特征，但是它不能拟合时间序列中的非线性特征。而人工智能中的神经网络技术是一类非线性模型，对于时间序列中的非线性特征具有较强的预测能力。将这两个技术集成起来可能会产生一个鲁棒预测技术，从而获得更满意的预测结果。

本书基于 TEI@I 方法论的理论和实证研究，归纳和总结集装箱港口系统发展现象和规律，将所识别的定量指标与 TEI@I 方法论的研究思路、方法和技术相结合，确定与所识别的定量指标相匹配及兼容的分解和集成方法，构建全球主要港口集装箱货运量的 TEI@I 方法论综合集成预测模型，定量研究全球典型集装箱大港的发展趋势。其中，在对各港口集装箱货运量的预测模型构建中采用了各种分解和集成方法，如 SARIMA、SVAR、VECM 等计量经济模型以及 BP 神经网络（back-propagation neural networks，BPNN）模型、LSSVM（least squares support vector machine，最小二乘支持向量机）等非线性技术，这些将在后续章节介绍，同时详细介绍请查阅相关书籍和论文。

第4章 “一环”中国珠三角集装箱港口研究例证

本章预测实证模型构建考虑到突发事件等的影响及时间序列可能存在异常值，提出了一个基于局部异常因子方法（local outlier factor，LOF）的预测模型，并将其应用于中国珠三角主要港口集装箱吞吐量的预测。4.2 节介绍本章使用的主要模型及研究框架；4.3 节以广州港集装箱吞吐量为例，将本章提出的预测模型进行实际应用，并检验模型预测的效果；4.4 节对中国珠三角主要港口 2014 年的集装箱吞吐量进行预测；4.5 节为本章小结。

4.1 引　　言

21 世纪以来，国际贸易高速发展，作为全球贸易的最佳载体，集装箱运输成为国际贸易蓬勃发展的重要动力，集装箱吞吐量已成为衡量全球各大港口竞争力的重要指标。在港口管理过程中，对集装箱吞吐量进行准确预测也是进行科学决策的基础。港口集装箱吞吐量预测是集装箱码头规划过程中最基础、最关键的一个环节，预测的准确与否将影响港口的规划布局、泊位选址、港口经营发展战略等的选择。

集装箱吞吐量预测属于时间序列预测的范畴。当前，针对时间序列问题，国内外学者已进行了大量研究，时间序列预测涉及的模型主要有 ARIMA、指数平滑、因果模型以及人工智能模型（神经网络、支持向量机）等。这些经典的预测模型已被应用于多个领域，如港口吞吐量预测（Chen and Chen，2010；Huang et al.，2015；Gao et al.，2016）、风速时间序列预测（Zhang et al.，2013；Wang et al.，2015；Mi et al.，2017）、电负荷预测（Rana and Koprinska，2016）、交通客流量预测（Beria and Laurino，2016；Li et al.，2017）等。值得关注的是，越来越多的学者在进行预测研究时，为了提高预测模型的精度，在预测之前往往对数据进行适当处理，如使用季节分解（seasonal decomposition，SD）剔除季节因素的影响，使用奇异谱分析（singular spectrum analysis，SSA）（Hassani et al.，2017；Papailias and Thomakos，2017）、经验模型分解（empirical model decomposition，EMD）（Fan et al.，2016）等方法去除序列中的随机干扰。

除此之外，在实际预测时，时间序列常常受到多种因素的影响，有些因素会导致时间序列值出现异常（Hawkins，1980），如集装箱吞吐量会受到诸如金融危机等的影响。异常值的存在会使时间序列预测的误差增大，因此，在对时间序列进行预测时，数据的异常点检测和修复就显得尤为重要。而且，数据本身可能包含噪声，如果不加处理而直接进行预测建模，模型的预测精度会大大降低。

考虑到上述问题，本章提出了一个基于异常值检测的港口集装箱吞吐量预测模型 LOF-SSA-LSSVM。首先，采用 X12 加法季节分解将原始时间序列进行分解，得到季节要素（SF）、趋势循环要素（TC）和不规则要素（IR），其次，采用 LOF 算法对 IR 进行异常值检测，确定异常数据点的位置，通过插值或 LSSVM 的预测值来替代原始季节调整序列中的异常值，得到修复后的季节调整序列（SA），最后，将修复后的季节调整序列与 SF 加总，即得到新的待预测序列。实际预测时，先采用 SSA 方法将待预测序列进行分解重构，剔除序列中的噪声项，然后再采用 LSSVM 方法对其进行预测。通过与 BP、ARIMA 等模型的预测效果进行对比发现，本章建立的 LOF-SSA-LSSVM 模型有更好的预测精度。

4.2　主要模型及研究框架

本章提出的预测模型涉及的主要方法包括 LOF 算法、SSA 方法和 LSSVM 模型等，本节简要介绍其原理及研究框架。

4.2.1　LOF 算法

LOF 是一种基于密度的异常值检测算法（Breuning et al.，2000），它将数据之间的距离和某一给定范围内的数据点的个数相结合，得到“密度”这一概念。与以往基于统计、距离、偏差等的异常检测方法不同，其对异常值的定义不再是非此即彼的绝对异常概念，因而更加符合实际情况。LOF 主要适用于低维空间特征的异常检测，其算法步骤如下（梁小珍，2015）。

（1）对于数据点 p，计算其 k 个最近邻点 $N_k(p)$，这些近邻点满足如下条件：

$$N_k(p)=\{q \mid d(p,q)\leqslant \mathrm{dist}_k(p)\} \tag{4.1}$$

式中，$d(p,q)$ 为样本 p 和 q 之间的欧式距离；$\mathrm{dist}_k(p)$ 为样本 p 与其 k 个最近邻点的欧式距离最大值。

（2）计算样本点 p 和 q 的可达距离 $d_{\mathrm{reach}(p,q)}$：

$$d_{\mathrm{reach}(p,q)}=\max\{\mathrm{dist}_k(p),d(p,q)\} \tag{4.2}$$

（3）计算样本点 p 的局部可达密度 $\mathrm{lrd}_k(p)$：

$$\mathrm{lrd}_k(p)=k\bigg/\left(\sum_{q\in N_k(p)} d_{\mathrm{reach}(p,q)}\right) \tag{4.3}$$

局部可达密度反映的是样本点 p 的 k 邻域内的平均分布密度。

（4）计算样本点 p 的局部异常因子 $\mathrm{LOF}_k(p)$：

$$\mathrm{LOF}_k(p)=\frac{1}{k}\sum_{q\in N_k(p)}\frac{\mathrm{lrd}_k(q)}{\mathrm{lrd}_k(p)} \tag{4.4}$$

通过 LOF 的定义可知，集群内部的样本和其附近样本具有近似的局部可达密度，所以其 LOF 值在 1 附近，而偏离集群中心越远，其异常度量值就越大。因此，局部异常因子值越大，越可能是异常点。实际应用时，通常定义一个临界值，超过此临界值即认为数据异常。为了计算局部异常因子，需要确定每个族中至少包含的对象个数 k。在实际问题中局部异常因子不会随着 k 的增大或者减小而单调递增或递减。

4.2.2 SSA 方法

SSA 方法主要包括分解（嵌入和奇异值分解）和重构（分组和对角平均）两个步骤（Colebrook，1978）。以时间序列 $X=(x_1,x_2,\cdots,x_N)$ 为例，分解和重构的大致过程如下。

1. 分解

1）嵌入

定义时间序列 $X=(x_1,x_2,\cdots,x_N)$，序列长度为 N，设置嵌入维数为 L，L 为整数，且$1<L<N/3$，$K=N-L+1$，定义延迟向量 $X_i=(x_i,x_{i+1},\cdots,x_{i+L-1})^{\mathrm{T}}$，$X$ 的轨迹矩阵为

$$X=[X_1,X_2,\cdots,X_K]=\begin{bmatrix} x_1 & \cdots & x_K \\ \vdots & & \vdots \\ x_L & \cdots & x_N \end{bmatrix} \tag{4.5}$$

轨迹矩阵列向量和行向量均是原始序列 X 的子集，且对角平均后可还原为原始序列。

2）奇异值分解

对 XX^{T} 进行奇异值分解，得到 L 个降序排列的非负特征值 $\lambda_1,\lambda_2,\cdots,\lambda_L$ 以及对应的正交特征向量 $U_1,U_2,\cdots,U_L$，令 d 为非零特征值的个数，则 X 可以表示为如下形式：

$$\begin{cases} X=E_1+E_2+\cdots+E_d \\ E_i=\sqrt{\lambda_i}U_iV_i^{\mathrm{T}} \\ V_i=\dfrac{X^{\mathrm{T}}U_i}{\sqrt{\lambda_i}} \end{cases} \tag{4.6}$$

式中，$\sqrt{\lambda_i}$ 为 X 的奇异值，$\{\sqrt{\lambda_1},\sqrt{\lambda_2},\cdots,\sqrt{\lambda_d}\}$ 为奇异谱；V_i 为主成分；$(\sqrt{\lambda_i},U_i,V_i)$ 为 X 的第 i 个三重特征向量。

2. 重构

1）分组

截取第二步中的前 r 个 E_i 近似 X，并将其分为 M 组，下标 $\{1,2,\cdots,r\}$ 分割为连续的子集 $I_1,I_2,\cdots,I_M$，设第 I_j 组内有 m 个矩阵（不同组的 m 可能不同），$I_j=\{j_1,j_2,\cdots,j_m\}$，然后将每个组内的矩阵相加得到新的矩阵 X_{I_j}，则轨迹矩阵 X 可以近似表示为

$$\begin{cases} X\approx X_{I_1}+X_{I_2}+\cdots+X_{I_M} \\ X_{I_j}=E_{I_{j_1}}+E_{I_{j_2}}+\cdots+E_{I_{j_m}} \end{cases} \tag{4.7}$$

式中，X_{I_j} 的贡献率为 $\sum_{k=1}^{m}\lambda_{I_{j_k}} \Big/ \sum_{i=1}^{d}\lambda_i$。

2）对角平均

对角平均是将矩阵还原为时间序列的方法。设 X_{I_j} 的元素为 y_{ij}，$L^*=\min(L,K)$，$K^*=\max(L,K)$，则 X_{I_j} 还原为对应的时间序列 $\{g_0,g_1,\cdots,g_{n-1}\}$，可由式（4.8）得出：

$$g_k=\begin{cases} \dfrac{1}{k+1}\sum_{m=1}^{k+1}y_{m,k-m+2} & 0\leqslant k<L^*-1 \\ \dfrac{1}{L^*}\sum_{m=1}^{L^*}y_{m,k-m+2} & L^*-1\leqslant k<K^* \\ \dfrac{1}{N-k}\sum_{m=k-K^*+2}^{N-K^*+1}y_{m,k-m+2} & K^*\leqslant k<N \end{cases} \tag{4.8}$$

事实上，奇异值分解后，原序列的信息主要集中在前几个特征值对应的分量中，其余可归为噪声。因此，在实际应用时，我们将确定一个合适的贡献率，将一些主要分量作为重构量分为一组，它们包含了原序列的主要信息，而将余下的分量归为另一组，即噪声。重构出的新序列作为预测模型的输入。

4.2.3 LSSVM 模型

假设存在训练样本数据集：$D=(x_1,y_1)\cdots(x_n,y_n),x_n\in R^m,y_n\in R,i=1,2,\cdots,l$，函数回归问题就是要找到一个函数 f，使通过训练集的训练，对于一个样本以外的 x_d，能够找到其对应的 $y_d=f(x_d)$，并使 y_d 与其实际值 y 的偏差最小。针对非线

性回归估计问题，SVM 模型（Vapnik，2000）利用非线性映射 $\Phi(g)$ 将训练数据非线性映射到一个高维空间，从而使非线性函数估计问题转化为高维特征空间中的线性函数估计问题，设该估计问题的最优决策函数为

$$f(x) = \omega^{\mathrm{T}} g\Phi(x) + b \tag{4.9}$$

式中，ω 为与模型复杂度相关的因素；Φ 表示非线性映射；b 为偏置。

为了同时兼顾回归估计精度和泛化性能，基于统计学习理论（statistical learning theory，SLT）中的结构风险最小化原则，引入间隔的概念，与此同时，为了保证问题有解，引入损失函数，选取不同形式的损失函数可构造不同的标准 SVM。LSSVM（孙斌和姚海涛，2012）与 SVM 的不同之处在于把不等式约束改为等式约束，并把经验风险由偏差的一次方改为二次方。

对于 SVM，约束条件是不等式约束：

$$\min_{\omega,b,\xi} J(\omega,\xi) = \frac{1}{2}\omega^{\mathrm{T}}\omega + c\sum_{k=1}^{N}\xi_k \tag{4.10}$$

$$\text{s.t.}\quad y_k[\omega^{\mathrm{T}}\varphi(x_k)+b] \geqslant 1-\xi_k, \xi_k \geqslant 0,\ k=1,\cdots,N$$

对于 LSSVM，约束条件是等式约束：

$$\min_{\omega,b,e} J(\omega,e) = \frac{1}{2}\omega^{\mathrm{T}}\omega + \frac{1}{2}r\sum_{k=1}^{N}e_k^2 \tag{4.11}$$

$$\text{s.t.}\quad y_k[\omega^{\mathrm{T}}\varphi(x_k)+b] = 1-e_k,\quad k=1,\cdots,N$$

原 SVM 问题中的 ξ 是一个松弛变量，它的意义在于在 SVM 中引入离群点。而对于 LSSVM 的等式约束，等式右侧的 e 和 SVM 中的 ξ 的意义是类似的，最后的优化目标中也包含了 e。LSSVM 中 r 和 SVM 中 c 的意义是一样的，代表权重，用于平衡寻找最优超平面和偏差量最小。

对于标准 SVM，随着样本数据个数的增多，所求解的二次规划问题就越复杂，计算速度也就越慢。LSSVM 采取了等式约束来取代标准 SVM 中的不等式约束，最终可以将优化问题转化为求解一个线性方程组，因此，LSSVM 比标准 SVM 有着更快的训练速度。

模型建立过程中，尤为重要的是核函数的选择以及最优参数的选取。目前常用的核函数有多项式核函数、线性核函数、径向基核函数（RBF）、Sigmoid 函数等。一般来说，最常用的是径向基核函数（姚潇和余乐安，2012），但是要根据实际问题进行分析、选择。对于最优参数的选取，目前主要有两种方法：一是根据经验的“试凑法”，其经验性强，效率低；二是通过编程来自动寻找最优参数。

4.2.4　研究框架

基于上述介绍，本章提出 LOF-SSA-LSSVM 模型框架，如图 4.1 所示。模型

包括两个阶段：异常值检测及修复阶段和预测阶段。步骤大致如下：①对原始时间序列进行季节分解，得到趋势循环要素（TC）、不规则要素（IR）和季节要素（SF）；②运用 LOF 算法对 IR 进行异常值检测；③针对检测到的异常值，将季节调整序列（SA）中对应时间点的异常值以插值或 LSSVM 的预测值代替，修复异常数据；④将修复后得到的新的季节调整序列与 SF 加总，得到新的待预测序列；⑤对新的待预测序列采用 SSA 方法进行分解重构，以去除噪声项，得到降噪后的新的待预测序列；⑥使用 LSSVM 对降噪后的新的待预测序列进行预测，得到最终预测值。本章以广州港集装箱吞吐量为例，说明本章提出的预测模型的有效性。

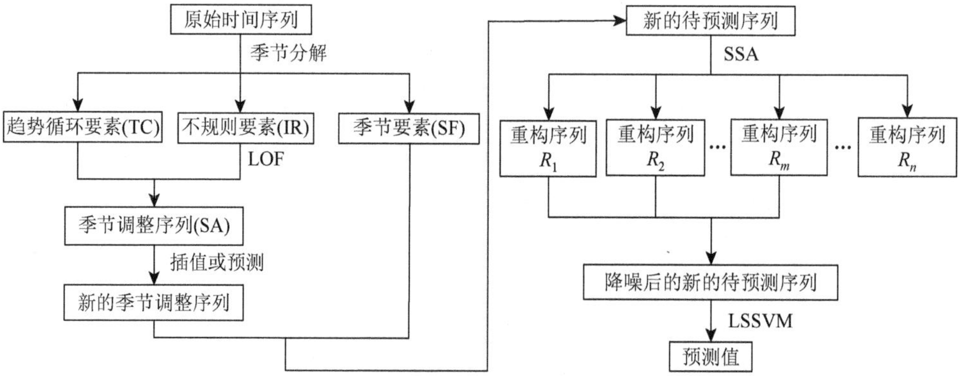

图 4.1　LOF-SSA-LSSVM 模型框架

4.3　集装箱吞吐量预测模型预测效果检验

4.3.1　数据来源及评价准则

本节以广州港集装箱吞吐量为例，选取的数据为 2006 年 1 月～2013 年 12 月港口月度集装箱吞吐量，共 96 个数据，如图 4.2 所示（数据来自 Wind 数据库）。其中，2006 年 1 月～2012 年 12 月共 84 个数据作为训练样本，对模型进行训练。2013 年 1～12 月共 12 个数据作为测试样本，对模型预测精度进行检验。

本节采用平均绝对误差（mean absolute error，MAE）和平均绝对值百分比误差（mean absolute percent error，MAPE）作为预测模型性能的评价指标，其定义如下：

$$\text{MAE}=\left(\sum_{i=1}^{T}\left|y_i-\hat{y}_i\right|\right)\Big/T \tag{4.12}$$

$$\text{MAPE}=\left(\sum_{i=1}^{T}\left|y_i-\hat{y}_i\right|/y_i\right)\Big/T \tag{4.13}$$

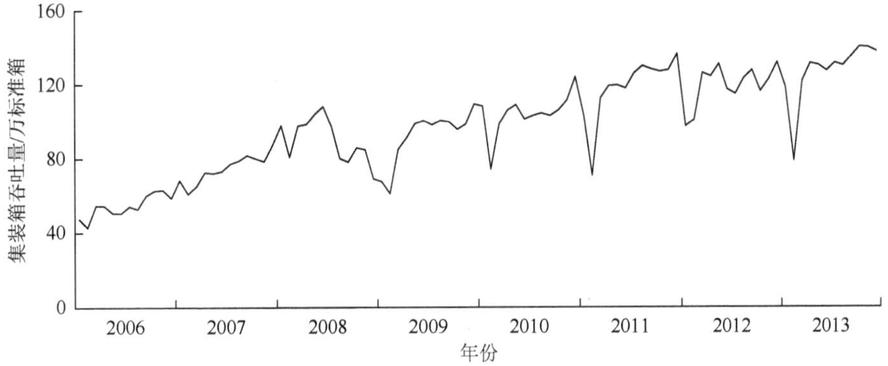

图 4.2 广州港 2006～2013 年集装箱吞吐量

式中，y_i 和 $\hat{y}_i$ 分别为第 i 期的实际值和预测值。显然，MAE 和 MAPE 越小，预测值和实际值的偏差越小，预测结果也就越好。

4.3.2 模型实证结果

1）LOF 检测异常值

由图 4.2 可知，广州港月度集装箱吞吐量具有明显的季节性和趋势性。为了剔除季节要素和趋势循环要素的干扰，本研究采用 X12 加法季节分解。分解后得到的 IR 往往包含数据的异常变动。因此，本章以 IR 为基础，计算每个月份的 LOF 值。

LOF 值具体计算过程如下：首先将原始时间序列进行季节分解，对于分解得到的 IR 应用 LOF 算法，得到每个月份的 LOF 值，以此 LOF 值来判断数据是否异常。其中，4.2.1 节中的 k 距离取为每个月份对应的 IR 值之间的欧氏距离。根据试验及有关文献，本章最终选取 k=10，LOF 临界值为 1.5。

按照上述计算思路，可以得到这 84 个训练数据的 LOF 值，结果如图 4.3 所示。从图 4.3 可知，共检测出 16 个异常值，分别位于 2006 年 12 月、2007 年 2 月、2007 年 11 月、2008 年 1 月、2008 年 6 月、2008 年 8 月、2008 年 9 月、2008 年 11 月、2008 年 12 月、2009 年 1 月、2010 年 1 月、2010 年 2 月、2010 年 12 月、2011 年 2 月、2012 年 1 月、2012 年 9 月。由图 4.2 可知，这 16 个月份的数据具有明显的异常，尤其是 2008 年，数据异常相当显著，表明异常检测具有一定的有效性。查阅有关资料可知，此时期内的港口吞吐量异常变化的主要原因是 2008 年和 2009 年全球发生金融危机。此外需要注意的是，以 LOF 值来判断，在每年 2 月前后，集装箱吞吐量也会出现异常，此种异常主要是贸易周期导致的。

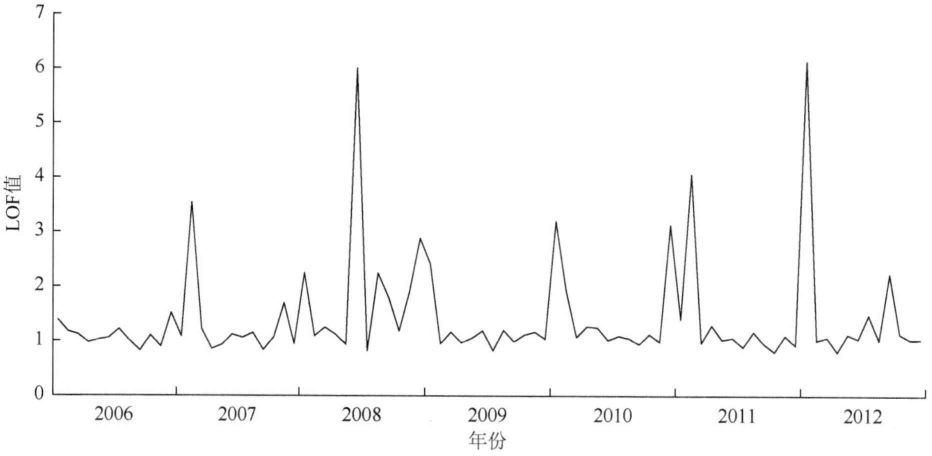

图 4.3　广州港 2006～2012 年训练样本的 LOF 值（k=10）

2）插值及 LSSVM 修复季节调整序列

使用插值及 LSSVM 对异常值所在时间段的数据进行修复。用 LSSVM 进行预测并进行数据修复时，需要保证一定的数据量。LOF 检测到 2006 年 12 月和 2007 年 2 月有异常值，而这两处异常数据之前的数据量过少，无法通过 LSSVM 进行预测并进行数据修复，因此采用常用的插值法（均值法）来修复这两处异常。对于之后的异常值，利用异常值之前的数据，采用 LSSVM 对异常值处进行预测，以预测值代替异常值。

LSSVM 参数选择将影响预测结果。本章在实际应用时，选择的核函数为常用的 RBF 径向基核函数，采用十折交叉验证，训练时以最小化 MAE 为目标。LSSVM 的嵌入维度为 10，即使用前 10 个数据修复之后的 1 个异常数据，然后依次进行后续异常值的修复，直至异常值全部修复完毕。修复前后的结果如图 4.4 所示。可以看到，对异常值进行修复后，2008 年末的吞吐量较修正之前，更为接近预期的可能值，与 2009 年之后的吞吐量相接后，序列更为平稳。

3）新的待预测序列与原始集装箱吞吐量序列

将 2）中得到的修复后的季节调整序列与之前得到的 SF 加总，即可得到新的待预测序列。图 4.5 显示了新的待预测序列与原始集装箱吞吐量序列。

4）SSA 对新的待预测序列进行降噪处理

预测阶段，虽然异常值检测修复将数据中可能的异常值进行了剔除，但是数据序列仍可能包含一定噪声项，因此，本节采用 SSA 方法，将 3）中得到的新的待预测序列进行降噪处理，以期能得到更好的预测结果。

图 4.4 广州港 2006～2012 年修复前后的季节调整序列

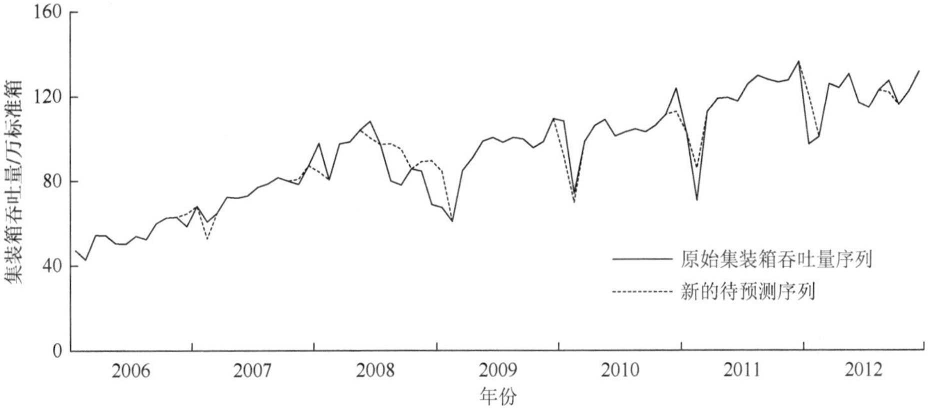

图 4.5 广州港 2006～2012 年原始集装箱吞吐量序列和新的待预测序列

SSA 的嵌入维度 L 是序列分解的关键，一般 L 不超过序列长度的 1/3，且最好为周期的整数倍。本章采用的训练样本数量为 84 个，选取的嵌入维度 L=24（周期的两倍）。SSA 分解得到的重构序列如图 4.6 所示。由图 4.6 可知，图 4.6（a）为第 1 个重构分量，大致反映了原始序列的变化趋势；图 4.6（b）为第 2 个重构分量，以及图 4.6（c）为第 3～9 个重构分量，反映了原始序列的波动情况；而图 4.6（d）为第 10～24 个重构分量，则表现出无规律的噪声波动。

SSA 分解的另一个关键点在于选取多少重构分量之和来代替原始序列，常见的做法是依据特征值所占的累积百分比来确定。表 4.1 给出了 24 个重构分量对应的特征值和方差贡献率，可以看到前 9 个重构分量的累积方差贡献率达到 96.54%，基本上包含了待预测序列的大部分信息。因此，本章以前 9 个重构分量之和来代替新的待预测序列，第 10～24 个重构分量则视为噪声项。图 4.7 为降噪前后的新的待预测序列，可以看到，降噪处理后，序列更加光滑。

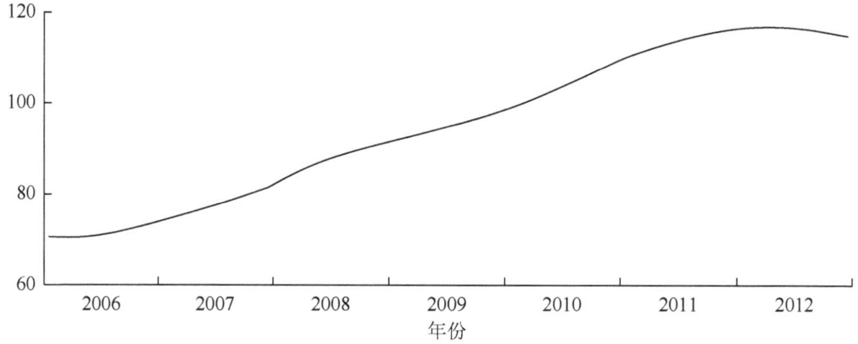

(a) 第1个重构分量

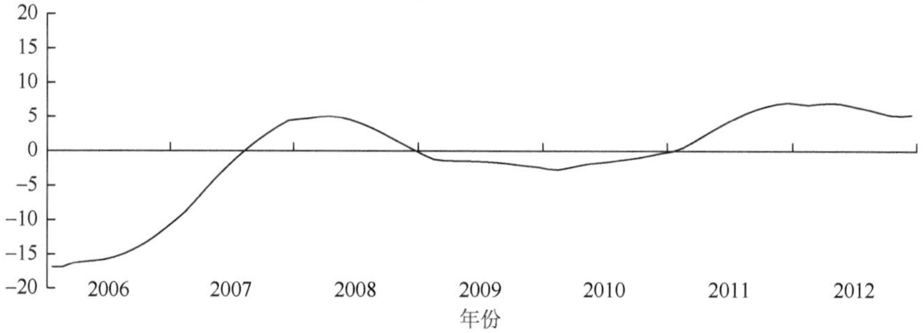

(b) 第2个重构分量

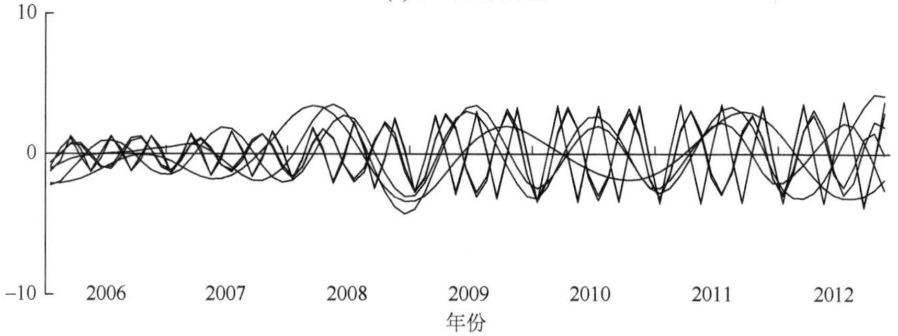

(c) 第3～9个重构分量

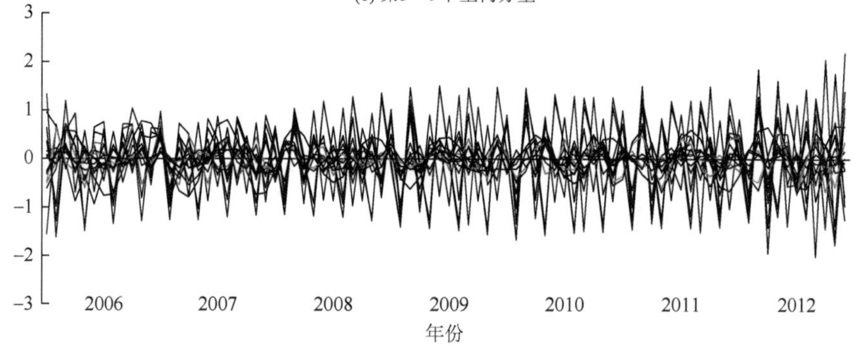

(d) 第10～24个重构分量

图 4.6　广州港 2006～2012 年新的待预测序列的 SSA 重构分量

表 4.1 SSA 重构分量对应的特征值及方差贡献率

序号	特征值	特征值累积求和	方差贡献率/%	累积方差贡献率/%
1	8 908.64	8 908.64	65.02	65.02
2	2 364.53	11 273.17	17.26	82.28
3	446.04	11 719.21	3.26	85.54
4	355.69	12 074.90	2.60	88.13
5	284.44	12 359.34	2.08	90.21
6	224.25	12 583.59	1.64	91.85
7	223.77	12 807.36	1.63	93.48
8	209.67	13 017.03	1.53	95.01
9	209.62	13 226.65	1.53	96.54
10	74.73	13 301.38	0.55	97.09
11	71.49	13 372.88	0.52	97.61
12	49.05	13 421.93	0.36	97.97
13	45.18	13 467.10	0.33	98.30
14	40.39	13 507.49	0.29	98.59
15	30.56	13 538.04	0.22	98.81
16	26.05	13 564.09	0.19	99.00
17	24.50	13 588.59	0.18	99.18
18	23.58	13 612.17	0.17	99.35
19	20.19	13 632.36	0.15	99.50
20	15.66	13 648.01	0.11	99.62
21	15.14	13 663.15	0.11	99.73
22	14.15	13 677.30	0.10	99.83
23	12.00	13 689.31	0.09	99.92
24	11.25	13 700.56	0.08	100.00

图 4.7 广州港 2006～2012 年降噪前后的新的待预测序列

5）LSSVM 对降噪后的新的待预测序列进行预测

经过异常值检测和修复以及预测阶段的 SSA 降噪处理，采用 LSSVM 模型对序列进行预测，最终得到广州港 2013 年集装箱吞吐量的预测值，如图 4.8 所示。从图 4.8 中可以直观地看到，除 2013 年 2 月预测的误差较大外，其他月份的预测值都接近实际值。查阅资料可知，每年 2 月，受贸易周期的影响，国内港口集装箱吞吐量均有一定比例的减少。此外，随着预测期变长，可以看到预测误差逐渐变大，这是预测本身固有的缺陷。

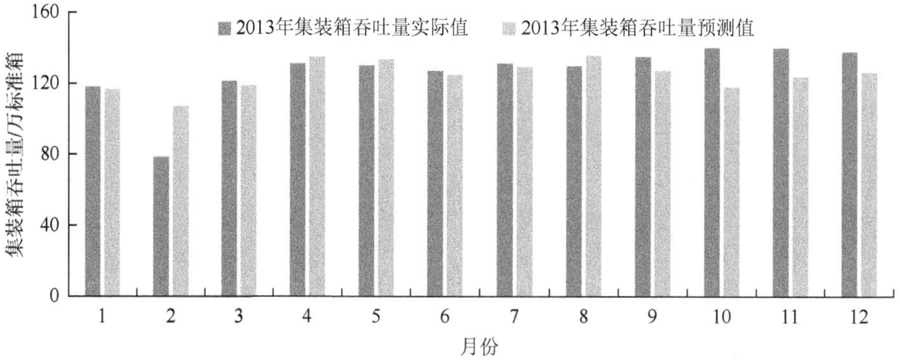

图 4.8　2013 年广州港集装箱吞吐量实际值和预测值

6）本章模型与常用预测模型对比

为了说明异常值修复对于预测精度的提升，以及预测阶段对数据降噪处理的有效性，除本章提出的预测模型（LOF-SSA-LSSVM 模型，简称模型①）外，还选取了一系列对比模型，包括进行异常值处理并降噪的 BP 模型（LOF-SSA-BP 模型，简称模型②）；进行异常值处理并降噪的 ARIMA 模型（LOF-SSA-ARIMA 模型，简称模型③）；进行异常值处理的 LSSVM 模型（LOF-LSSVM 模型，简称模型④）；进行异常值处理的 BP 模型（LOF-BP 模型，简称模型⑤）；进行异常值处理的 ARIMA 模型（LOF-ARIMA 模型，简称模型⑥）；仅降噪的 LSSVM 模型（SSA-LSSVM 模型，简称模型⑦）；仅降噪的 BP 模型（SSA-BP 模型，简称⑧）；仅降噪的 ARIMA 模型（SSA-ARIMA 模型，简称模型⑨）；LSSVM 模型（简称模型⑩）；BP 模型（简称模型⑪）；ARIMA 模型（简称模型⑫）。

模型参数的选择上，LSSVM 模型和 BP 模型的嵌入维度均为 10，即用前 10 期的值来预测下一期的 1 个值。BP 模型网络为 3 层，即输入层、隐含层及输出层，隐含层节点数为 10，训练方式为 traingdx，训练次数为 10 000 次，训练精度为 e^{-4}，学习速率为 0.01。模型③对应的 ARIMA 模型为 ARIMA(3,1,2)。模型⑥对应的 ARIMA 模型为 ARIMA(2,1,3)（一次差分对象为进行了一次对数变换的去除异常值后的序列)。模型⑨对应的 ARIMA 模型为 ARIMA(2,1,2)。模型⑫对应的 ARIMA 模型为 ARIMA(1,2,4)（二次差分对象为进行了一次对数变换的原序列)。

需要指出的是，为了对未知数据进行预测，在进行模型精度比较时，以下仅给出测试样本的预测结果，训练样本的拟合结果不予赘述。预测结果如图 4.9 所示。

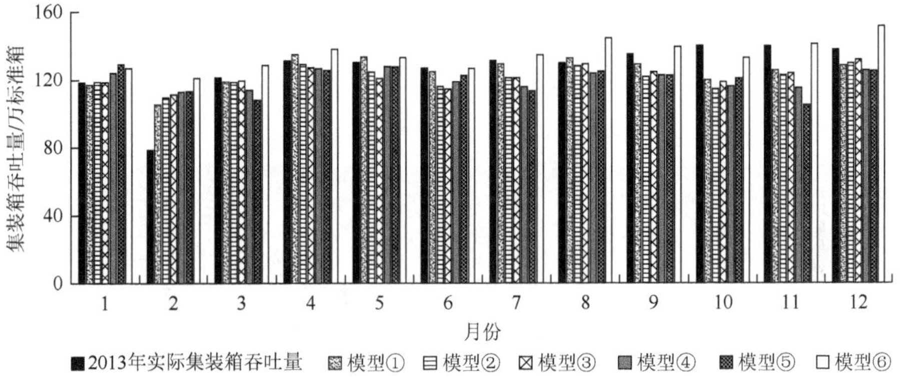

(a) 模型①～模型⑥预测结果

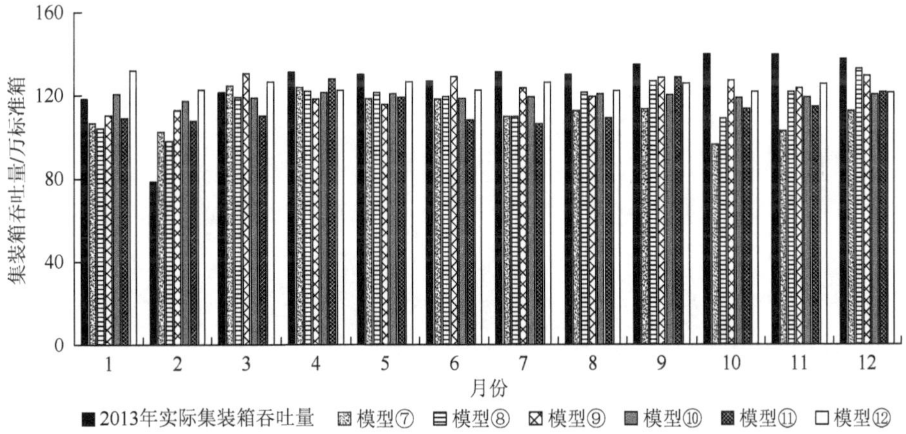

(b) 模型⑦～模型⑫预测结果

图 4.9 2013 年模型①～模型⑫预测结果

绝对误差（absolute error，AE）和绝对值百分比误差（APE）分别如图 4.10 和图 4.11 所示。由绝对误差和绝对值百分比误差，可以得到 MAE 和 MAPE，如图 4.12 所示。

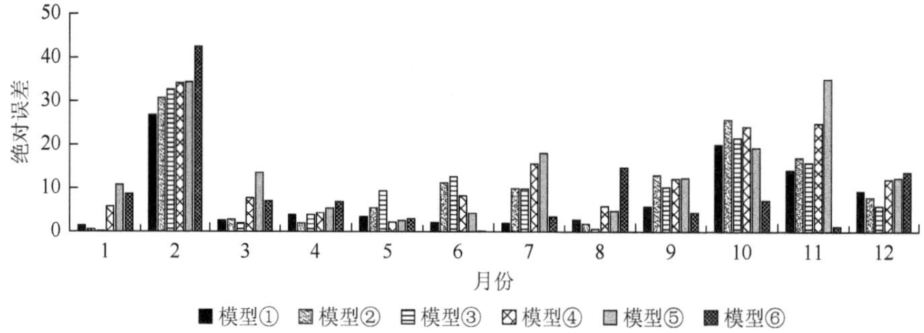

(a) 模型①～模型⑥预测的绝对误差

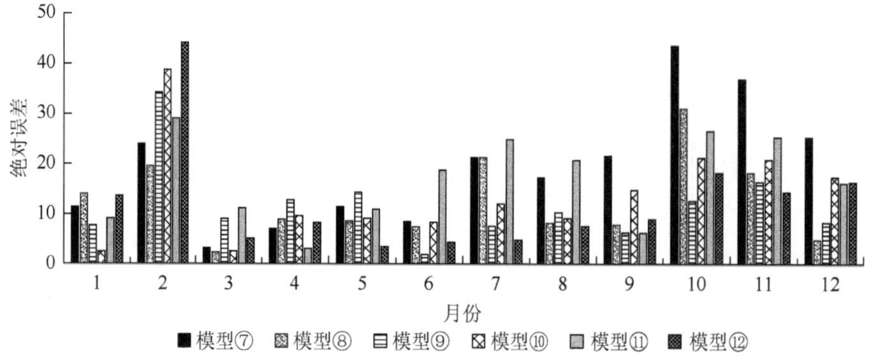

(b) 模型⑦～模型⑫预测的绝对误差

图 4.10 2013 年模型①～模型⑫预测的绝对误差

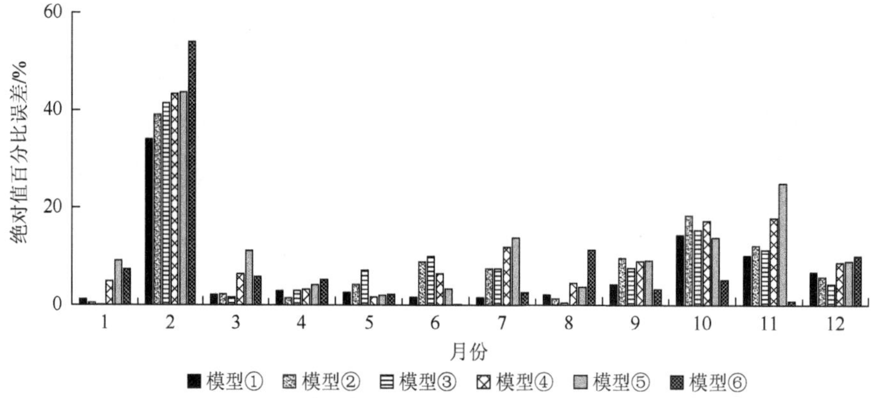

(a) 模型①～模型⑥预测的绝对值百分比误差

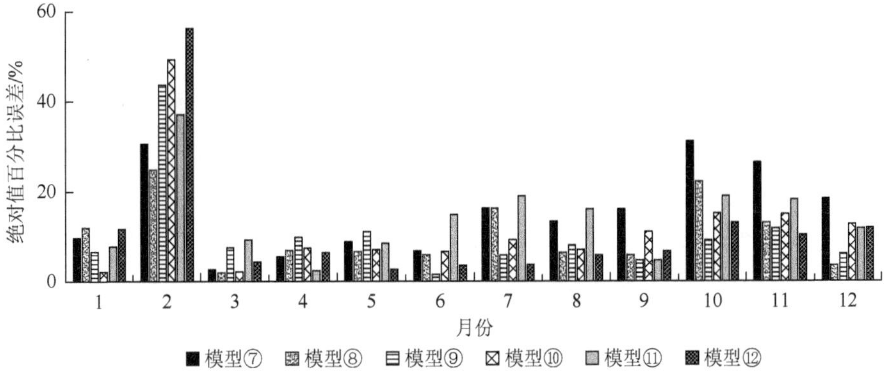

(b) 模型⑦～模型⑫预测的绝对值百分比误差

图 4.11　模型①～模型⑫预测的绝对值百分比误差

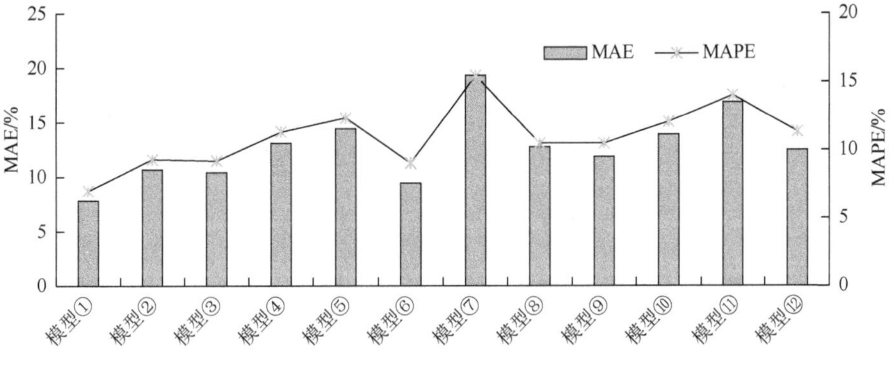

图 4.12　模型①～模型⑫的 MAE 和 MAPE

4.3.3　预测结果分析

本章预测模型的预测结果如图 4.8 所示。从图 4.8 中可以直观地看到，本章提出的预测模型有着较好的预测性能，预测结果较实际值都十分接近。

本章模型与其他预测模型的对比结果如图 4.9～图 4.11 所示。从图 4.9 预测结果来看，本章模型在 2013 年 12 个月份的预测结果大多都优于对比模型。从图 4.10 和图 4.11 的预测误差来看，无论是 AE 还是 APE，除个别月份外（如 2013 年 10 月、11 月），本章模型都优于对比模型。由图 4.12 可知，在 MAE 和 MAPE 两项标准上，本章模型均表现出最优的预测性能。

另外，模型之间的对比可以得出一些富有意义的结论。对比模型①～模型③，模型④～模型⑥与模型⑦～模型⑨分别缺少了序列降噪和序列异常值修复，进而使预测精度都较低，这说明序列的异常值及噪声项对预测精度有较大的影响，如果不加修复或不进行降噪而直接进行预测，得到的预测结果往往较差。将模型①

与模型②和模型③对比可以发现，LSSVM 模型的预测性能要比 BP 模型和 ARIMA 模型更好，但是模型④相较模型⑤和模型⑥、模型⑦相较模型⑧和模型⑨以及模型⑩相较模型⑪和模型⑫，LSSVM 模型的预测性能并非总是优于 BP 模型和 ARIMA 模型，这说明对序列进行有效的异常值修复和降噪，可以使预测模型表现出更佳的预测性能。模型①～模型③与模型⑩～模型⑫对比，MAPE 分别从 12.05%、14.01%、11.33%降到 6.97%、9.27%、9.17%，再一次说明对序列进行异常值修复及降噪处理的必要性。

需要指出的是，无论是本章模型还是对比模型，在预测 2013 年 2 月的集装箱吞吐量时，预测误差均较大，通过对比，可以发现每年 2 月的集装箱吞吐量数据均明显低于其他月份，因此在实际应用本章模型时，对于 2 月的预测值，应谨慎处理。

综上，实证研究表明，LOF-SSA-LSSVM 模型可以提高广州港集装箱吞吐量的预测精度，此模型将异常值检测及数据降噪处理结合起来，使预测结果更为可靠，预测模型也更加稳定。

4.4 "一环"中国珠三角港口集装箱吞吐量预测

珠三角港口群作为中国重要的港口群之一，是广东以及华中、西南地区能源、原材料和外贸物资运输的主要枢纽，形成以香港港为中心，深圳港、广州港为枢纽，其他中小港口为补充的竞争格局，为腹地加工贸易、现代加工制造基地的发展创造了条件，使珠三角地区沿海港口与广大腹地有了更好的衔接。

珠三角地区是我国改革开放的先行地区，是我国重要的经济中心区域，在全国经济社会发展和改革开放大局中具有突出的带动作用和举足轻重的战略地位。根据《珠江三角洲地区改革发展规划纲要（2008—2020 年）》，珠三角地区将按照主体功能区定位，优化珠三角地区空间布局，以广州、深圳为中心，以珠江口东岸、西岸为重点，推进珠三角地区区域经济一体化，带动环珠三角地区加快发展，形成资源要素优化配置、地区优势充分发挥的协调发展新格局。到 2020 年，珠三角港口货物吞吐能力达 14 亿吨，集装箱吞吐能力达 7200 万标准箱。

珠三角地区是珠三角港口群的直接经济腹地，是全国外向型经济最发达的地区之一。目前，珠三角地区的国民生产总值约一半通过国际贸易来实现，外贸出口总额占全国的 10%以上。不少企业的大部分产品供应国际市场。发达经济体增长乏力，外需不振对广东的进出口贸易产生巨大影响，进而波及对进出口贸易极为敏感的港口集装箱行业。此外，人民币升值、劳动力成本上升、融资难以及汇率变动等多方面因素导致珠三角企业出口订单相对减少，这些都在一定程度上制约着珠三角地区集装箱吞吐量的增长。

珠三角地区工业基础雄厚，以珠江东西两岸为分界逐步形成了各具特色的产业集群，东岸形成了全国规模最大的电子信息产业集群，西岸形成了电器机械产业集群。然而，随着人民币升值，劳动力成本提高以及劳动力短缺等情况的加剧，珠三角产业结构面临转移和升级的压力，广东提出“双转移”战略，即产业转移和劳动力转移，逐步构建起珠三角和粤东西北地区产业合作对接机制，为珠三角地区腾出更大空间重新规划布局现代化工业和高新技术企业，有力推动珠三角地区产业转型升级及“一体化”进程。随着珠三角地区产业转移，珠江西岸生产制造业的发展，以及大铲湾、南沙港和珠海港的发展，珠三角地区的港口布局正在发生深刻变化，珠三角港口群的分工格局将有重大调整。

此外，珠三角地区各主要港口处于同一水域，货源腹地高度重合，在货源、航线和配套服务等方面均存在一定程度的竞争。港口网络布局缺乏协调，区域内的分工协作与差异化发展不足，缺乏高端航运服务业的支撑，临港产业集聚的功能没有充分发挥，经营者难于通过理性的市场定位形成互补、共赢的局面，珠三角港口间恶性竞争将逐渐凸显。南沙港区的崛起将会分流深圳港的外贸集装箱货源，而珠海港的崛起也必将分流原先广州港的干散货货源，总体来看，整个珠三角地区的港口中心正在由东岸向西岸转移。而大铲湾各期投产后对深圳-香港市场的格局造成较大的影响，香港港市场份额可能会进一步流失。

总体来看，2014 年在世界经济增长减速、全球贸易维持较低增速的大背景下，预计珠三角港口吞吐量增速相对较慢，且排名变动较大。

4.4.1 珠三角港口群集装箱吞吐量变化趋势

1）香港港

香港港位于珠三角入口，是我国与邻近亚洲国家贸易往来的要冲，也是全球供应链上的主要枢纽港。香港港经过多年的发展，已变成世界一流的集装箱港口之一。

2013 年 3 月 28 日～5 月 6 日，香港码头工人爆发为期 40 天的大罢工，严重影响港口的正常运转，部分船舶被迫改道盐田港。估计罢工导致直接经济损失达千万元，并导致香港港 4 月集装箱吞吐量同比下降 12.2%，此次罢工减慢了香港港口出货效率，打乱了船公司船期，已有部分船公司改用深圳港。

2013 年，香港港集装箱吞吐量达 2235.9 万标准箱，同比下降 3.2%，被深圳港超越，居世界第 4 位。2013 年香港港的海运载货集装箱吞吐量较 2012 年下降 3%，为 1440 万标准箱，而河运载货集装箱则上升 2%，达 490 万标准箱。其中，载货集装箱吞吐量下降 2%，约为 1930 万标准箱；而空货集装箱吞吐量下降 11%，约为 310 万标准箱。载货集装箱当中，抵港量下降 1%，约为 980 万标准箱；而离港量下降 3%，约为 950 万标准箱。在抵港载货集装箱中，进口较 2012 年下降 2%，约为 280 万标准箱，而抵港转运则与 2012 年相仿，约为 700 万标准箱。在离港载货集装箱中，出口及离港转运量分别约为 270 万标准箱和 680 万标准箱，分别下降 5%和 3%。

香港港集装箱吞吐量及同比增长率如图 4.13 所示。2014 年第一季度，香港港累计完成集装箱吞吐量 540.1 万标准箱，同比增长 2.5%。其中，葵青货柜码头为 431.8 万标准箱，同比增长 6%；中流作业区及内河码头为 108.3 万标准箱，同比下降 9.4%。

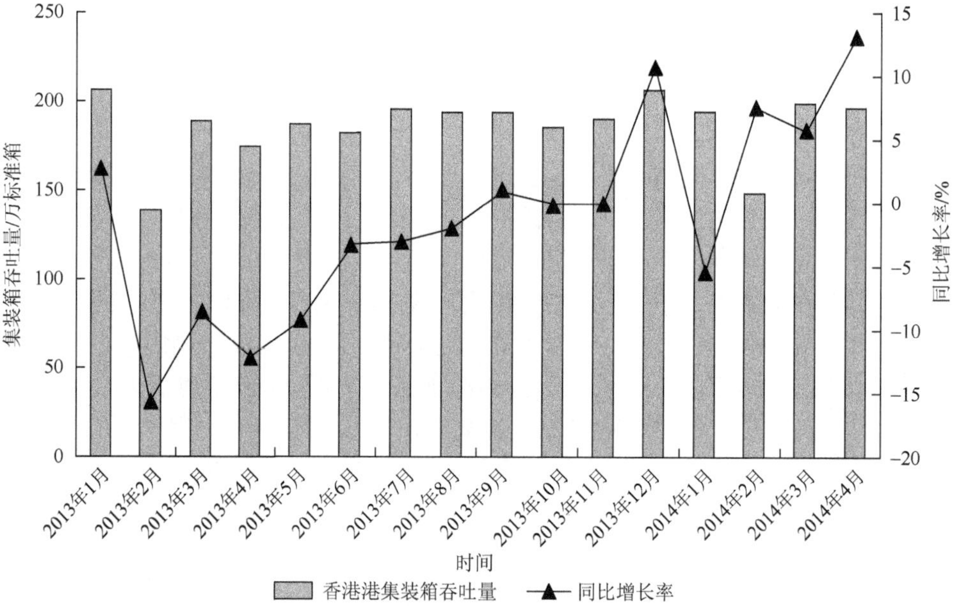

图 4.13 香港港集装箱吞吐量及同比增长率

资料来源：CEIC 数据库

2）深圳港

深圳港位于珠江入海口以东，南海大亚湾以西的深圳两翼，沿海岸线分为西部港区和东部港区，西部港区位于珠江入海口伶仃洋东岸，水深港阔，天然屏障良好，航线以地中海线、亚洲线为主，东部港区水深为 12～14 米，海面开阔，能靠泊目前世界上最大的集装箱船，航线以欧美线为主。

2013 年，深圳港集装箱吞吐量为 2312.5 万标准箱，同比增长 0.8%，超越香港港，居全国港口第 2 位，世界第 3 位。

深圳港集装箱吞吐量及同比增长率如图 4.14 所示。2014 年第一季度，深圳港累计完成货物吞吐量 5038.56 万吨，同比下降 8.69%，其中，外贸货物吞吐量累计完成 4041.06 万吨，同比下降 4.08%；集装箱吞吐量累计完成 519.75 万标准箱，同比下降 1.73%。特别地，2014 年 2 月，受春节等因素影响，深圳港集装箱吞吐量累计完成 129 万标准箱，同比下降 12.11%。2014 年第一季度，盐田国际集装箱码头累计完成集装箱

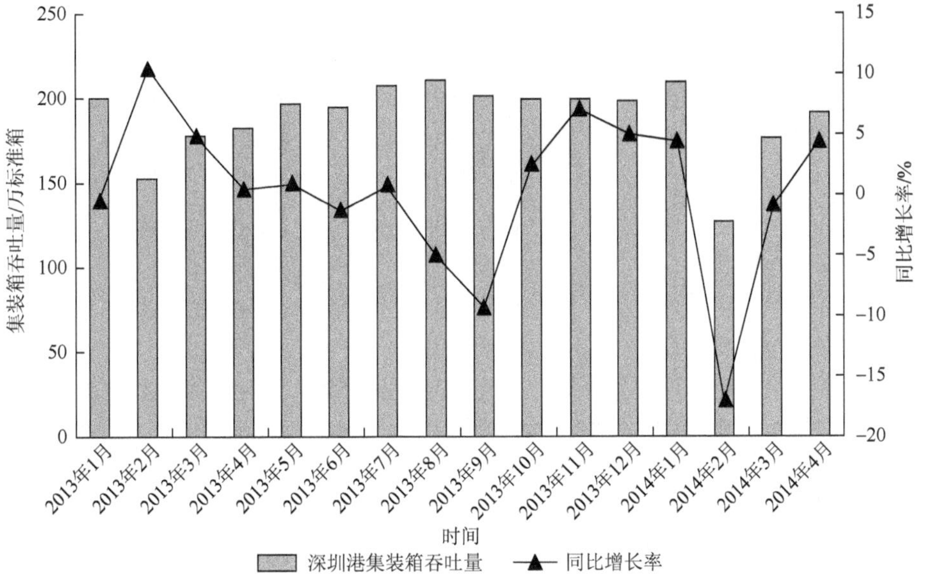

图 4.14 深圳港集装箱吞吐量及同比增长率

资料来源：CEIC 数据库

吞吐量 245.69 万标准箱，同比增长 1.85%；招商局蛇口港区累计完成 133.43 万标准箱，同比下降 4.03%；赤湾港航累计完成 113.42 万标准箱，同比下降 10.39%；大铲湾码头（一期）累计完成 25.7 万标准箱，同比增长 27.6%。

3）广州港

广州港位于珠三角中心地带，是我国沿海主枢纽港之一和华南地区最大的以散货运输和国内集装箱运输为主的综合性港口。近年来，随着南沙港区的投产使用，广州港完成了从“河港”到“海港”的转变，从“支线港”全面提升到“干线枢纽港”，竞争优势逐步显现。

2013 年，广州港集装箱吞吐量为 1519.8 万标准箱，同比增长 6.7%，居世界第 8 位。2014 年 1～4 月，广州港累计完成集装箱吞吐量 495.68 万标准箱，同比增长 8.7%，如图 4.15 所示。

4.4.2 2014 年珠三角港口群集装箱运输发展前景分析及预测

1）香港港

香港港的迅速发展及其在全球港口中始终保持领先地位是以港口自身的天然条件和建设管理为基础的。香港港共有 15 个港区，其中维多利亚港区是世界上三大天然深水港之一，不冻不淤，港内航道平均水深超过 10 米，大型远洋货轮可随时进入码头和装卸区。与此相匹配的，香港港还拥有现代化的港口设施和高效率的运营模式，以及先进的港口管理体系，其港口设备可同时容纳上百艘船舶靠泊

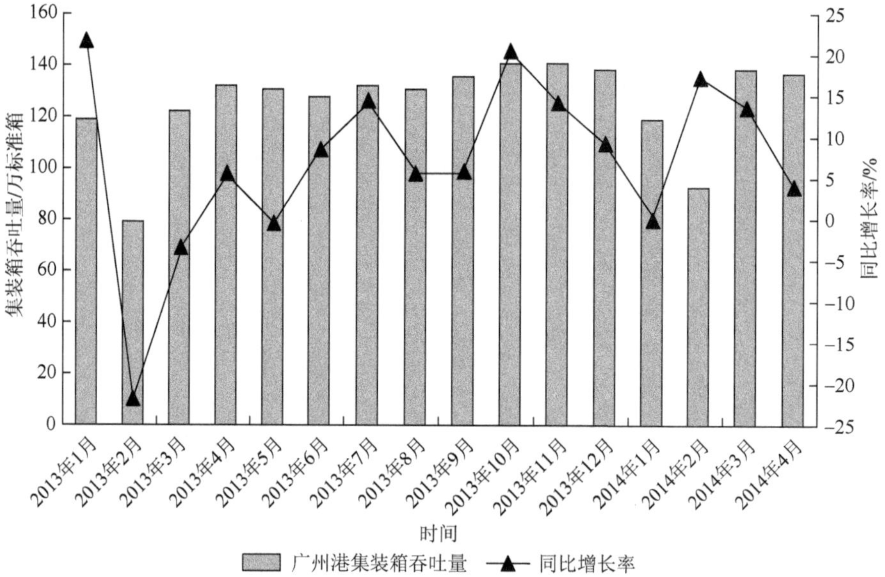

图 4.15　广州港集装箱吞吐量及同比增长率

资料来源：CEIC 数据库

和进行装卸作业，货柜船在港内的周转时间平均约为 10 小时。

发达的海上运输网络及中转优势为香港港的发展提供了有力支持。目前，香港港已与世界上 100 多个国家和地区的 500 多个港口有航运往来，形成了以香港港为枢纽，通过 20 多条主航线通达五大洲、四大洋的海上运输网络。与此同时，香港港还是许多国际航线的中途停靠站，截至 2013 年约有 80 多条国际班轮每周提供约 500 班集装箱班轮服务。香港港一直以来都是国际中心枢纽港，香港港的集装箱处理箱量中，本地出口及本地进口的集装箱仅占 12%～15%，中转货值比率高达 72.57%。由于香港港是珠三角诸港中最靠近国际航线的港口，相对广州港和深圳港具有中转优势，在香港中转比在深圳中转要快 1～2 天，便于处理对时间敏感的货物和对运价的承受能力较强的货物。

开放的自由贸易港政策以及腹地经济依托是香港港发展的关键，雄厚的金融实力与庞大的加工贸易、转口贸易成为香港港口航运业发展的强有力后盾。金融业的发展为港口、航道、码头等航运基础设施的建设提供了良好的信贷融资条件，为远洋航运业的发展提供了保险服务。目前在香港登记的船运公司掌握着全世界约 10%的船队，开放的自由贸易吸引诸多国际航运财团在香港登记注册，设立亚太地区的管理中心。

海洋运输业是香港的四大支柱产业之一。香港港以珠三角为直接腹地，以整个华南地区为重要的间接腹地，其 70%的国际集装箱处理量来自珠三角。随着世界航运市场的重心从欧洲转向亚洲，中国内地市场逐步开放，香港的经济腹地进一步向内地延伸，进出口贸易十分活跃。在基础设施建设方面，香港港有着严格的规划与审核程序，港口设施利用率高，重复建设少。

与内地及全球贸易伙伴的频繁经贸往来，带动香港港吞吐量增长的同时，也使其他港口迅速崛起，分流了部分货源，挂靠内地港口的班轮、航线越来越多。而内地港口费用较香港便宜，原先拟经香港出口或转口的货源改道内地港口。土地资源有限、港口陆域狭小、运输和运营等成本较高，这些都直接削弱了香港在国际贸易及航运市场上的竞争能力。2008 年以来，香港港集装箱吞吐量增长放缓，目前有进一步收缩的趋势，并呈结构型变化。其中，葵青货柜码头集装箱吞吐量维持稳定，但中流作业及内河航运构成的码头集装箱吞吐量持续下滑，货源被深圳港及广州港大量分流。此外，香港贸易缺少本地生产，以中转货为主的特性使其易受外部经济冲击，在全球经济持续低迷的影响下，香港港集装箱吞吐量增速将进一步放缓。预计中长期，香港港作为国际航运中心的地位仍将保持，其高端航运服务业和便捷的航运服务软环境将支持香港港在全球物流供应链上扮演重要的角色，但集装箱吞吐量很难出现高增长的局面。

2014 年 2 月 12 日，香港特区政府财政司司长曾俊华表示，如果发达经济体能够维持目前的复苏势头，香港外贸所面对的不利因素将略为纾缓；在全球经济预期相对改善的情况下，2014 年香港外贸前景有望比 2013 年好一些。

综合考虑各方面因素建立 LOF-SSA-LSSVM 模型。如图 4.16 所示，以香港港 2005～2013 年的集装箱吞吐量为基础，预测香港港 2014 年集装箱吞吐量。参照模型运行步骤，模型预测过程涉及的图表包括图 4.17～图 4.21 以及表 4.2。其中，图 4.17～图 4.19 表示使用 LOF 检测异常值以及插值或预测值来修复季节调整序列的过程。根据表 4.2，选取前 14 个重构分量代替新的待预测序列。图 4.20 和图 4.21 表示使用 SSA 对新的待预测序列进行降噪处理的过程。模型预计 2014 年香港港将完成集装箱吞吐量 2287.5 万标准箱，同比增长 2.3%。

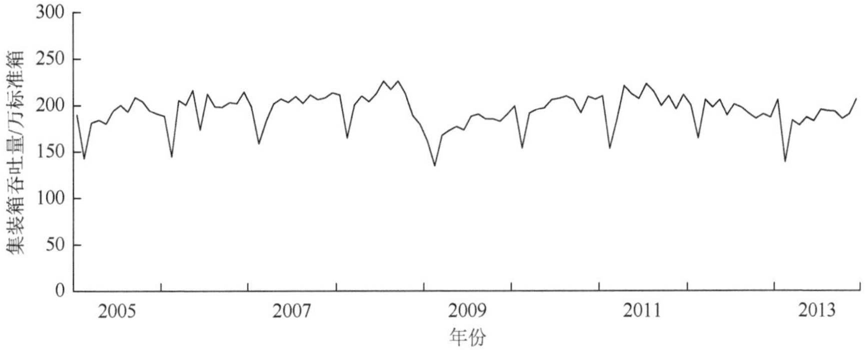

图 4.16 香港港 2005～2013 年集装箱吞吐量

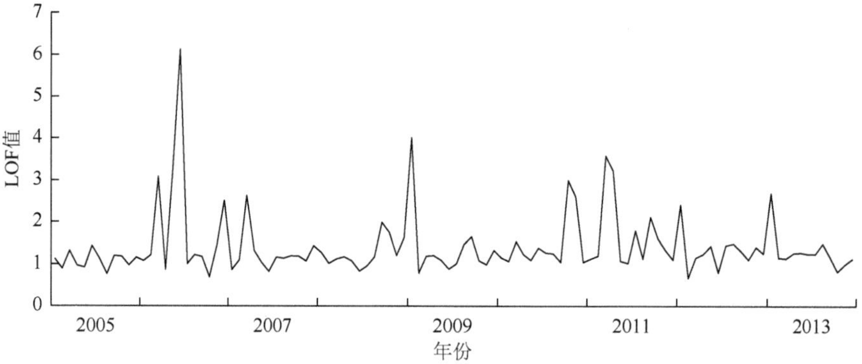

图 4.17　香港港 2005～2013 年训练样本 LOF 值（k=10）

图 4.18　香港港 2005～2013 年修复前后的季节调整序列

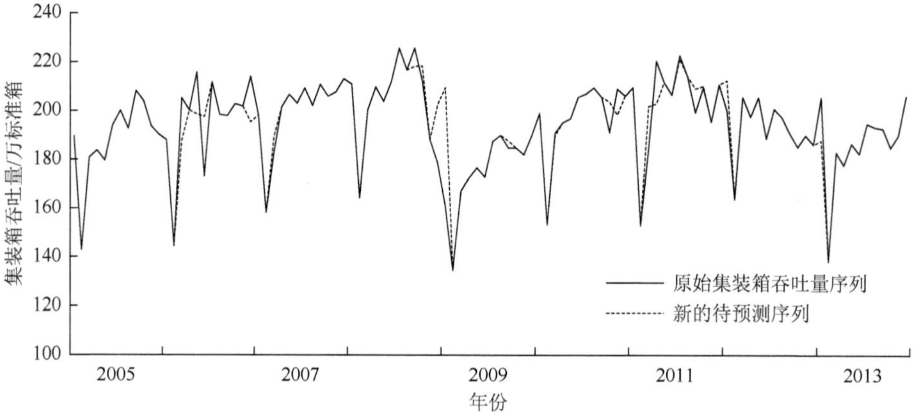

图 4.19　香港港 2005～2013 年原始集装箱吞吐量序列和新的待预测序列

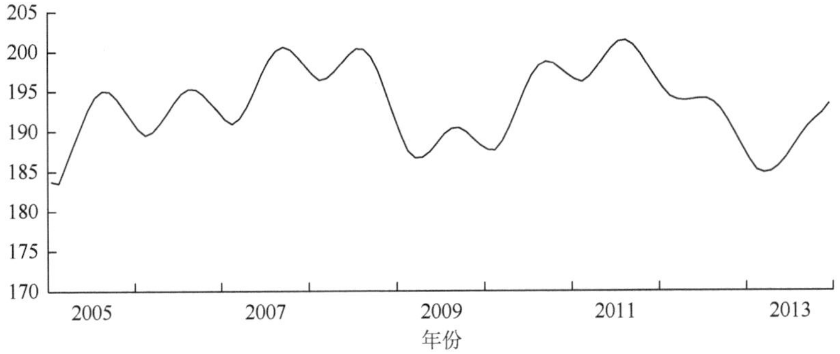

(a) 香港港新的待预测序列的第1个重构分量

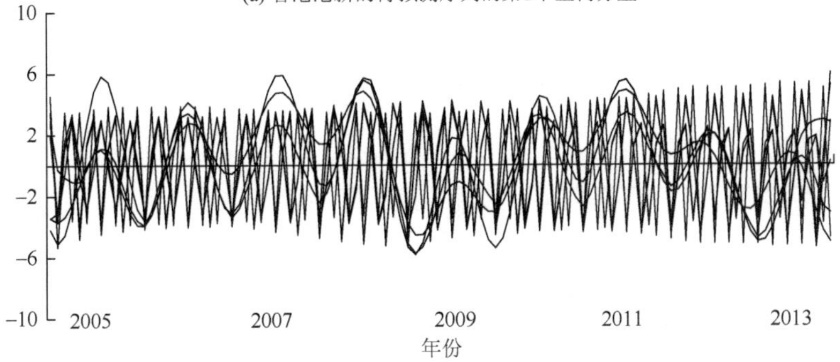

(b) 香港港新的待预测序列的第2～9个重构分量

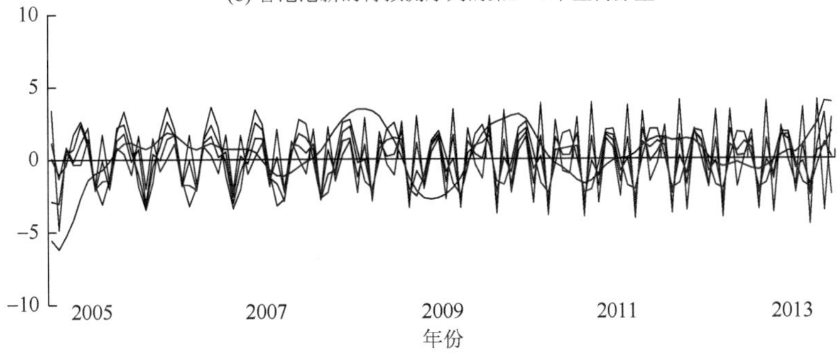

(c) 香港港新的待预测序列的第10～14个重构分量

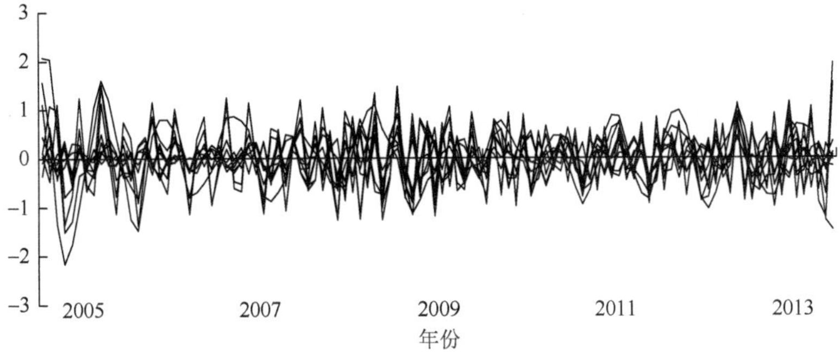

(d) 香港港新的待预测序列的第15~24个重构分量

图 4.20　香港港 2005～2013 年新的待预测序列的 SSA 重构分量

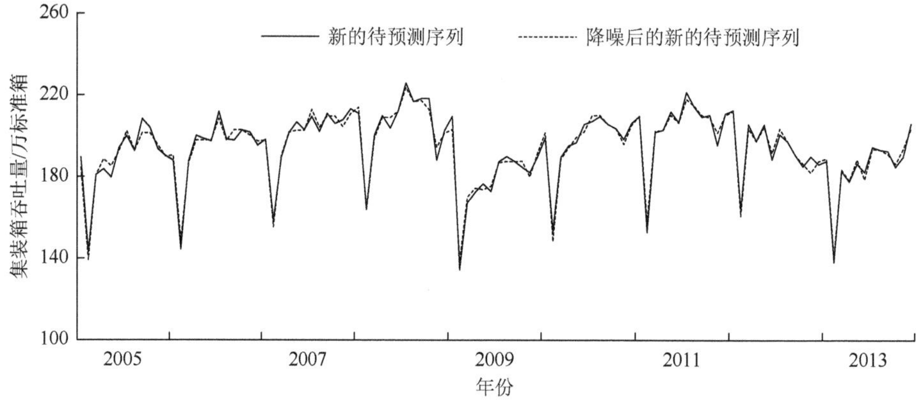

图 4.21　香港港 2005～2013 年降噪前后的新的待预测序列

表 4.2　香港港 SSA 分解后重构分量对应的特征值及方差贡献率

序号	特征值	特征值累积求和	方差贡献率/%	累积方差贡献率/%
1	1 215.10	1 215.10	16.48	16.48
2	921.95	2 137.04	12.51	28.99
3	788.09	2 925.14	10.69	39.68
4	718.61	3 643.75	9.75	49.43
5	501.37	4 145.12	6.80	56.23
6	498.81	4 643.94	6.77	63.00
7	422.89	5 066.83	5.74	68.74
8	418.64	5 485.48	5.68	74.42
9	396.41	5 881.88	5.38	79.79
10	265.62	6 147.50	3.60	83.40
11	264.73	6 412.23	3.59	86.99
12	253.21	6 665.44	3.44	90.42
13	252.97	6 918.41	3.43	93.86
14	209.51	7 127.93	2.84	96.70
15	62.62	7 190.55	0.85	97.55
16	39.11	7 229.66	0.53	98.08
17	31.31	7 260.97	0.42	98.50
18	27.59	7 288.56	0.37	98.88
19	22.84	7 311.40	0.31	99.19
20	20.00	7 331.40	0.27	99.46
21	15.67	7 347.07	0.21	99.67
22	13.71	7 360.78	0.19	99.86
23	5.75	7 366.53	0.08	99.94
24	4.74	7 371.26	0.06	100.00

2）深圳港

深圳是我国南方主要交通枢纽，水陆集疏运系统建立较早，网络覆盖整个珠三角地区，京九线、广深线接京广线与全国铁路连通，机场距离西岗区仅 22 公里，海空联运极为便利。靠近货源地的区位优势以及低廉的劳动力价格优势，使深圳港崛起为华南地区重要的集装箱干线港。

盐田港的发展与壮大是深圳港口货运行业迅猛发展的一个见证。特别是 2003～2013 年的发展，盐田港已成为华南地区国际集装箱远洋干线运输枢纽港。每周有 40 多家船公司的 100 多条航线挂靠盐田港区，远洋集装箱班轮密度全国第一。作为中国重点建设的四大国际中转深水港之一的盐田港区，近年来，国际航运业务迅猛增长，截至 2013 年底，已有 38 家国际著名船舶公司、11 家小型船舶公司挂靠盐田港，开通国际航线 107 条，其中国际航线 98 条、国内航线 9 条。

随着全球经济的进一步复苏，盐田港出入境船舶大幅度增加、集装箱量迅猛增长，盐田出入境边防检查站公开承诺 96%的国际航行船舶办理正式检查手续不超过 25 分钟，96%的航行港澳小型船舶办理正式检查手续不超过 10 分钟，进一步提高了码头的运转效率，增强了盐田港在国际海运中的竞争力，为船方节省了大量时间和经营成本。随着 2010 年 8 月 26 日由国务院正式批复的前海深港现代服务业合作区的推进，许多大型物流、金融企业即将迁入，作为离前海最近的港口，盐田港可以揽获一些原先在香港港进行中转的国际箱量，并吸引更多内地货源在此出口。

深圳港集装箱箱源十分集中。目前，深圳港已形成以集装箱运输为主，散杂货、大件散杂货及件杂货为辅的综合货运格局，主要货物为粮食、钢材、水泥、沙石、石油、煤炭、矿石等。港口集装箱主要来自周边地区，深圳本市提供的集装箱占总吞吐量的 1/3 左右，市外集装箱主要来自珠三角地区，约占总吞吐量的一半，其余部分主要来自广东，盐田港珠三角的货物至少有 1/3 来自东莞。2014 年第一季度，国际市场竞争加剧，国内外贸进口、出口数据双双下降，外贸港口经营面临较大压力。而统计数据显示，第一季度盐田港除总量占比较小的深圳西部蛇口港区和赤湾港区略有下降外，所属的盐田港区和大铲湾港区均实现稳定增长。4 月 3 日，深圳市盐田港物流有限公司董事长左勇权与Špedicija Goja有限公司商务开拓部总监Beg Miroslav签订物流合作框架协议，深圳能源物流有限公司董事长马强与亚太阿尔卑斯有限公司（Asia Apls Wine）首席执行官 Martin Gobec 签订贸易合作框架协议，标志着盐田港与斯洛文尼亚企业间的经济合作与贸易往来迈入一个新阶段。

2014 年 2 月 24 日，深圳市交通运输委员会主任黄敏在 2014 年深圳市交通运输工作会议上表示，2014 年深圳要强化综合交通规划引领作用。目前深圳已启动打造“21 世纪海上丝绸之路枢纽城市”战略研究，制定行动计划，同时开展通用航空机场空域规划、公共游艇码头专项规划研究，为建设国家综合交通枢纽城市提供支撑。另外，广东省交通运输厅于 2014 年 4 月 11 日在深圳主持召开了《深莞惠交通运输一体化规划》评审会，该规划提出，以深圳港为龙头，虎门港和惠州港为两翼，打造亚太地区重要的现代化港口群和临港工业集聚区，形成支撑高端服务业中心和滨海旅游胜地建设的重要平台，实现港航资源统筹开发、优势互补。

据了解，2014 年深圳将加强港口基础设施建设，积极推进盐田港区东作业区集装箱码头、大铲湾港区二期集装箱码头工程建设，提升港区吞吐能力。实施"深水"战略，结合大小铲岛港区的陆域形成，推进铜鼓航道二期工程建设，满足 1.8 万标准箱船舶进出西部港区的通航要求，强化深圳港作为全球超大型集装箱船舶首选港地位。优化盐田区物流业空间布局，规划建设盐田港后方综合服务园区，完善疏港交通、拖车服务、堆场报关服务功能。沿着 21 世纪海上丝绸之路途经的国家和地区，进一步完善港口国际航线网络，增加近远洋航线密度，提升深圳港对亚洲地区、中东地区、非洲地区的辐射能力。

同时，深圳将优化调整港口业务结构，升级驳船运输方式，大力发展国际中转业务，提高深圳港发展质量。拓展港口货源空间，促进海铁联运发展，提高深圳至华南、西南地区集装箱铁水联运通道总体能力，争取在昆明等地开展"无水港"合作建设，要把深圳港打造成世界级海港。

中长期来看，深圳港面临的外围不确定因素较多，受到国外市场刚性需求大幅度减少，由此带来了我国出口市场的整体疲软。同时，深圳产业结构调整，加工企业外迁，加上周边港口低价揽货，造成深圳港货物流量供给减少，而新建项目和政策支持对港口吞吐量的长期效应显现较慢，预计深圳港中长期集装箱吞吐量增速仍将维持在较低水平。

综合考虑各方面因素建立 LOF-SSA-LSSVM 模型。如图 4.22 所示，以深圳港 2005～2013 年的集装箱吞吐量为基础（数据来自 Wind 数据库），预测深圳港 2014 年集装箱吞吐量。参照模型运行步骤，模型预测过程涉及的图表包括图 4.23～图 4.27 以及表 4.3。其中，图 4.23～图 4.25 表示使用 LOF 检测异常值以及

图 4.22　深圳港 2005～2013 年集装箱吞吐量

或预测值来修复季节调整序列的过程。根据表 4.3，选取前 14 个重构分量代替新的待预测序列。图 4.26 和图 4.27 表示使用 SSA 对新的待预测序列进行降噪处理的过程。模型预计 2014 年深圳港将完成集装箱吞吐量 2342.5 万标准箱，同比增长 1.3%。

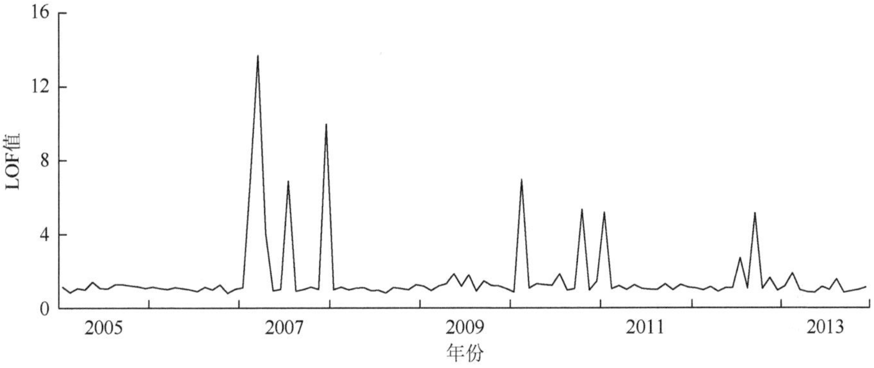

图 4.23 深圳港 2005～2013 年训练样本 LOF 值（k=10）

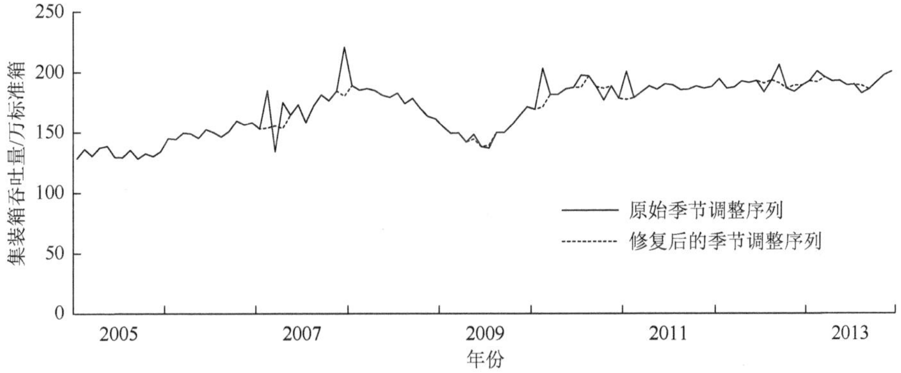

图 4.24 深圳港 2005～2013 年修复前后的季节调整序列

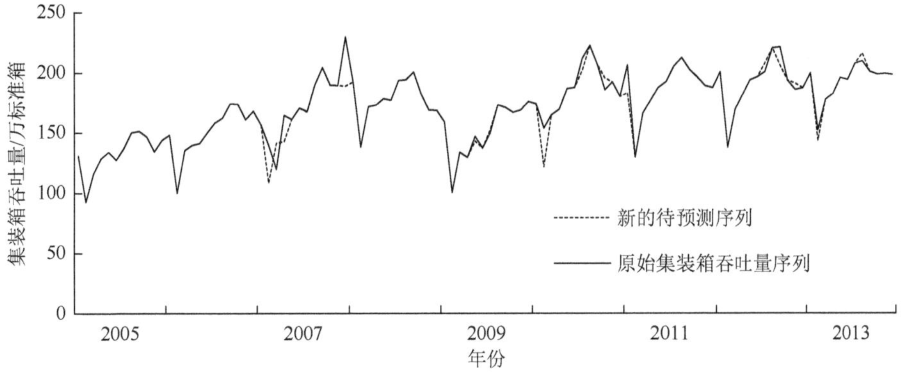

图 4.25 深圳港 2005～2013 年原始集装箱吞吐量序列和新的待预测序列

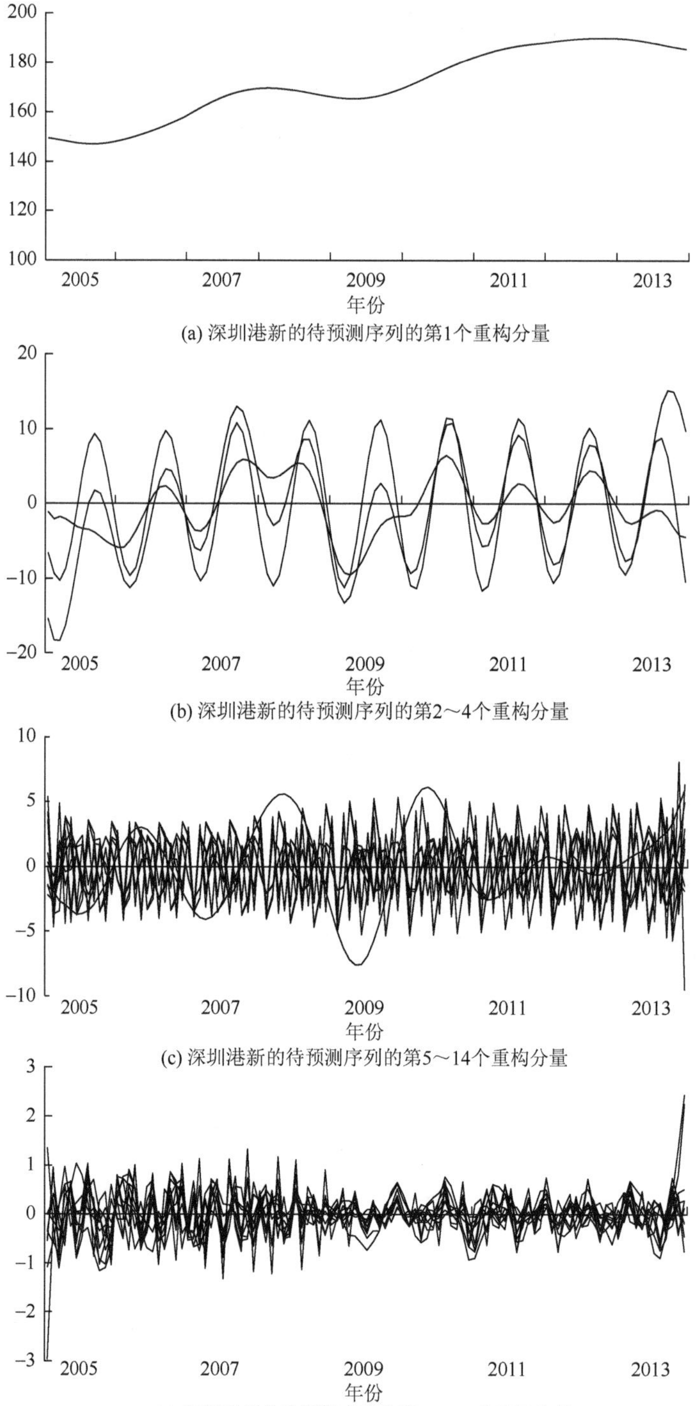

(a) 深圳港新的待预测序列的第1个重构分量

(b) 深圳港新的待预测序列的第2～4个重构分量

(c) 深圳港新的待预测序列的第5～14个重构分量

(d) 深圳港新的待预测序列的第15～24个重构分量

图 4.26　深圳港 2005～2013 年新的待预测序列的 SSA 重构分量

表 4.3 深圳港 SSA 分解后重构分量对应的特征值及方差贡献率

序号	特征值	特征值累积求和	方差贡献率/%	累积方差贡献率/%
1	7 154.92	7 154.92	36.46	36.46
2	3 532.40	10 687.32	18.00	54.46
3	2 921.17	13 608.50	14.88	69.34
4	1 946.53	15 555.02	9.92	79.26
5	796.79	16 351.81	4.06	83.32
6	618.50	16 970.30	3.15	86.47
7	614.22	17 584.52	3.13	89.60
8	342.00	17 926.53	1.74	91.34
9	331.40	18 257.92	1.69	93.03
10	327.35	18 585.27	1.67	94.70
11	239.19	18 824.46	1.22	95.92
12	233.29	19 057.74	1.19	97.11
13	184.85	19 242.59	0.94	98.05
14	173.30	19 415.89	0.88	98.93
15	50.53	19 466.42	0.26	99.19
16	29.32	19 495.74	0.15	99.34
17	26.24	19 521.98	0.13	99.47
18	19.91	19 541.89	0.10	99.57
19	19.33	19 561.22	0.10	99.67
20	14.72	19 575.94	0.08	99.75
21	14.15	19 590.09	0.07	99.82
22	13.43	19 603.52	0.07	99.89
23	11.69	19 615.22	0.06	99.95
24	10.13	19 625.35	0.05	100.00

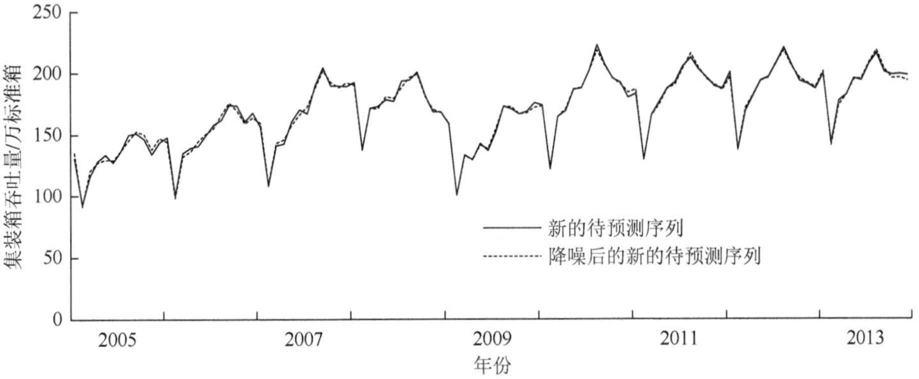

图 4.27 深圳港 2005～2013 年降噪前后的新的待预测序列

3）广州港

作为珠三角地区的内贸港，广州港更靠近货源地，港口腹地广阔，与沿海及长江的港口相通，内贸运输基础良好。依托江海联运优势，广州港成为珠三角煤炭、粮食、油气品等重点物资的集散地以及钢材等能源、原材料运输的综合性枢纽。广州港腹地制造业发达，产业配套能力强，形成了以 IT 产业为主的高新科技产业以及以汽车、造船、钢铁、石油化工和冶金等为主的重化工产业，为广州港的发展带来巨大的物流货源。目前，广州港已初步形成了"三中心一平台"，即"石油产品交易中心"、"煤炭交易中心"、"粮食交易中心"和"金属材料交易平台"，不仅使港口获得稳定的货源，也降低了运输成本，减轻了企业的仓储压力，从而提高了经济效益。

同时，以港口为依托，广州已形成黄埔本田汽车制造基地、黄阁丰田汽车制造基地、南沙钢铁基地和龙穴岛造船基地四大临港重工业基地，形成新沙临港产业区、广州开发区临港工业区和南沙临港产业区三大临港产业集群。在临港工业的反哺下，广州港实现了从传统的运输中心向物流中心的转变。通过广州港、临港工业园区和物流园区三者有机结合，整体联动，快速发展。

在政府的大力支持下，南沙港区的开发是未来广州港发展的重点。于 2004 年 9 月投产的南沙港区位于南沙区龙穴岛，珠三角的几何中心，拥有大型集装箱深水泊位 10 个，航道水深达–17 米，全球最大的可载 15 000 多个标准集装箱的船舶可自由进出港区，码头操作运营效率居业界前列。南沙港区也是珠三角西部地区唯一的深水码头，距广佛肇、江中珠等珠三角西翼城市物流路径近，在距离与时间上的综合成本优势明显，港区设备完善。珠三角的客户可以通过发达的高速或快速公路在 1～2 个小时将集装箱运到南沙港区。

"十二五"期间，广州港预计完成投资约 200 亿元，重点开展出海航道浚深拓宽工程建设，加快建设南沙港区粮食及通用码头工程 6 个 5 万～10 万吨级泊位，并完成南沙港区集装箱三期工程 2 个 10 万吨级泊位等大型深水泊位的建设，新增集装箱、煤矿、粮食、石化等专业化深水泊位 20 个，新增通过能力达 1.5 亿吨，港口综合通过能力突破 3 亿吨，3.5 万吨级及以上泊位能力占港口总能力的比例将达 72%左右。广州港南沙港区三期码头工程是广东、广州重点建设项目，也是广州加快建设区域性国际航运中心的战略性基础设施项目。该工程项目是近年来国际业界内规模最大、标准最高的项目之一，包含 7 万吨级集装箱泊位 2 个和 10 万吨级集装箱泊位 4 个，建设 2000 吨级集装箱驳船泊位 24 个等，总投资约为 74.92 亿元，目前各项工程建设进展顺利，计划在 2014 年 7 月建成 2 个 7 万吨级、1 个 10 万吨级泊位和驳船泊位并率先投产，2015 年 2 月全部泊位投产。

2014 年，黄骅港综合港区正式开通至广州南沙港区的集装箱直航航线。目前，南沙港区吸引了世界前二十大集装箱班轮公司进驻，在华南地区物流的影响力正持续上升。拥有超过 600 艘集装箱船队的马士基航运有限公司（简称马士基）看好南沙港区的前景，已正式将南沙港区列入其华南门户港，参股建设南沙港区并在南沙港区挂持国际航线，截至 2013 年已在南沙港区开通 10 多条外贸班轮航线，覆盖美洲、欧洲、非洲、南亚、地中海沿岸及印度洋地区。马士基的“头羊效应”，带动了其他班轮公司、物流商等在南沙港区开展业务，使南沙港区的集装箱班轮业务实现了稳健发展。

综合考虑各方面因素建立 LOF-SSA-LSSVM 模型。如图 4.28 所示，以广州港 2005～2013 年的月度集装箱吞吐量为基础（数据来自 Wind 数据库），预测广州港 2014 年集装箱吞吐量。参照模型运行步骤，模型预测过程涉及的图表包括图 4.29～图 4.33 以及表 4.4。其中，图 4.29～图 4.31 表示使用 LOF 检测异常值以及插值或预测值来修复季节调整序列的过程。根据表 4.4，选取前 9 个重构分量来代替新的待预测序列。图 4.32 和图 4.33 表示使用 SSA 对新的待预测序列进行降噪处理的过程。模型预计 2014 年广州港将完成集装箱吞吐量 1640 万标准箱，同比增长 7.9%。

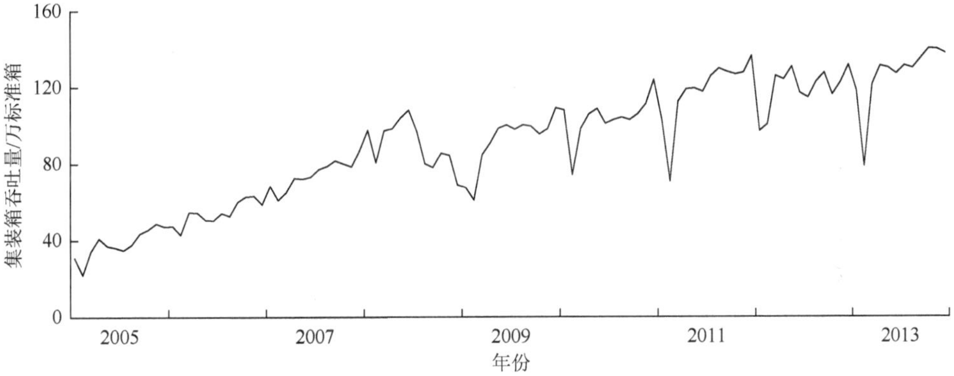

图 4.28 广州港 2005～2013 年集装箱吞吐量

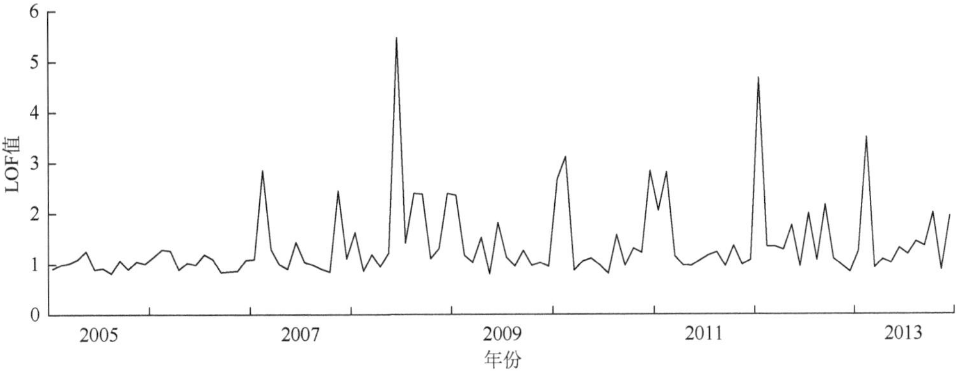

图 4.29 广州港 2005～2013 年训练样本 LOF 值（k=10）

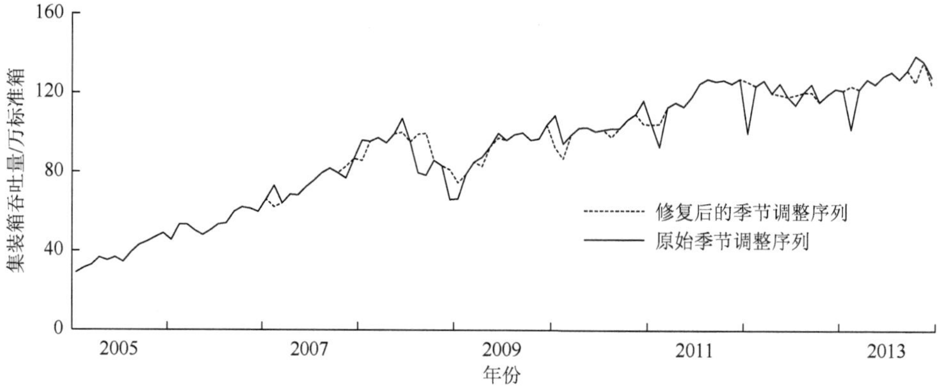

图 4.30 广州港 2005～2013 年修复前后的季节调整序列

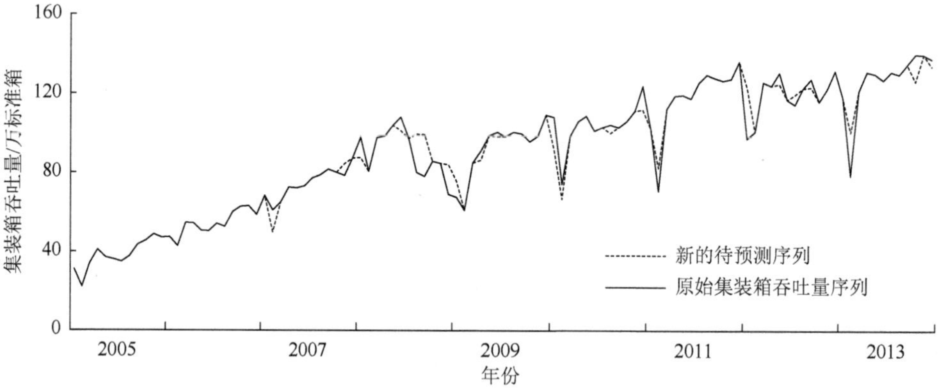

图 4.31 广州港 2005～2013 年原始集装箱吞吐量序列和新的待预测序列

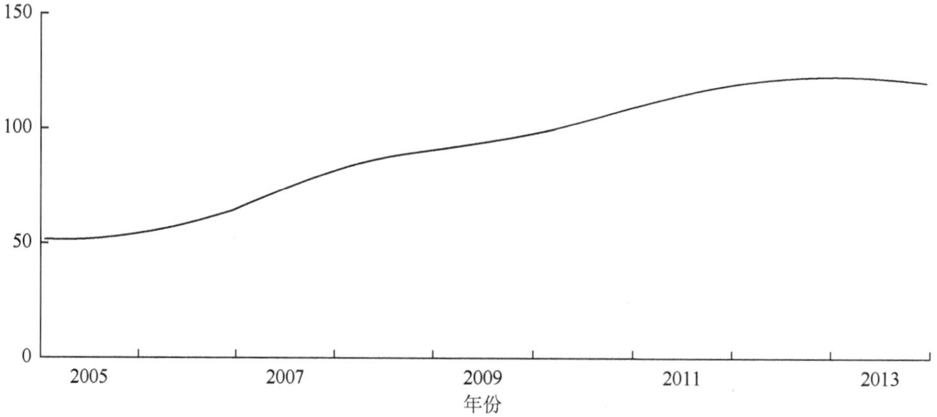

(a) 广州港新的待预测序列的第1个重构分量

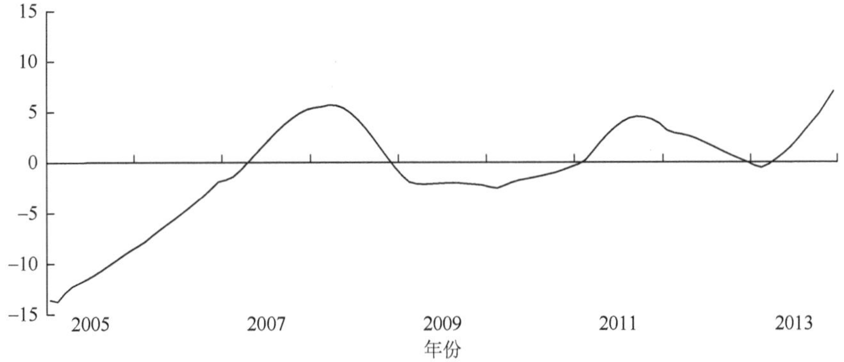

(b) 广州港新的待预测序列的第2个重构分量

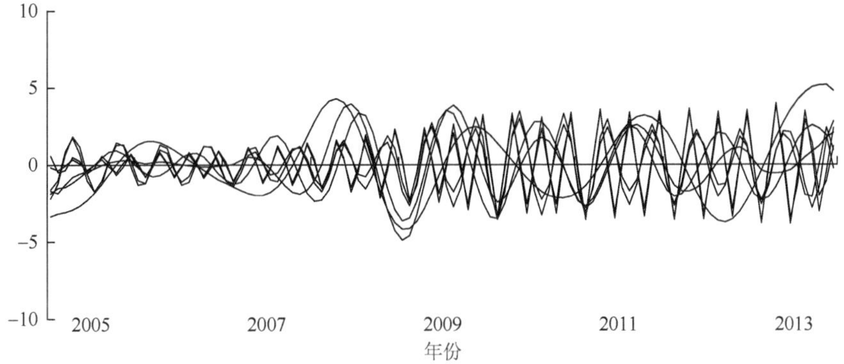

(c) 广州港新的待预测序列的第3～9个重构分量

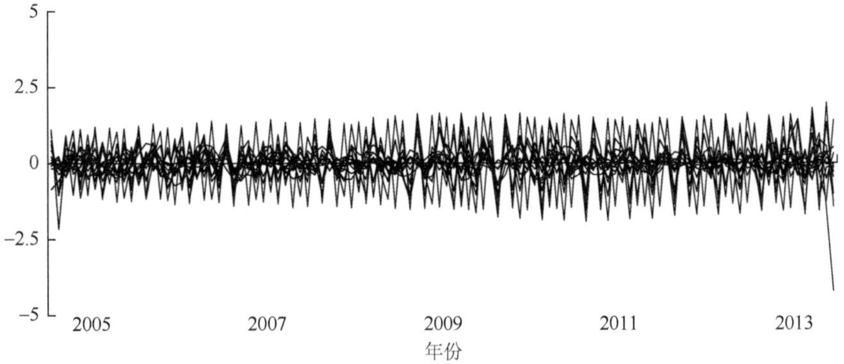

(d) 广州港新的待预测序列的第10～24个重构分量

图 4.32 广州港 2005～2013 年新的待预测序列的 SSA 重构分量

表 4.4 广州港 SSA 分解后重构分量对应的特征值及方差贡献率

序号	特征值	特征值累积求和	方差贡献率/%	累积方差贡献率/%
1	16 701.99	16 701.99	74.86	74.86
2	2 607.37	19 309.36	11.69	86.54

续表

序号	特征值	特征值累积求和	方差贡献率/%	累积方差贡献率/%
3	700.10	20 009.47	3.14	89.68
4	501.30	20 510.77	2.25	91.93
5	320.97	20 831.73	1.44	93.37
6	229.06	21 060.79	1.03	94.39
7	225.07	21 285.86	1.01	95.40
8	218.08	21 503.95	0.98	96.38
9	217.97	21 721.91	0.98	97.36
10	101.37	21 823.29	0.45	97.81
11	77.45	21 900.74	0.35	98.16
12	70.59	21 971.33	0.32	98.48
13	55.73	22 027.06	0.25	98.73
14	52.09	22 079.15	0.23	98.96
15	44.93	22 124.09	0.20	99.16
16	36.02	22 160.11	0.16	99.32
17	33.36	22 193.48	0.15	99.47
18	31.96	22 225.44	0.14	99.61
19	21.89	22 247.33	0.10	99.71
20	20.59	22 267.92	0.09	99.80
21	15.16	22 283.08	0.07	99.87
22	12.73	22 295.80	0.06	99.93
23	8.61	22 304.42	0.04	99.97
24	7.02	22 311.44	0.03	100.00

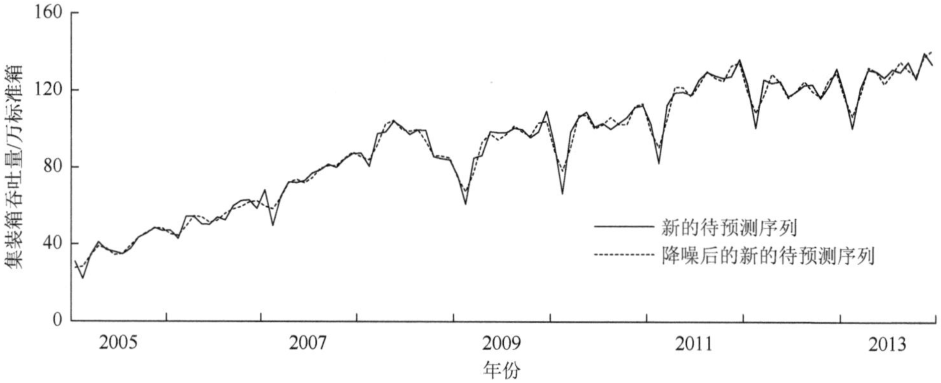

图 4.33　广州港 2005～2013 年降噪前后的新的待预测序列

4.5 本章小结

港口集装箱吞吐量预测是港口生产计划中的重要一环，准确地预测对港口生产和管理至关重要。例如，对港口行政管理部门实施港口布局规划和总体规划，对港口经营人制定港口经营策略，都具有非常重要的指导意义和现实意义。

实际预测时，港口集装箱吞吐量时间序列预测可能受到多种事件的影响并产生异常值，而传统的预测模型在进行预测时并未考虑异常值的检测和修复，进而导致预测的稳定性及精度均较低。本章借助基于密度的异常值检测算法（LOF）对时间序列中可能的异常值进行检测，同时运用插值法以及 LSSVM 进行异常值修复。此外，引入 SSA 分解模型，运用 SSA 对修复后的数据列进行降噪处理，之后再进行预测，预测结果表明，本章所提出的预测模型无论是稳定性还是精度均有所提高。

尽管本章提出的模型较一系列对比模型均有预测精度上的提升，但是本研究仍有一定的局限性。例如，对异常值检测后，本章以插值法或 LSSVM 模型的预测值代替异常值，这种修复异常值的方法比较粗糙，可以考虑其他更好的修复方法；另外，在进行 SSA 降噪处理时，特征值之和所占的比例选取多少更为合适（即更能提高预测精度）也是值得考虑的问题。

第 5 章　“二环”中国集装箱港口研究例证（一）

本章基于港口集装箱货运需求的季节性、波动性、复杂性和不规则性等复杂数据特征，构建了 SARIMA-LSSVR、SD-LSSVR、CD-LSSVR 组合预测模型，对上海港和深圳港集装箱吞吐量时间序列数据进行了实证研究，研究结果表明，尽管有些单一模型的个别评价指标预测精度相对较高，但我们提出并构建的 3 个组合预测模型在 4 个指标中总体表现一致，并优于其他单独线性和非线性模型，验证了基于 LSSVR 的组合预测方法的有效性，尤其是从方向统计量的模型评价指标来看，所构建的 3 个组合预测模型预测结果显著提高，该指标作为与投资决策相关的评价标准，对主要决策者方向性的判断更有实际意义。其中，5.4 节基于所构建的模型，构建了中国主要港口集装箱吞吐量预测模型，预测和分析了“二环”中国主要港口集装箱吞吐量。5.5 节为本章小结。

5.1　引　　言

随着经济全球化和贸易一体化进程的加快，港口作为全球贸易得以实现的重要设施、全球综合运输网络的重要节点和国际物流链上的重要一环，其作用和地位日益凸现。港口作为全球资源配置的主要方式，不仅促进了全球经济和贸易的快速发展，而且极大地带动了港口所在地区和国家的经济增长和贸易扩张（许利枝和汪寿阳，2015）。因此有效并准确地预测港口集装箱货运需求，对港口企业运营和规划、港口相关行业发展及政府相关部门相关政策的制定等有着重大而深远的作用和意义（许利枝和汪寿阳，2014）。

港口集装箱货运月度和季度需求序列是一个典型的时间序列，如具有时间序列的非平稳性和季节性特征（Franses and Dijk，2005；Hilas et al.，2006；Yelland，2006），如中国的春节对各主要港口以及相关港口的集装箱货运需求有显著的影响（Chen and Chen，2010；许利枝和汪寿阳，2014），从而货运量序列具有很强的季节效应。在关于港口集装箱吞吐量预测的早期研究中主要采用经济计量模型中时间序列分析方法（Klein and Verbeke，1986；De-Gooijer and Klein，1989）。在大多数的预测研究中，用于非平稳随机序列的自回归求和滑动平均（ARIMA）模型和用于含有季节波动的非平稳随机序列季节自回归求和滑动平均（SARIMA）模型是典型的经济计量模型，已被广泛应用于港口集装箱货运量时间序列数据的预测研究中（Box，1976；Box et al.，1994）。

然而在现实中，港口集装箱货运需求具有相当大的波动性、复杂性和不规则性，集装箱运输需求不仅具有线性和非线性特征，而且还经常受一些突发事件的影响，如海盗猖獗、局部战争等（Tian et al.，2009）。2008 年全球金融危机给全球许多港口集装箱货运需求带来巨大冲击，全球许多港口集装箱吞吐量在 2008 年和 2009 年显著下降（汪寿阳等，2013，2014，2015）。ARIMA/SARIMA 等时间序列模型的不足之处在于当数据序列中存在非线性特征时，捕捉不到复杂序列的非线性模式。

为了更好地捕捉时间序列中的非线性特征，许多预测研究采用一些非线性的人工智能方法来拟合时间序列中的非线性特征，且均得到了很好的预测结果（Leung et al.，2000；Setzler et al.，2009）。例如，Liao 和 Fildes（2005）采用人工智能中 ANN 非线性模型对集装箱吞吐量时间序列进行预测，然而基于 ANN 非线性模型预测的不足之处在于容易出现局部优化和过度拟合问题。

SVM 方法是为了克服神经网络集成预测模型中遇到的局部优化和过度拟合问题而产生的方法（Kim，2003；Alenezi et al.，2008）。SVM 方法是 SLT 的一种成功实现，它建立在 SLT 的结构风险最小化（structural risk minimization，SRM）原理的基础上，通过对特定有限训练样本的学习精度和无错误的识别任意样本的学习能力之间寻求最佳折中，以期获得更好的泛化能力（Vapnik，2000；Kim and Ahn，2012）。为减少 SVM 方法的计算复杂度，Suykens 和 Vandewalle（1999）提出了 LSSVM，在计算速度和泛化能力方面得到了很好的改善与提高。

同样，考虑到港口集装箱货运时间序列通常包含线性和非线性等特征，单独使用某一类模型将不能获得满意的预测结果。在集装箱货运需求预测文献中，逐渐开始将不同类型的模型进行组合，构建组合预测模型，以期获得更好的预测结果（黄安强等，2011；Xiao et al.，2016）。例如，Pao（2009）通过组合一组广义自回归条件异方差性（generalized autoregressive conditional heteroscedasticity，GARCH）和 ANN 非线性模型预测了中国台湾的能源消费指标。Hang 和 Nabney（2010）组合小波变换（wavelet transform，WT）、多层感知机（multi-layer perceptron，MLP）、径向基函数（radial basis functions，RBF）、计量线性回归和 GARCH 模型预测了日度电力需求。Wang 等（2009）整合 SVR 模型对季节调整的电力需求进行了预测。多数预测研究结果表明，通过组合不同特征的预测模型，对时间序列数据构建组合预测模型，可以获得更好的预测结果。

本章基于 LSSVR 模型和组合预测模型的优势，构建了 SARIMA-LSSVR、SD-LSSVR、CD-LSSVR 组合预测模型。基于构建的组合预测模型，详细地介绍了上海港和深圳港集装箱吞吐量时间序列数据的预测过程。实证研究结果表明，我们提出并构建的 3 个组合预测模型在多个预测精度评价指标中总体表现显著优于其他单独线性和非线性模型，尤其是 CD-LSSVR 模型表现最优。表明对集装箱港口货运需求复杂数据而言，基于数据特征构建的组合预测模型可有效改进和提高模型的整体预测性能。

5.2 基于 LSSVR 模型的组合预测方法

本节介绍了 3 个组合预测模型：SARIMA-LSSVR、SD-LSSVR 和 CD-LSSVR。

5.2.1 SARIMA-LSSVR 模型

港口集装箱货运需求时间序列通常包含线性和非线性等特征，在已有的预测文献中，多数采用 ARIMA 和 SARIMA 系列的线性模型与不同的非线性模型进行组合，构建组合预测模型，预测港口集装箱吞吐量的货运需求，以提高预测精度。例如，Zhang（2003）通过组合线性 ARIMA 和非线性 ANN 模型构建预测模型，预测港口集装箱吞吐量。在此基础上，本节基于 SARIMA 和 LSSVR 模型构建了组合预测模型。

首先，采用经济计量模型 SARIMA 拟合时间序列数据的线性部分，得到预测序列，记为 $\{\widehat{L_t}\}$。其次，基于原始数据序列 y_t 和预测序列 $\widehat{L_t}$ 得到集装箱吞吐量的误差序列部分，记为 $\{e_t\}$，即

$$e_t = y_t - \widehat{L_t} \tag{5.1}$$

最后，利用 LSSVR 模型拟合序列数据的非线性误差序列部分 $\{e_t\}$，可以产生一个预测序列，记为 $\{\hat{N}_t\}$。将前两部分组合起来产生 y_t 序列的预测，即

$$\hat{y}_t = \hat{L}_t + \hat{N}_t \tag{5.2}$$

构建的组合预测模型 SARIMA-LSSVR 的基本思路和步骤如图 5.1 所示，具体步骤总结如下：

（1）用经济计量模型 SARIMA 拟合原时间序列 $y_t (t = 1, 2, \cdots, T)$ 的线性部分，产生序列的线性预测序列 $\{\hat{L}_t\}$ 和非线性误差序列 $\{e_t\}$；

（2）利用 LSSVR 来拟合非线性误差序列 $\{e_t\}$，从而产生相应的预测序列 $\{\hat{N}_t\}$；

（3）将前两者 $\{\hat{L}_t, \hat{N}_t\}$ 组合，构成综合预测模型的序列 $\{\hat{y}_t\}$。

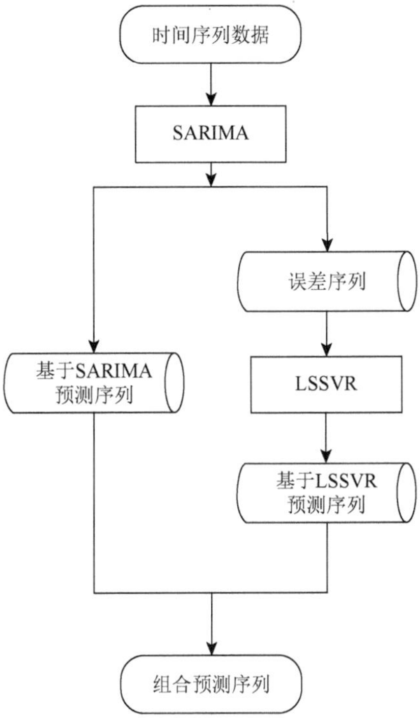

图 5.1 SARIMA-LSSVR 组合预测模型构建框架

5.2.2 SD-LSSVR 模型

为捕捉集装箱货运量需求的季节性特征，本节采用 X12-ARIMA 模型构建时间序列的线性模型。X12-ARIMA 模型将时间序列数据 y_t 分解为三部分：趋势循环要素（TC）tc_t、季节要素（SF）sf_t 和不规则要素（IR）ir_t。具体有相乘和相加两种函数形式进行分解：

$$y_t = \mathrm{tc}_t + \mathrm{sf}_t + \mathrm{ir}_t \tag{5.3}$$

$$y_t = \mathrm{tc}_t \times \mathrm{sf}_t \times \mathrm{ir}_t \tag{5.4}$$

根据实证研究的结果，我们采用 X12-ARIMA 模型并用相乘的形式进行分解，得到的三部分序列采用 LSSVR 构建预测模型，从而得到三部分的预测序列，分别记为 $\widehat{\mathrm{tc}_t}$、$\widehat{\mathrm{sf}_t}$ 和 $\widehat{\mathrm{ir}_t}$，即

$$\hat{y}_t = \widehat{\mathrm{tc}_t} \times \widehat{\mathrm{sf}_t} \times \widehat{\mathrm{ir}_t} \tag{5.5}$$

构建的组合预测模型 SD-LSSVR 的基本思路和步骤如图 5.2 所示，具体步骤总结如下：

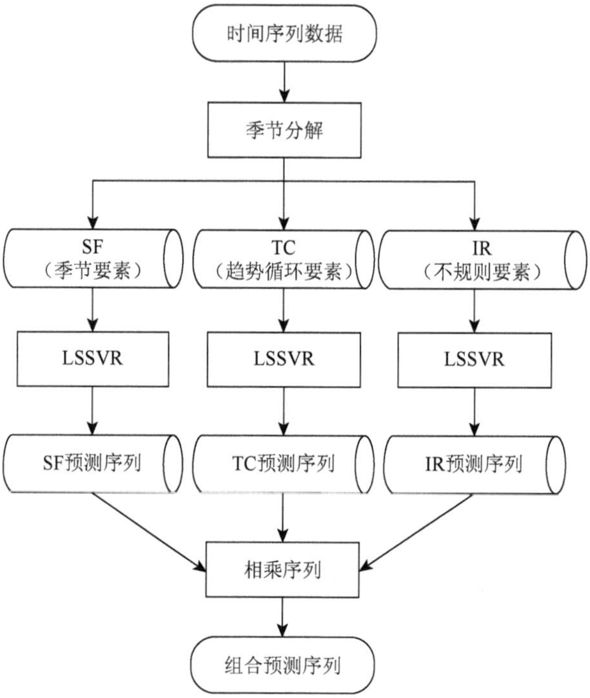

图 5.2　SD-LSSVR 组合预测模型构建框架

（1）采用 X12-ARIMA 模型并用相乘的形式将原时间序列 $y_t(t=1,2,\cdots,T)$ 分解为三部分，趋势循环要素 tc_t、季节要素 sf_t 和不规则要素 ir_t；

（2）利用 LSSVR 分别拟合三部分，从而产生相应的预测序列，分别记为 $\widehat{\mathrm{tc}_t}$、$\widehat{\mathrm{sf}_t}$ 和 $\widehat{\mathrm{ir}_t}$；

（3）将 $\{\widehat{\mathrm{tc}_t},\widehat{\mathrm{sf}_t},\widehat{\mathrm{ir}_t}\}$ 通过相乘进行组合，构成综合预测模型的序列 $\{\hat{y}_t\}$。

5.2.3　CD-LSSVR 模型

Peng 和 Chu（2009）采用相乘形式的传统分解（classical decomposition，CD）模型对月度集装箱吞吐量时间序列进行分解预测，基于此，我们构建了 CD-LSSVR 组合预测模型。采用 CD 模型将原始序列数据分解为趋势、季节、周期和不规则序列，相应的 CD 模型的相乘形式表示为

$$y_t = \mathrm{tr}_t \times \mathrm{sn}_t \times \mathrm{cl}_t \times \mathrm{ir}_t \tag{5.6}$$

式中，y_t、tr_t、sn_t、cl_t 和 ir_t 分别为 t 时期的原始序列、趋势、季节、周期和不规则序列。

我们采用 12 期移动平均（moving average，MA）生成 MA_t 序列，即

$$\mathrm{MA}_t = \sum_{i=-6}^{6} y_{t+i} / 12 \tag{5.7}$$

式中，$i<0$ 和 $i>0$ 各表示 t 期前后 i 期。进而得到 t 期移动平均值为

$$\mathrm{CMA}_t = (\mathrm{MA}_t + \mathrm{MA}_{t+1}) / 2 \tag{5.8}$$

根据式（5.6）$\mathrm{CMA}_t = \mathrm{tr}_t \times \mathrm{cl}_t$，将季节项和不规则项乘积的时间序列定义为

$$\mathrm{SI}_t = \mathrm{sn}_t \times \mathrm{ir}_t = y_t / \mathrm{CMA}_t \tag{5.9}$$

之后采用如下的移动平均计算去除 SI_t 序列的不规则项，从而得到季节项部分，具体公式表示如下：

$$\mathrm{sn}_t = \sum_{j=0}^{n} \mathrm{SI}_{t+12\times j} / (n+1) \tag{5.10}$$

通过 y_t 与 sn_t 相除得到去季节项 $\{y_t / \mathrm{sn}_t\}$。Peng 和 Chu（2009）采用线性趋势回归模型 $\widehat{\mathrm{tr}_t} = a + bt$ 拟合趋势项 $\widehat{\mathrm{tr}_t}$。我们采用 LSSVR 拟合数据的趋势项 $\widehat{\mathrm{tr}_t}$，则 t 期的集装箱吞吐量为

$$\hat{y}_t = \widehat{\mathrm{tr}_t} \times \mathrm{sn}_t \tag{5.11}$$

构建组合预测模型 CD-LSSVR 的基本思路和步骤如图 5.3 所示，具体步骤总结如下：

（1）计算原始时间序列数据 $y_t(t=1,2,\cdots,T)$ 的 12 期移动平均，生成 12 期移动平均序列 MA_t，之后得到 CMA_t、SI_t、sn_t 和 $\{y_t / \mathrm{sn}_t\}$；

（2）采用 LSSVR 模型拟合分解后的 $\{y_t / \mathrm{sn}_t\}$ 序列，从而得到拟合序列 $\widehat{\mathrm{tr}_t}$；

（3）将趋势序列 $\widehat{\mathrm{tr}_t}$ 和季节序列 sn_t 相乘生成组合预测序列 $\hat{y}_t$。

我们采用三种组合预测模型对上海港和深圳港的集装箱吞吐量时间序列数据进行预测，从而进一步验证这三种组合预测模型的有效性。

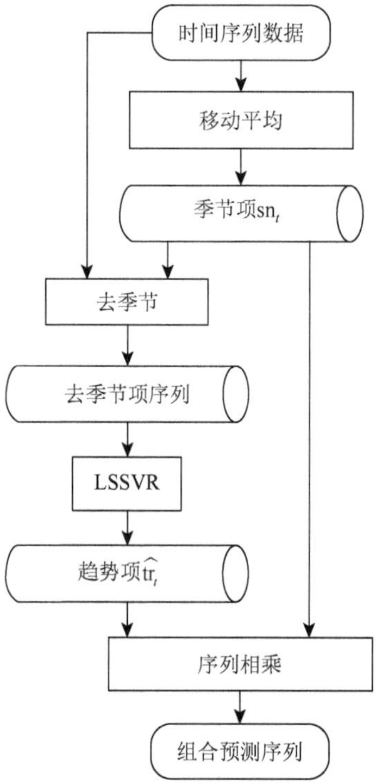

图 5.3　CD-LSSVR 组合预测模型构建框架

5.3　集装箱吞吐量预测模型构建与实证

5.3.1　数据来源与预测评价指标

本节选取中国长三角地区上海港及珠三角地区深圳港的集装箱吞吐量时间序列数据为预测分析对象，详细预测与分析 SARIMA-LSSVR、SD-LSSVR 和 CD-LSSVR 模型的各部分，并提供相应的组合预测结果分析。所用的数据来自 CEIC 数据库，数据区间均为 2001 年 1 月～2012 年 8 月，将共计 140 个月的观测值作为模型的数据集，用于预测模型构建的指标如图 5.4 所示，其中 SHP 和 SZP 分别表示上海港集装箱吞吐量和深圳港集装箱吞吐量，单位为 10^6 标准箱。

为了评价预测性能，我们使用均方根误差（RMSE）、平均绝对误差（MAE）和平均相对误差（MAPE）作为准则，评价预测性能。MAE 和 MAPE 的评价准则定义如式（4.12）和式（4.13）所示，RMSE 的评价准则定义如式（5.12）所示：

$$\mathrm{RMSE}=\sqrt{\left[\sum_{t=1}^{n}(y_t-\hat{y}_t)^2\right]/n} \tag{5.12}$$

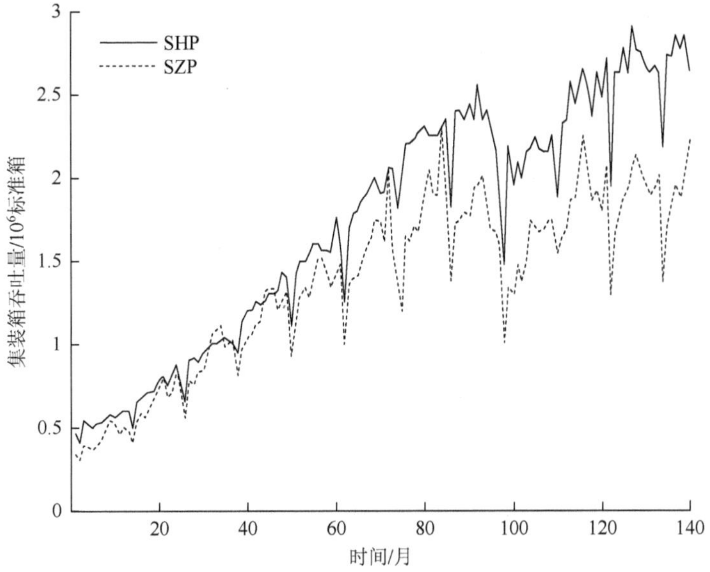

图 5.4 上海港、深圳港 2001 年 1 月～2012 年 8 月集装箱吞吐量

式中，y_t 为 t 期的实际值；$\hat{y}_t$ 为 t 期的预测值；n 为测试期。

然而，从管理者的角度来看，以上三个评价指标并不能为决策带来直接的建议，管理者可能更加关心集装箱吞吐量的变化方向，本书以方向变化统计量（D_{stat}）作为准则（余乐安等，2006），评价预测方向的准确度，D_{stat} 的定义如下：

$$D_{\text{stat}} = \sum_{t=1}^{n} d_t / n \tag{5.13}$$

式中，如果 $(y_t - y_{t-1})(\hat{y}_t - y_{t-1}) \geqslant 0$，$a_t = 1$；否则 $a_t = 0$。

此外，我们采用 Diebold 和 Mariano（1995）提出的样本外预测准确性检验（DM 检验）来比较不同模型的预测能力。Diebold 和 Mariano（1995）的检验理论是：对一组实际时间序列 y_t 有两组估计值，令模型 i 和模型 j 对应的误差序列分别为 $\{\hat{y}_{it}\}_{t=1}^{N}$ 和 $\{\hat{y}_{jt}\}_{t=1}^{N}$，从而产生相应的误差时间序列项，分别为 $\{e_{it}\}_{t=1}^{N}$ 和 $\{e_{jt}\}_{t=1}^{N}$，基于两模型的误差时间序列定义损失函数（loss function），即误差项函数 $g(e_t)$，模型 i 和模型 j 对应的损失函数的差定义为 $D_t = g(e_{it}) - g(e_{jt})$。如果 D_t 是协方差平稳和短期记忆的数列，样本损失差平均值 $\bar{D} = \sum_{t=1}^{N}[g(e_{it}) - g(e_{jt})] / N$ 的渐进分布为

$$\sqrt{N}(\bar{D} - \mu) \to N(0, V(\bar{D})) \tag{5.14}$$

因此，DM 统计量的近似正态分布可表示为

$$\mathrm{DM}=\frac{\bar{D}}{\sqrt{\hat{V}(\bar{D})/T}} \tag{5.15}$$

式中，$V(\bar{D})=\gamma_0+2\sum_{k=1}^{h-1}\gamma_k$；$h$ 为预测步长。基于样本自协方差 γ_k 的估计值 $\hat{\gamma}_k=\sum_{t=|k|+1}^{h-1}\gamma_k(D_t-\bar{D})(D_{t-k}-\bar{D})/N$；$\hat{V}(\bar{D})$ 为 $V(\bar{D})$ 的一致估计。本书定义损失函数为绝对误差，DM 检验如果接受原假设 H_0，则表明两模型的预测精度相同。

5.3.2 实证结果与分析

实证研究采用上海港和深圳港集装箱吞吐量的月度时间序列数据。两个港口各选取 2001 年 1 月～2010 年 11 月的数据，共计 119 个观察值（85%的数据）作为模型的数据集。应用 LSSVR 模型的三种不同核函数，即高斯核函数（Gaussian kernel）、线性核函数（linear kernel）和多项式核函数（polynomial kernel）做一步向前（one-step-ahead）预测，表 5.1 列出了基于不同核函数预测精度比较。如表 5.1 所示，两个港口的 RMSE、MAE、MAPE 和 D_{stat} 的 8 个评价指标值中，高斯核函数 LSSVR 模型有 6 个指标表现最优；多项式核函数 LSSVR 模型有 2 个指标表现最优，因此我们选取高斯核函数作为 LSSVR 模型的核函数。

表 5.1 不同核函数的 LSSVR 模型预测结果比较

核函数类型	测试数据							
	上海港				深圳港			
	RMSE	MAE	MAPE	D_{stat}	RMSE	MAE	MAPE	D_{stat}
高斯	19.7	16	5.9	0.714	26.4	18.2	11	0.619
线性	25.1	19	7.7	0.667	26.4	20.3	11.9	0.381
多项式	20.1	14.5	5.9	0.619	24.7	18.3	11.2	0.381

我们也使用应用最广泛的 BPNN 模型进行港口集装箱吞吐量时间序列的预测，并作为基准模型以验证模型的预测能力。

为比较不同方法的预测效果，本节还计算了 LSSVR 单模型和其他四种单模型（BPNN、SVR、ARIMA 和 SARIMA）预测方法的预测结果。其中，BPNN 为标准的三层网络，输入节点 p=3、隐层节点 q=10 和一个输出节点；SVR 单模型选取高斯核函数，参数 ε 取值为 0.05，γ 和 σ^2 参数值通过最小化误差，反复调整与

迭代来估计，其区间为[0.01, 10 000]；ARIMA(p, d, q)单模型和 SARIMA$(p, d, q)(P, D, Q)s$ 模型是通过最小化贝叶斯信息准则（Bayesian information criterion，BIC）获得最优模型，同时考虑到中国的春节效应，在构建 SARIMA 模型中加入春节所在月份为 1，其他月份为 0 的虚拟变量，上海港集装箱吞吐量和深圳港集装箱吞吐量的实际值以及 SARIMA-LSSVR 组合预测模型的预测值如图 5.5 所示。

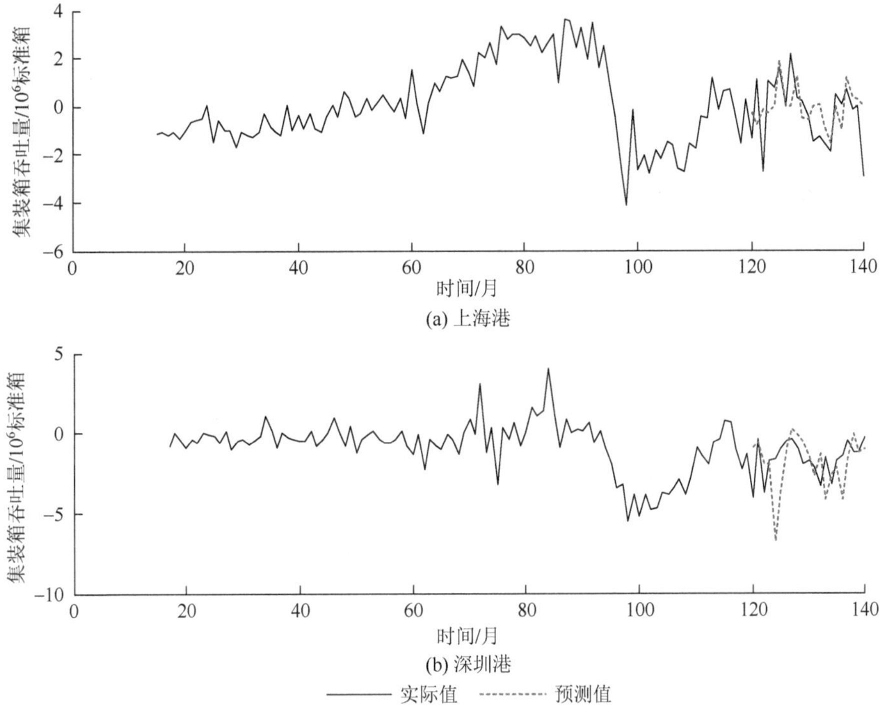

图 5.5 SARIMA-LSSVR 预测结果

两港口集装箱吞吐量时间序列数据构建的 SD-LSSVR 组合预测模型中，X12-ARIMA 模型的趋势循环要素（TC）、季节要素（SF）和不规则要素（IR）的实际值以及 SD-LSSVR 组合预测模型的预测值如图 5.6 和图 5.7 所示。

两港口集装箱吞吐量时间序列数据构建的 CD-LSSVR 组合预测模型中，去季节项 $\{y_t / \mathrm{sn}_t\}$（实际值）和 LSSVR 拟合数据的趋势项 $\widehat{\mathrm{tr}_t}$（预测值）如图 5.8 所示。

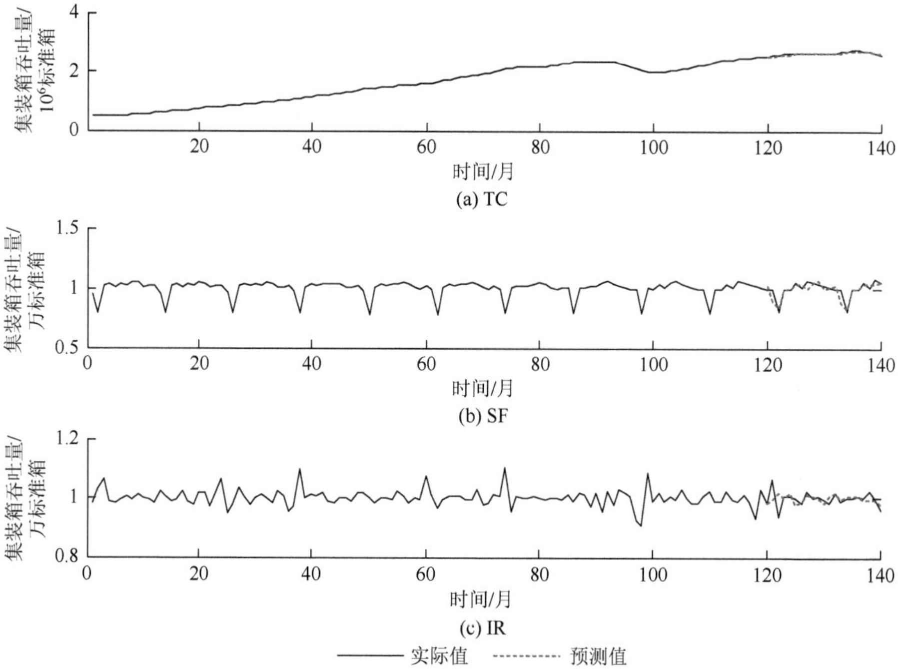

图 5.6　上海港集装箱吞吐量 SD-LSSVR 预测结果

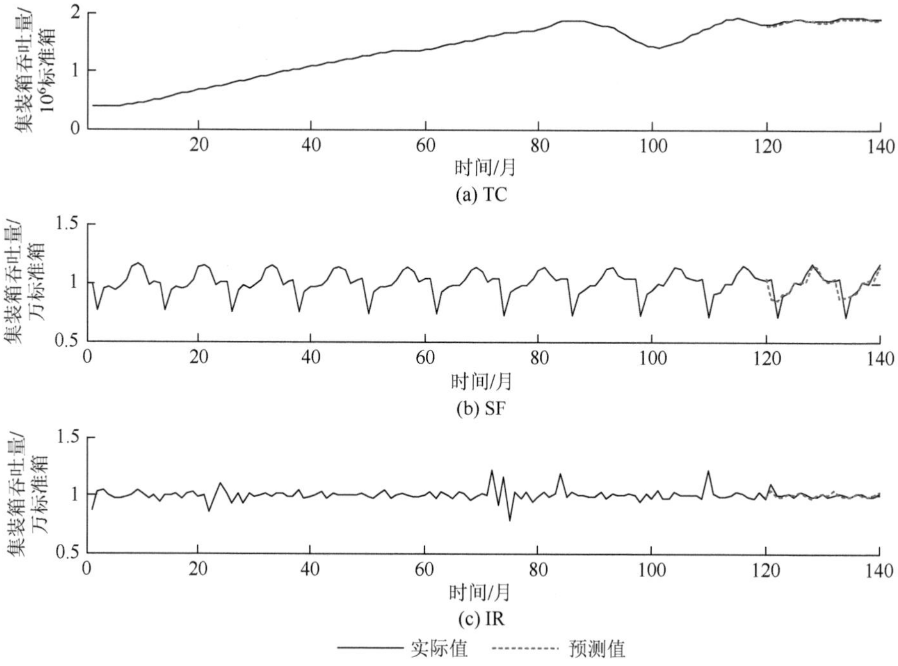

图 5.7　深圳港集装箱吞吐量 SD-LSSVR 预测结果

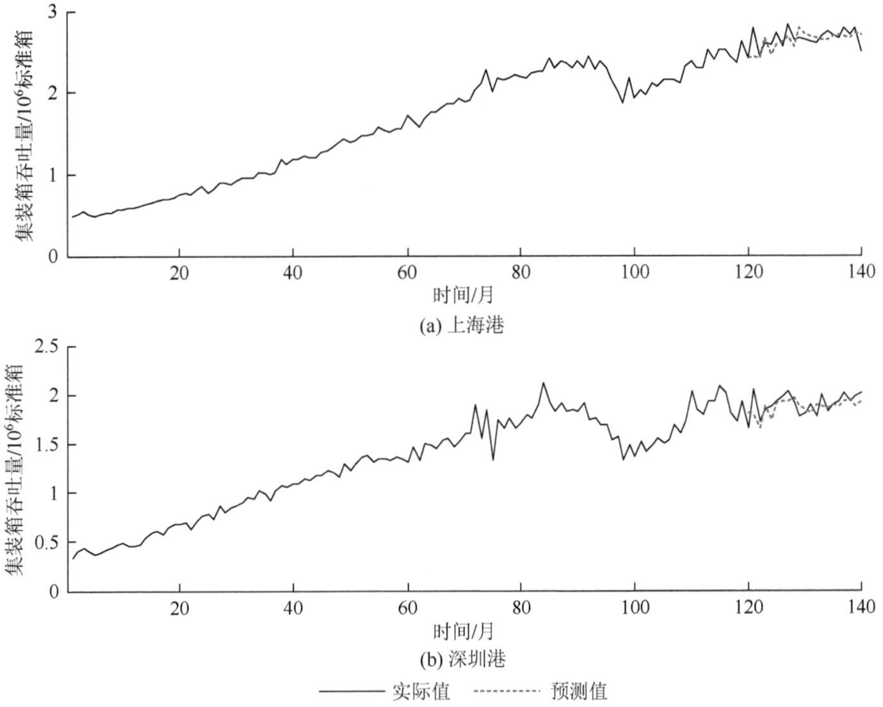

图 5.8　CD-LSSVR 组合预测趋势项结果

此外，本书采用不同的训练集比例，分别以样本数的 85%、90%和 95%进行鲁棒性检验与模型评估，各评价指标值见表 5.2。上海港和深圳港不同模型预测能力的 DM 检验值见表 5.3 和表 5.4，表中括号内的数值为相应的 p 值。

表 5.2　不同模型预测结果比较

测试集比例/%	模型	测试数据							
		上海港				深圳港			
		RMSE	MAE	MAPE	D_{stat}	RMSE	MAE	MAPE	D_{stat}
85	ARIMA	21.4	16.7	6.8	0.7	21.1	18.8	10.5	0.7
	SARIMA	13.1	11.7	4.5	0.8	20.0	16.8	9.7	0.8
	CD	24.8	22.1	8.4	0.5	31.8	29.9	16.3	0.8
	BPNN	20.6	14.4	5.5	0.7	14.1	11.3	6.0	0.8
	SVR	23.5	15.0	6.0	0.6	28.1	21.1	12.0	0.6
	LSSVR	19.7	16.0	5.9	0.7	26.4	18.2	11.0	0.6
	SARIMA-LSSVR	13.0	10.3	4.0	0.9	18.6	13.7	7.6	0.7
	SD-LSSVR	15.5	10.6	4.1	0.8	15.9	10.0	5.6	0.9
	CD-LSSVR	11.9	9.3	3.5	0.8	9.8	7.9	4.2	0.8

续表

测试集比例/%	模型	测试数据							
		上海港				深圳港			
		RMSE	MAE	MAPE	D_{stat}	RMSE	MAE	MAPE	D_{stat}
90	ARIMA	31.5	26.9	10.4	0.4	20.3	18.5	9.7	0.6
	SARIMA	23.1	20.3	7.4	0.7	18.1	15.7	8.7	0.7
	CD	24.7	22.1	8.2	0.4	29.0	28.1	14.8	0.7
	BPNN	24.0	19.9	7.5	0.7	22.2	15.2	8.9	0.7
	SVR	27.6	18.7	6.8	0.6	24.7	17.4	9.4	0.6
	LSSVR	22.4	18.9	7.2	0.6	20.7	13.2	7.5	0.6
	SARIMA-LSSVR	13.7	10.2	4.1	0.6	13.3	10.7	5.1	0.7
	SD-LSSVR	11.7	8.3	3.1	0.8	13.7	9.0	4.9	0.9
	CD-LSSVR	9.8	8.3	3.1	0.8	7.5	6.5	3.3	0.9
95	ARIMA	23.8	18.7	7.5	0.6	22.4	18	10.5	0.7
	SARIMA	22.5	20.6	7.6	0.7	12.7	10.9	5.6	0.9
	CD	26.1	22.8	8.5	0.6	23.2	23	12.7	0.9
	BPNN	22.7	17.5	7.0	0.6	16.6	12.5	6.6	0.7
	SVR	26.5	17.1	6.8	0.7	20.8	14.3	8.8	0.6
	LSSVR	22.0	16.5	6.7	0.6	15.8	11.2	5.5	0.7
	SARIMA-LSSVR	20.5	18.1	7.3	0.9	9.6	7.2	3.9	1.0
	SD-LSSVR	6.1	5.1	1.9	0.9	11.2	7.0	4.4	1.0
	CD-LSSVR	10.6	8.4	3.2	0.9	5.9	5.0	2.6	1.0

5.3.3 预测结果分析

上海港和深圳港集装箱吞吐量预测研究表明（表 5.2），CD-LSSVR 模型的 MAPE 值（85%测试集比例）为 3.5 和 4.2，在这个指标上表现最优，优于本书构建的其他两个组合预测模型。这与 Peng 和 Chu（2009）的预测结果中 CD 模型表现最佳结论相反，可能原因是 2008 年金融危机对所有港口的集装箱吞吐量有很大冲击，从而带来数据的波动和非线性特征，CD 模型的预测结果表现较差，同理线性 ARIMA 模型的表现也较差。

从表 5.3 和表 5.4 不同模型的 DM 检验统计量可以得出以上同样的结论。CD-LSSVR 组合预测模型在 10%的显著水平上优于多数其他模型，只有少数几个没有显著差异，具体为 SD-LSSVR 模型、SARIMA（上海港）和 BPNN（深圳港）；CD 模型在 10%的显著水平上劣于多数其他模型，只有 LSSVR、SVR、BPNN（上海港）和 SVR（深圳港）几个单模型的预测没有显著差异。

表 5.3 上海港不同模型预测能力 DM 检验

检验模型	参照模型							
	SD-LSSVR	SARIMA-LSSVR	LSSVR	SVR	BPNN	CD	SARIMA	ARIMA
CD-LSSVR	−1.3645(0.1724)	−0.4762(0.6339)	−2.0025(0.0452)	−2.0888(0.0367)	−2.7542(0.0059)	−3.0335(0.0024)	−0.6867(0.4923)	−1.8033(0.0713)
SD-LSSVR		0.6961(0.4864)	−0.9092(0.3632)	−1.4583(0.1448)	−1.3124(0.1894)	−1.8342(0.0667)	0.4633(0.6431)	−1.1338(0.2569)
SARIMA-LSSVR			−1.6793(0.0931)	−2.1053(0.0353)	−2.4076(0.0161)	−3.4708(0.0005)	−0.7608(0.4468)	−2.0545(0.0399)
LSSVR				−0.6836(0.4942)	−0.2136(0.8309)	−1.1365(0.2558)	1.4425(0.1491)	−0.3101(0.7565)
SVR					0.5447(0.5859)	−0.2459(0.8058)	2.1185(0.0341)	0.4780(0.6326)
BPNN						−1.4645(0.1431)	2.0900(0.0366)	−0.1577(0.8747)
CD							3.2108(0.0013)	0.7931(0.4277)
SARIMA								−2.1052(0.0353)

表 5.4 深圳港不同模型预测能力 DM 检验

检验模型	参照模型							
	SD-LSSVR	SARIMA-LSSVR	LSSVR	SVR	BPNN	CD	SARIMA	ARIMA
CD-LSSVR	−1.681(0.0928)	−1.9390(0.0525)	−2.1796(0.0293)	−3.0402(0.0024)	−1.5865(0.1126)	−6.4077(0.0000)	−2.8996(0.0037)	−3.7500(0.0002)
SD-LSSVR		−0.5319(0.5948)	−1.6644(0.0960)	−2.087(0.0369)	0.3828(0.7019)	−3.6599(0.0003)	−0.9825(0.3258)	−1.4437(0.1488)
SARIMA-LSSVR			−1.1468(0.2515)	−1.6423(0.1005)	1.1661(0.2436)	−3.4816(0.0005)	−0.3512(0.7254)	−0.6036(0.5461)
LSSVR				−0.3197(0.7492)	1.7985(0.0721)	−1.0074(0.3137)	1.3090(0.1905)	1.1176(0.2637)
SVR					2.4525(0.0142)	−0.9759(0.3291)	2.0446(0.0409)	1.5953(0.1106)
BPNN						−5.2489(0.0000)	−1.6097(0.1075)	−2.205(0.0275)
CD							5.0199(0.0000)	3.4670(0.0005)
SARIMA								−0.3924(0.6948)

因此，从 DM 统计量来看，虽然偶尔有些单模型的预测精度优于本书提出的组合预测方法，但如图 5.9 所示，不同模型在四个评价指标中表现最优的数量研究表明，本书构建的三个组合预测模型在四个指标中表现最优，尤其是在方向统计量 D_{stat} 的评价指标，表明三个组合预测模型显著优于其他单独的线性和非线性模型，该指标作为与投资决策相关的评价标准，对主要决策者方向性的判断更有实际意义。

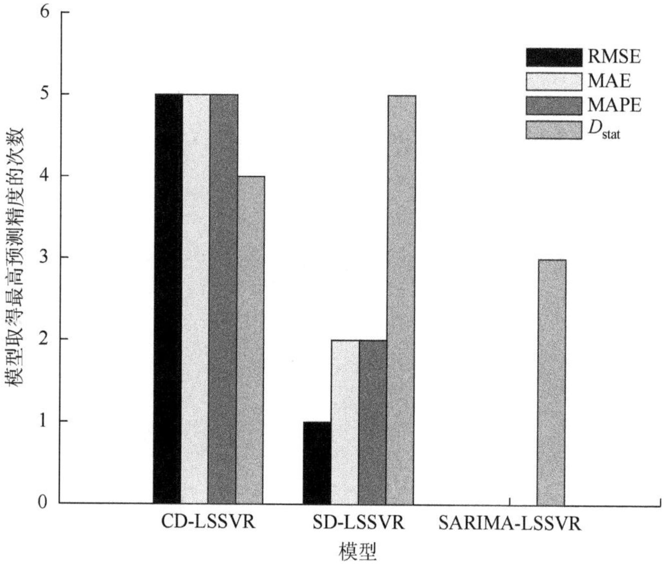

图 5.9　不同模型预测结果比较

同时，我们的实证研究表明，港口集装箱货运需求预测具有相当大的波动性、复杂性和不规则性，集装箱运输需求不仅具有线性和非线性特征，而且还经常受一些突发事件的影响，如 2008 年全球金融危机、海盗猖獗、局部战争等，因此单独的线性模型，如 ARIMA、SARIMA 和 CD 模型不能很好地捕捉港口集装箱吞吐量数据的非线性特征，预测效果劣于组合预测模型；同样，单独的非线性模型，如 LSSVR、SVR 和 BPNN 的预测效果相对组合预测模型也相对较差。对于集装箱港口货运需求复杂数据而言，基于数据特征构建的组合预测模型可有效改进和提高模型的整体预测性能。

5.4　"二环"中国主要港口集装箱吞吐量预测

基于本章构建的预测模型，预测了 2014 年中国主要港口集装箱吞吐量。根据各港口综合集成预测结果，对 2014 年中国主要港口集装箱吞吐量进行了排名预测，排名预测结果见表 5.5。

表 5.5 2014 年中国前十大集装箱港口吞吐量预测排名

港口	排名	集装箱吞吐量/万标准箱	同比增长率/%
上海港	1	3500～3530	4.3～5.2
深圳港	2	2330～2355	0.8～1.8
香港港	3	2280～2295	2.0～2.7
宁波-舟山港	4	1900～1920	10.4～11.6
青岛港	5	1650～1670	4.0～5.3
广州港	6	1630～1650	7.3～8.6
天津港	7	1375～1395	5.7～7.3
大连港	8	1080～1095	7.9～9.4
高雄港	9	1000～1010	0.6～1.6
厦门港	10	870～880	8.6～9.9

随着世界经济的整体向好，尤其是欧洲需求的增长、美国经济的进一步复苏以及亚洲贸易活力的反弹，2014 年中国经济发展的外部需求环境与 2013 年相比将有所改善，促使中国经济稳中向好；同时，2014 年在着力稳增长、保就业，转方式、调结构，提高发展质量效益，促进经济持续健康发展的中央决策部署和战略指导下，中国经济内部发展保持稳中向好的整体发展势头。预计 2014 年中国内需增长仍然相对稳定，内外需求的向好发展势头将对我国经济产生积极促进作用，中国经济将仍然保持相对较快、健康合理的增长速度。

然而，2014 年中国经济面临较大不确定性、下行风险与挑战。从外需环境来看，尽管发达经济体经济复苏将有利于中国出口，但 2014 年中国经济发展的国际形势依然严峻复杂，国际经济中的不确定、不稳定因素仍然较多，新兴经济体需求相对疲软，欧洲经济的不确定性有可能导致外需复苏势头减弱。从内需环境来看，尽管随着促改革、调结构、惠民生政策的逐步落实，经济运行基本面依然良好，经济将保持合理增长，但在中国经济转型、产业升级、金融和贸易自由化改革的大背景下，2014 年中国经济发展将面临发展方向转变，经历发展方式转型，宏观经济处于增长速度换档期、结构调整期，下行压力较大。因此，预计 2014 年以及未来几年中国经济的增长速度将有所回落，整体经济增长趋势稳中趋缓。根据中国科学院预测科学研究中心的预测，2014 年中国 GDP 增速将为 7.6%。

在中国经济内部发展和外部需求环境整体向好的发展形势下，在国务院出台的稳外贸“国 16 条”以及随后各部委密集出台扶持外贸的政策支持下，加之人民币汇率贬值以及外贸企业综合竞争力的提升，预计 2014 年中国对外贸易将实现相对平稳增长。然而 2014 年以来，我国宏观调控的战略部署把调结构、转方式作为稳增长的内生动力，加快改造提升传统产业，加快发展战略性新兴产业和现代服务业，实现产业升级和结构优化。2014 年 5 月，海关总署综合统计司副巡视员黄国华表示，我国对外贸易发展正逐渐从高速增长区间回落到中低速增长区间，当前已经进入由“规模扩张”向“质量提高”的新阶段，目前我国在稳定贸易规模的同时，更注重抓紧结构调整优化。因此，2014 年在外部经济环境不景气及我国经济正处增速换档期内，受国外经济复苏对我国出口的拉动作用有所减小，内需增长相对乏力等因素影响，我国外贸形势依然严峻复杂，外贸增长将仍面临较大的不确定性和压力。

一方面，全球经济复苏步伐加快有利于我国出口，但与金融危机前比，这一轮发达经济体经济增长对我国外贸的拉动效应有所减弱；2014 年全球经济复苏力度不强劲，国际市场需求总体偏弱，美国缩减财政，欧元区重债国增加税收减少开支，及日本上调消费税，都将进一步削弱经济增长的动力，对全球经济拉动作用减弱。

另一方面，中国生产要素成本提升，国际竞争加剧。2014 年中国对外贸易已经开始呈现国际产业转移放慢，向周边国家产业转移和订单转移加快，生产要素成本上升这样“一慢、一快、一升”的态势。首先，2014 年发达国家部分制造业回流及对外投资降温。发达国家对中国产业转移放慢，欧美推动产业回归，使中国的制造业利用外资的增幅呈下降趋势。其次，随着中国生产要素各项成本的上升，中国向境外的产业转移和订单转移也在加速，特别是劳动密集型的产业和订单转移加快。中国沿海地区出口企业的人工成本相当于印度、越南、柬埔寨等国家的 2～3 倍，目前以制鞋、纺织服装为主的劳动密集型产业开始内迁或外移，而外移则以越南、泰国、柬埔寨、老挝等东南亚国家为主。最后，2014 年地缘政治风险也在明显上升。近年来，部分国家和地区局势动荡，增加了中国企业对外贸易的风险，外部局势的不确定性对贸易的影响也在日益上升。

因此，诸多不利因素影响预计将放缓 2014 年甚至之后几年中国出口贸易的发展速度。根据中国科学院预测科学研究中心的预测，受国外经济复苏对我国出口拉动作用减小、内需增长乏力等因素影响，2014 年我国进出口总值将保持个位数平稳增长。预计 2014 年我国进出口总值同比增长 7.0%。

总体判断，对中国港口集装箱运输服务需求而言，预计 2014 年在中国经济、贸易增长稳中趋缓的发展形势下，中国多数港口集装箱运输服务需求将保持平稳缓慢的增长态势。一方面，与 2013 年相比，2014 年将为港口发展创造平稳发展和整体向好的内部条件与外部环境，从而对中国港口运输形成一定的稳定作用，相应的也会推动集装箱贸易量的实质性增长，根据模型测算结果，预计 2014 年中国港口将整体表现向好，中国集装箱运输的发展仍然是全球稳定发展的重心和依靠，中国港口均实现增长，其中预计中国宁波-舟山港、厦门港和大连港集装箱吞吐量增长将相对显著。

另一方面，受国外经济复苏对我国出口拉动作用减小、内需增长乏力等因素影响，2014 年预计中国多数港口集装箱吞吐量仅能维持个位数的平稳增长。根据模型测算结果，预计中国前十大集装箱港口中，中国长三角港口宁波-舟山港表现较为突出，将成为全球前十大集装箱港口中唯一实现两位数高速增长的集装箱港口，增速为 11%左右。

近年来，尤其是我国“十二五”规划发展以来，在宏观政策引导和市场自行调整的双重作用下，经济发展开始呈现出从南向北不断扩大开发、从东向西逐渐梯度发展的特征，相应的我国外贸产业，尤其是低附加值的外贸产业不断从南向北、逐渐从东向西开始梯度转移。从发展来看，结合我国各区域的发展战略和外贸发展模式，各区域外贸转移的方向和方式呈现出不同的发展模式与特征。对于各区域港口集装箱运输而言，在各区域外贸转移的方向和方式的影响下，各区域港口集装箱运输在发展趋势、演化路径和竞争格局等方面新的特征开始逐渐凸显。

中国前十大集装箱港口中，各区域 2014 年新的趋势发展预测分析如下。

5.4.1 长三角地区港口

根据模型测算结果，预计 2014 年长三角地区港口将保持平稳发展，且集装箱运输需求增长相对显著。预计上海港 2014 年将完成集装箱吞吐量 3500 万标准箱，同比增长 4.3%～5.2%，在全球集装箱港口排名中将继续保持第 1 位。预计 2014 年宁波-舟山港将又一次实现两位数的高速增长势头，全年将完成集装箱吞吐量 1900 万～1920 万标准箱，同比增长 10.4%～11.6%，将赶超韩国釜山港，在全球集装箱港口排名中居第 5 位（图 5.10）。

多年来，我国长三角地区的区域发展战略和自身独特的外贸发展模式相互作用，形成了长三角地区主要的外贸发展趋势、外贸产业转移的方向和方式。依托长江水路和长江经济带，长三角地区是该地区乃至中国经济、贸易持续发展的重要支撑和保障，为长三角两大集装箱港口上海港和宁波-舟山港提供了稳定的运输货源，形成了两港口集装箱吞吐量稳定增长发展模式。

尤其是 2014 年国务院将长江经济带的建设上升为国家战略，就是要让长三角、长江中游城市群和成渝经济区三个板块的产业和基础设施连接起来、要素流

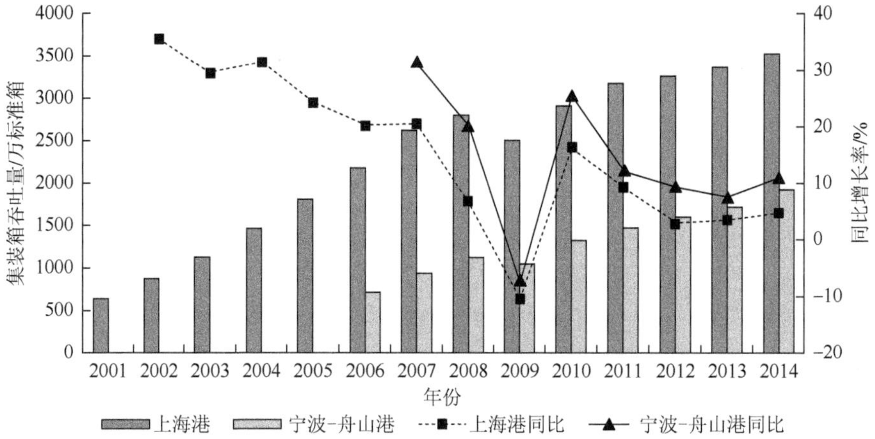

图 5.10　长三角地区港口集装箱吞吐量及同比增长率

资料来源：CEIC 数据库

动起来、市场统一起来，促进产业有序转移衔接、优化升级，加快推进东部沿海的产业升级以及原有产业沿江向中西部转移。利用长江水路运输资源，通过江海直达等不同的运输模式，长江经济带建设将给 2014 年以及未来几年带来更加稳定和新的运输需求。例如，2014 年以来，武汉至上海洋山港"江海直达"航线"天天班"的稳定运营，确保了中转外贸箱量高位运行，较 2013 年同期大幅度增长 170.13%，将给上海港 2014 年集装箱中转带来更加稳定的新需求。长三角地区经济腹地的振兴发展和产业沿江向西转移，扩展和延伸了两大港口服务的经济腹地，为港口的集装箱运输需求发展提供稳定和长足的后劲，使该地区各大港口区位优势更加明显。

5.4.2　珠三角地区港口

根据本书模型测算结果，预计 2014 年珠三角港口集装箱吞吐量全面实现增长。其中预计 2014 年，香港港实现低速增长，全年将完成集装箱吞吐量 2280 万～2295 万标准箱，同比增长 2.0%～2.7%；深圳港全年将完成集装箱吞吐量 2330 万～2355 万标准箱，同比增长 0.8%～1.8%；广州港全年将完成集装箱吞吐量 1630 万～1650 万标准箱，同比增长 7.3%～8.6%。预计在 2014 年全球集装箱港口排名中，三港分别为第 4 位、第 3 位和第 8 位；中国港口排名中三港分别为第 3 位、第 2 位和第 6 位（图 5.11）。

珠三角地区的区域发展战略和自身独特的外贸发展模式相互作用，形成了长三角地区主要的外贸发展趋势、外贸产业转移的方向和方式。多年来，珠三角地区经济结构不断调整优化，贸易发展方式逐步转型。尤其是 2008 年以来，广东开始逐渐将低端制造业向粤西、粤北和邻近省份转移，珠三角地区借助转移实现了

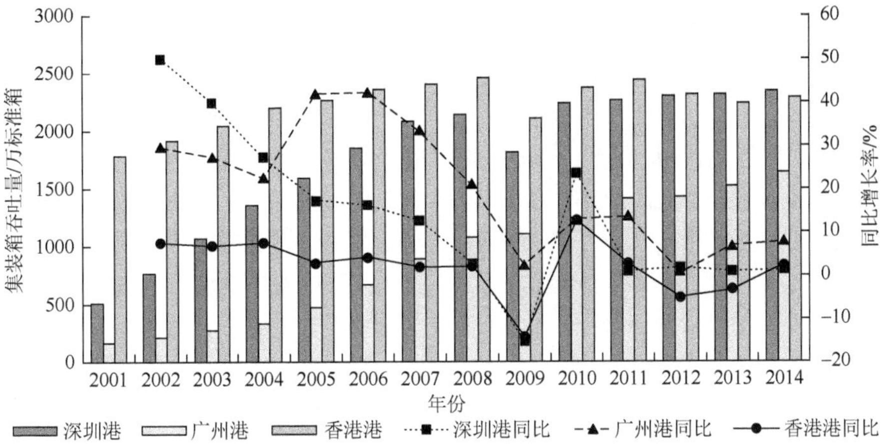

图 5.11 珠三角地区港口集装箱吞吐量及同比增长率

资料来源：CEIC 数据库

产业的“腾笼换鸟”。而大量劳动力密集型企业的外迁，则不仅有利于珠三角地区降低城市承载压力，而且促进了承接产业转移省份经济的发展，区域发展更为平衡，区域经济发展协调性进一步增强。为了进一步推动广东经济结构调整、加快产业转型升级，广东 2013 年 8 月启动的振兴粤东西北发展战略。2014 年第一季度粤东、粤西、粤北地区延续 2013 年快速增长态势，规模以上工业增加值、固定资产投资、社会消费品零售总额增速均高于珠三角。

珠三角地区港口腹地是中国重要的制造业加工基地，而加工贸易发展模式不仅外贸依存度较高，而且在中国产业结构调整和转移的背景下，与其他贸易发展方式相比，产业转移速度也相对较快。因此，与长三角地区相比，对珠三角地区三大港口集装箱运输需求而言，珠三角地区区域经济和贸易发展战略下的产业转型升级、产业转移和市场的企业调整策略等因素影响方式不同，影响程度相对比较大，而且对各主要集装箱港口的发展趋势、发展路径影响程度和模式也相差很大。

对于深圳港和香港港而言，珠三角地区产业“腾笼换鸟”带来的大量劳动力密集型企业的外迁，将极大地放缓珠三角地区两大集装箱港口——深圳港和香港港的发展趋势。近年来，随着科技含量低的劳动力密集型加工企业向内陆地区迁移，深圳港、香港港货源直接流失或分流，箱量相对减少。而且腹地内货源结构也发生了变化，集装箱生成率相对较高的加工企业货物被货值高的高科技产品替代，也在一定程度上带来箱源生成地运输需求增长乏力，甚至出现萎缩的现象。根据深圳海关统计数据显示，2014 年第一季度深圳外贸出口下滑 39.6%，外贸结构继续改善。具体体现在受重点企业产能外迁和人口增速减缓等因素影响，外贸出口较大下滑；同时，一般贸易出口增长 22.5%，高于加工贸易出口 58.3%；对欧洲、美国、东盟出口增长 18.6%、2.4%、4.1%，出口结构进一步改善。尤其是在 2008 年以来区域发展战略和外需环境变化的双重压力下，珠三角地区企业向内陆地区转移步伐加快，两港口集装箱运输需求再次大幅度减少，增速开始迅速回落，2013 年成为中国十大集装箱港口中同比增长最低的港口。

与深圳港和香港港相比，对多年来以内贸集装箱运输为主的广州港而言，广东低端制造业企业向邻近省份外迁和向粤西、粤北内移不仅影响相对较小，而且影响效果也有很大的不同。首先，产业转移和转出将使广州港更加接近货源腹地，广州港在区域港口中的竞争优势将更加凸显；其次，近年来广州港不断成长，广州港在区域港口中的竞争实力不断提升。尤其是自 2004 年底南沙港区集装箱码头投产以来，广州港内外贸集装箱量均平稳较快增长。南沙港区接近客户，市场需求、运输及其他物流成本相对较低，如从珠三角城市到南沙港区的物流成本较深圳港和香港港有 200～1100 元的优势，且港口作业费用仅为香港港的 1/4 左右，而深圳港为南沙港区的 1.0～2.5 倍，货物物流成本的有效下降将吸引货物由南沙港区进出，两方面共同作用将不可避免地分流香港尤其是深圳的集装箱货物。此外，广州港在区域港口竞争实力的提升和优势的凸显也给港口带来更多的机遇。马士基近年来加大与广州港的投资经营合作，2011 年转移了香港航线到南沙港区，开始珠江西岸的战略布局，把广州港定位为其华南地区三大门户之一，加快南沙航线和货源的开辟和拓展，也极大地支撑了近年来广州港集装箱货运的增长。根据广东港官网数据显示，2013 年南沙港区的集装箱运输水水中转比例相当大，水上驳船运输的开展，对吸引珠江流域的集装箱箱源起到了积极作用，推动了南沙港区集装箱吞吐量快速发展。今后广州港集团有限公司计划将继续拓展"穿梭巴士"覆盖范围，借助发达的珠江水网和便利的江海联运条件，与周边大中小码头建立战略合作伙伴关系，为建设广州港集装箱干线港、物流中转港打好基础，更深一步推动"珠江战略"，增强广州港的辐射能力。总体判断，2014 年以及未来几年，各项影响因素综合作用，将为广州港集装箱运输的发展带来更大的发展空间，相应的集装箱运输需求将更加稳定。

5.4.3 环渤海地区港口

根据本书模型测算结果，预计 2014 年环渤海地区港口集装箱运输需求增长实现稳中放缓。预计 2014 年，青岛港全年将完成集装箱吞吐量 1650 万～1670 万标准箱，同比增长 4.0%～5.3%，全球集装箱港口排名第 7 位；天津港全年将完成集装箱吞吐量 1375 万～1395 万标准箱，同比增长 5.7%～7.3%，全球集装箱港口排名第 10 位；大连港全年将完成集装箱吞吐量 1080 万～1095 万标准箱，同比增长 7.9%～9.4%，全球集装箱排名将再上升 1 位，成为全球第十二大集装箱港口。预测 2014 年青岛港、天津港和大连港在中国港口排名中分别为第 5 位、第 7 位和第 8 位（图 5.12）。

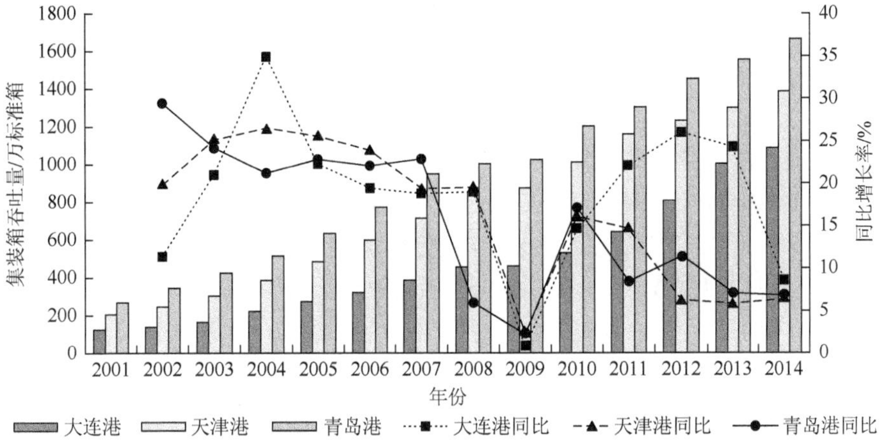

图 5.12 环渤海地区港口集装箱吞吐量及同比增长率

资料来源：CEIC 数据库

5.4.4 厦门港、高雄港

根据本书模型测算结果，预计 2014 年厦门港全年将完成集装箱吞吐量 870 万～880 万标准箱，同比增长 8.6%～9.9%，在全球集装箱排名将再上升 1 位，成为全球第十六大集装箱港口；高雄港仍保持低速发展的势头，全年将完成集装箱吞吐量 1000 万～1010 万标准箱，同比增长 0.6%～1.6%，全球集装箱港口排名第 14 位。预测 2014 年高雄港、厦门港在中国港口排名分别为第 9 位、第 10 位（图 5.13）。

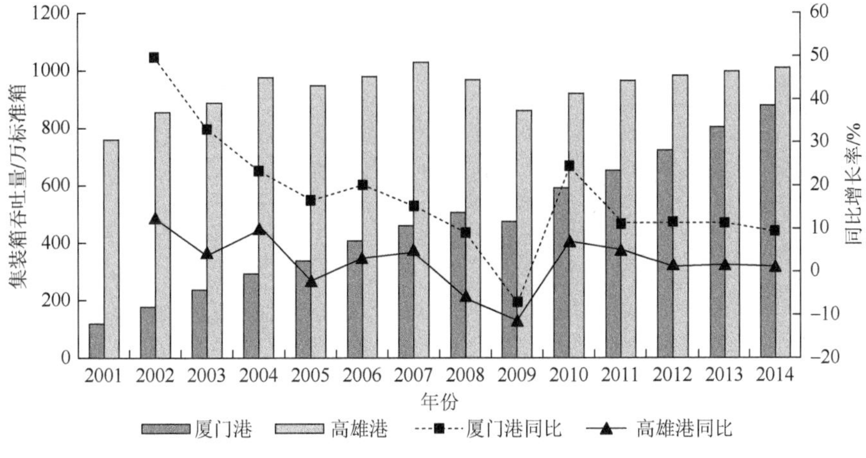

图 5.13 厦门港和高雄港集装箱吞吐量及同比增长率

资料来源：CEIC 数据库

5.5 本章小结

本章基于港口集装箱货运需求的季节性、非平稳性、波动性、复杂性和不规则性等复杂数据特征，构建了 SARIMA-LSSVR、SD-LSSVR、CD-LSSVR 组合预测模型，基于构建的组合预测模型，详细介绍了上海港和深圳港集装箱吞吐量时间序列数据的预测过程，通过实证研究得出如下结论：①从 DM 统计量来看，尽管有些单一模型的个别评价指标预测精度相对较高，但我们提出并构建的 3 个组合预测模型在 4 个指标中总体表现一致，并优于其他单独线性和非线性模型，验证了基于 LSSVR 的组合预测方法的有效性，尤其是 CD-LSSVR 模型表现最优；②所构建的 3 个组合预测模型的方向统计量 D_{stat} 的评价指标显著提高，该指标作为与投资决策相关的评价标准，对主要决策者方向性的判断更有实际意义。总之，对于集装箱港口货运需求复杂数据而言，基于数据特征构建的组合预测模型可有效改进和提高模型的整体预测性能。基于所构建的模型，构建了中国前十大港口的集装箱吞吐量预测模型，预测和分析了中国主要港口集装箱吞吐量。

第 6 章 “二环”中国集装箱港口研究例证（二）

为提高预测精度，本章在集成分解方法论中，提出了基于小波变换和数据特征分析（data characteristics analysis，DCA）的集装箱吞吐量预测的混合模型。由于港口集装箱吞吐量时间序列的复杂性和非线性，本方法将原始时间序列分解为几个成分，即更简单的几个子序列，从而使复杂的预测任务被简化为几个更简单的子任务。通过这种方式，提出的混合模型可以显著提高预测准确性。6.2 节提出新的基于小波变换的集成分解方法，具体包括四个主要步骤：数据分解、成分重构、分别预测、组合预测。6.3 节和 6.4 节用中国渤海湾三个主要港口的集装箱吞吐量时间序列做实证分析，对方法的实效进行例证。实证结果显示，新提出的混合模型比其他参照模型有更好的预测表现。预测可以有效帮助实时战略管理和政策拟定决策。对港口集装箱吞吐量的预测可以帮助港口管理者做战术和经营决定，如港口的运营规划、港口设备的调度、线路的优化。6.5 节为本章小结。

6.1 引　言

港口承担着运输、存储、转换货物的功能，目前已经发展成为国际贸易供应链最重要的连接点之一（Jia et al.，2017；Pilcher and Tseng，2017；Sakalayen et al.，2017）。一个港口的集装箱吞吐量被公认为港口活动的重要评价指标（Paflioti et al.，2017）。某种程度上，集装箱运输业的增长率直接反映港口内的经济发展与繁荣情况（Twrdy and Batista，2016；Xie et al.，2017）。对集装箱港口货运量的有效预测可以带来高效的实时战略管理和政策拟定决策（Stavroulakis and Papadimitriou，2017）。此外，港口官方可以使用科学的预测来优化路线（Wang et al.，2016；Petering，2009；Tsai and Huang，2015）。然而，不准确的集装箱吞吐量预测可能导致不合适的港口运营计划或设备改造项目，从而带来不可弥补的经济损失（Peng and Chu，2009）。因此，有效的港口集装箱吞吐量预测模型是十分重要的。

集装箱运输业是一个高度复杂的系统且对环境的巨大变化极为敏感（Lin and Huang，2017）。由于具有易变性、复杂性、不规则性以及受港口市场环境的噪声影响，集装箱吞吐量预测十分不易。吞吐量时间序列很少是单纯的线性或是非线性，而是二者兼有。进一步，一个港口的集装箱吞吐量常受不规则事件的影响，如

2008 年的全球金融危机（Xie et al.，2013）、大规模的劳动力迁移、码头工人罢工以及发展的竞争（Tian et al.，2015）。任何一个类似的事件都可能导致一个时间序列的非线性和不规则。此外，预测准确性也会受到数据收集以及计算过程中混入的噪声影响。因此，集装箱吞吐量预测是一个复杂的过程（Geng et al.，2015）。

学术界中有基于小波变换提高预测效果的混合模型（Choi et al.，2011；Mi et al.，2017；Zhang et al.，2017）。为了更准确地预测原油价格，更深入地理解市场微观结构，有相关研究提出了一个小波分解集成模型。He 等（2012）引入了一个简单的基于平均的集成模型来减小预估偏差，准确的特征描述带来了市场分析和市场可预测性的提高。有学者结合小波变换和核极限学习机（kernel extreme learning machine，KELM）的独有特点，提出了一个混合方法，实证研究结果表明这个混合方法与单一方法和其他混合方法相比，预测更准确且更具普遍性与实用性，并进一步结合小波变换的预测方法，为法国的每半小时电负载提供提前一天的预测。Bessec 和 Fouquau（2017）的研究结果显示，包含小波变换的预测方法有效地提高了模型的预测性能和准确度。各研究表明，小波变换对提高预测精度很有帮助。基于小波变换的模型展现出极好的预测能力，本章将提出新的基于小波变换的分解集成方法和混合模型来预测港口集装箱吞吐量。

Xie 等（2017）提出了一个基于数据特征分析的新的分解集成方法论，数据特征分析有效提高了预测准确性。分解后子序列的数据特征包括稳定性、季节性、突变性和复杂性。基于数据特征分析结果，为每个成分都选择一个单一模型。具体来说，若序列是非稳定的或是复杂的，则根据序列构造人工智能模型。然而，Xie 等（2017）只考虑了一步预测，多步预测和基于数据特征分析的成分重构将在分解集成方法论中进一步研究。

现有研究包含将 ANN 和小波变换结合的混合模型（Ortega，2014；Sharma et al.，2016），但是却很少涉及对分解成分进行基于数据特征分析的成分重构与模型选择。本书基于成分重构和数据特征分析，提出了新的混合模型（W-D-LA 和 W-D-AA），其中 ANN 和 LSSVR 模型用来预测高复杂性的分解成分，ARIMA 模型用来预测低复杂性的分解成分。据目前所知，基于小波变换和数据特征分析的混合模型在集装箱吞吐量预测上的应用还没有被研究过。

6.2　基于小波变换的集成分解方法

本节首先将呈现方法论的全部流程，其次阐述小波变换和成分重构的方法，最后介绍预测模型。

6.2.1　方法论的总流程

为提高港口集装箱吞吐量预测的准确性，本节提出基于分解集成方法论和小波变换的混合模型，如图 6.1 所示，港口集装箱吞吐量预测流程包括四个主要步骤。

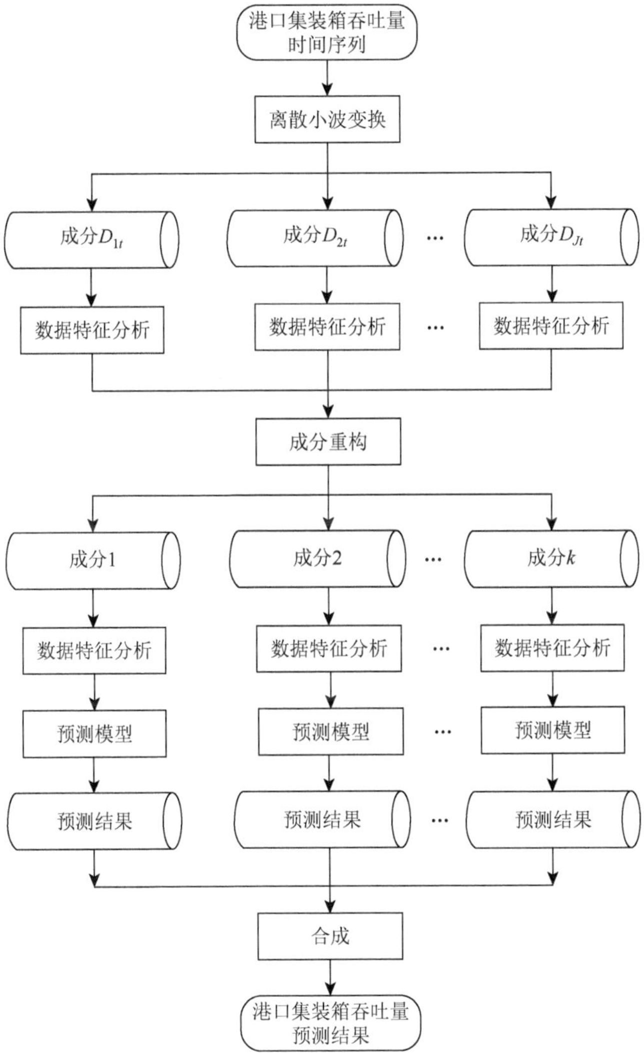

图 6.1　基于分解集成方法论和小波变换的港口集装箱吞吐量预测流程

步骤 1：数据分解。原始港口集装箱吞吐量时间序列 $x_t(t=1,2,\cdots,T)$ 通过小波变换被分解为 $L+1$ 个成分（L 个细节成分，1 个主要成分）。

步骤 2：成分重构。对每个分解成分进行数据特征分析，基于数据特征分析 $L+1$ 个成分被重构为 k 个成分。

步骤 3：分别预测。基于数据特征分析选择一个单一模型（ARIMA、LSSVR/ANN）对各重构成分进行预测。提取时间尺度为 s 的周期或季节特征，平均季节虚拟变量被用来预测分解的成分。由此得到各成分的预测结果。

步骤 4：组合预测。各成分的预测结果组合为集装箱吞吐量预测的一个聚合的输出。

6.2.2 小波变换

本书中数据分解是通过小波变换实现的，这是一个有力的数学工具，能够在时域中给出一个待分析信号的时频代表（Kao et al.，2013）。小波变换分为连续小波变换（CWT）和离散小波变换（DWT）。由于港口集装箱吞吐量时间序列数据是离散的，这里只介绍离散小波变换，定义如下：

$$W(r,n)=2^{-(r/2)}\sum_{t=0}^{T-1}x_t\psi\left(\frac{t-n\times 2^r}{2^r}\right) \tag{6.1}$$

式中，$W(r,n)$ 为离散小波变换；T 为信号 x_t 的长度；t 为离散时间指标；ψ 为小波基函数。

实践中，基于多分辨分析（Mallat，1989），离散小波变换可以通过一个简单的滤波过程达到，即直接对信号 x_t 和在尺度 2^r 处的小波进行卷积。因此，小波起到带通滤波器的作用（通过情况与尺度有关）。通过对近似的信号依次分解，将原始信号分解为更低分辨率的成分（子序列），完成一个多阶段的分解过程，得到如式（6.2）所示的展开系数

$$x_t=A_{Lt}+\sum_{i=1}^{L}D_{it} \tag{6.2}$$

式中，A_{Lt} 为信号 x_t 在尺度 L 的近似，D_{it} 为信号 x_t 在尺度 $i(i=1,2,\cdots,L)$ 的细节信息。有不同种类的小波，如 Meyer、Daubechies 和 Morlet 小波等，都可用作母小波（Rao，1998）。

6.2.3 成分重构

Xie 等（2017）在数据分解后，基于数据特征分析进行成分重构。这里数据特征分析主要是指对时间序列进行复杂性测试，由于具有简单性和鲁棒性，Bandt 和 Pompe（2002）提出的排列熵（permutation entropy，PE）方法被用来做复杂性测试。具体来说，PE 方法即使在数据有高度噪声时也有很好的表现（Yu et al.，

2015）。本书中，PE 通过将时间序列映射到符号序列来衡量数据的复杂性。首先，PE 方法将原始时间序列 $\boldsymbol{X}_t(t=1,2,\cdots,T)$ 转化为如下的嵌入向量：

$$\boldsymbol{X}_t=\{x_t,x_{t+\tau},\cdots,x_{t+(m-1)\tau}\} \tag{6.3}$$

式中，m 为嵌入维度；τ 为时滞，$t=1,2,\cdots,T-(m-1)\tau$ 。其次，向量 $\boldsymbol{X}_t$ 以升序重新排列：

$$\boldsymbol{X}_t=\{x_{t+(j_1-1)\tau},x_{t+(j_2-1)\tau},\cdots,x_{t+(j_m-1)\tau}\} \tag{6.4}$$

式中，$x_{t+(j_k-1)\tau}$ 为从小到大第 j_k 个值 $x_{t+(j_1-1)\tau}\leqslant x_{t+(j_2-1)\tau}\leqslant\cdots\leqslant x_{t+(j_m-1)\tau}(k=1,2,\cdots,m)$ 。对一个给定的嵌入维度 m，向量 $\boldsymbol{X}_t$ 有 $m!$ 种可能的排列方式：

$$\pi=\{j_1,j_2,\cdots,j_m\} \tag{6.5}$$

令 $f(\pi)$ 为 π 的频数，频率可由式（6.6）表示：

$$p(\pi)=\frac{f(\pi)}{T-(m-1)\tau} \tag{6.6}$$

进一步 PE 可由式（6.7）计算：

$$H_p(m)=-\sum_{1}^{m!}p(\pi)\ln[p(\pi)] \tag{6.7}$$

最后，PE 可以标准化为

$$H_p=\frac{H_p(m)}{\ln(m!)} \tag{6.8}$$

因此，$H_p\in[0,1]$，表示了时间序列 x_t 的混沌噪声随机性，H_p 值越大表示时间序列复杂性越大。本书以 PE 的门槛值 θ 来确定时间序列的复杂程度，当 PE 值大于门槛值 θ 时，时间序列具有复杂性的特征。

在成分重构中，有低复杂性的成分被组合成新的重构成分。在 $L+1$ 个成分被重构为 k 个成分后，港口集装箱吞吐量时间序列可由式（6.9）表示：

$$x_t=\sum_{i=1}^{k}c_{it} \tag{6.9}$$

本书中，一个简单但有效的谱分析工具，即快速傅里叶变换（fast Fourier transform，FFT）（Welch，1967）被用来确定成分的周期性。FFT 将时间序列转到频域，用最大谱能量来决定主要周期模型，该模型由平均时间尺度来估计。提取时间尺度为 s 的周期性或季节性特征，平均季节虚拟变量使用方式如下（Tang et al.，2014）：

$$p_{c,t}=\begin{cases}\beta_1 & t=1,1+s,1+2s,\cdots\\ \beta_2 & t=2,2+s,2+2s,\cdots\\ \vdots & \vdots\\ \beta_{s-1} & t=s-1,2s-1,3s-1,\cdots\end{cases} \tag{6.10}$$

式中，$\beta_1,\beta_2,\cdots,\beta_{s-1}$ 为平均季节虚拟变量。

6.2.4 预测模型

现有的港口集装箱时间序列预测模型可由式（6.11）表示：

$$x_{t+h} = f(X_t) + \varepsilon_t \tag{6.11}$$

式中，x_t 为时间 t 的集装箱吞吐量；$X_t = \{x_{t-1}, x_{t-2}, \cdots, x_{t-l}\}$ 为跨度为 l 的时间 t 前的实际值；h 为预测期；ε_t 为服从独立同分布（independent identical distribution，IID）的预测误差。

本书中，共 11 个模型被用来做比较，包括五个单一模型，两个基于 EMD 的混合模型，即 ANN/LSSVR 模型（EMD-ANN、EMD-LSSVR），两个基于小波变换的混合模型，即 ANN/LSSVR 模型（W-ANN、W-LSSVR），以及两个基于小波变换和数据特征分析的混合模型，即 W-D-LA 和 W-D-AA。单一模型包括移动平均方法、经典 ARIMA 模型、Holt-Winters 方法、ANN 模型及 LSSVR 模型。对 EMD-ANN、EMD-LSSVR、W-ANN 和 W-LSSVR 模型每个分解成分通过 ANN/LSSVR 模型预测。对 W-D-LA 和 W-D-AA 模型每个分解成分基于数据特征分析进行模型选择，选一个单一模型进行预测（Tang et al.，2014）。具体而言，一个成分若有高度复杂性则选用 ANN/LSSVR 模型预测，一个成分若有低复杂性则选用 ARIMA 模型预测。

1）移动平均方法

第一个用于集装箱吞吐量预测的模型是简单的移动平均方法，可表示为如下形式：

$$\hat{x}_{t+h} = (x_t + x_{t-1} + \cdots + x_{t+1-l}) / l \tag{6.12}$$

在本书中，h=1、3、6 和 12；对于移动平均方法，l=12。

2）Holt-Winters 方法

Holt-Winters 方法（Winters，1996；Holt，2004）属于一类捕捉时间序列行为的指数平滑方法，将其分解为趋势、季节和误差项。加法形式的 Holt-Winters 方法定义如下：

$$l_t = \alpha(x_t - s_{t-s}) + (1-\alpha)(l_{t-1} + b_{t-1}) \tag{6.13}$$

$$b_t = \beta(l_t - l_{t-1}) + (1-\beta) b_{t-1} \tag{6.14}$$

$$s_t = \gamma(x_t - l_{t-1} - b_{t-1}) + (1-\gamma) s_{t-s} \tag{6.15}$$

$$\hat{x}_{t+h} = l_t + h b_t + s_{t-s+h} \tag{6.16}$$

乘法形式的 Holt-Winters 方法定义如下：

$$l_t = \alpha \frac{x_t}{s_{t-s}} + (1-\alpha)(l_{t-1} + b_{t-1}) \tag{6.17}$$

$$b_t = \beta(l_t - l_{t-1}) + (1-\beta) b_{t-1} \tag{6.18}$$

$$s_t = \gamma \frac{x_t}{l_{t-1} + b_{t-1}} + (1-\gamma) s_{t-s} \quad (6.19)$$

$$\hat{x}_{t+h} = (l_t + h b_t) s_{t-s+h} \quad (6.20)$$

式中，l_t、b_t和s_t分别为在时间t的平滑成分、趋势成分和季节成分；s为季节性的周期；常数α、β和γ为平滑参数。本书采用加法形式的 Holt-Winters 方法来预测港口集装箱吞吐量。

与线性模型相比，人工智能工具在处理具有高度复杂性和非线性时间序列预测时很有效。有效性主要归功于工具的适应自学习能力和灵活的函数设计（汤铃等，2016）。最常见的人工智能工具是 SVR 和 ANN 模型。因此，LSSVR 和 ANN 模型被用来做港口集装箱吞吐量原始时间序列和分解成分的预测。

3）ANN

ANN 或许是最受欢迎的时间序列预测的非线性方法。本书构造了一个标准的三层前馈神经网络（feedforward neural networks，FNN）（Hornik et al.，1989；White，1990）。一个典型的 FNN(*I-H-O*)模型有 *I* 输入神经元、*H* 隐藏节点和 *O* 输出神经元，模型可表示为

$$\hat{x}_t = \varphi_O \left[a_0 + \sum_{j=1}^{H} w_j \varphi_H \left(a_j + \sum_{i=1}^{I} w_{i,j} x_{t,i} \right) \right] \quad (6.21)$$

式中，$\hat{x}_t$为时间t对应的x_t的预测；$x_{t,i}$为第i个输入模式；φ_O和φ_H分别为输出层和隐层的传递函数；a_j和a_0分别为隐层和输出层的偏差，此外$w_{i,j}$和w_j为层间的连接权重。

4）一个新的混合方法

首先，由于集装箱吞吐量数据常是复杂且非线性的，本书采用“分而治之”的方法。时间序列用小波变换分解为几个成分。

其次，对各成分（即细节和近似序列）进行数据特征分析，数据特征是指时间序列各成分的季节性和复杂性。有低复杂性的成分被组合为新的重构成分。

数据特征分析被用来分析各重构成分，为每一个成分都选择一个合适的预测模型：有高度复杂性的成分用 LSSVR/ANN 模型预测，有低复杂性的成分用 ARIMA 模型预测，进一步得到各成分的预测结果。

最后，各成分的预测结果组合成为一个聚合的输出。基于小波变换和数据特征分析，发展出两个新的混合模型（W-D-LA 和 W-D-AA）。

在组合预测时，对没有数据特征分析的模型（W-ANN 和 W-LSSVR）和带有对分解成分进行数据特征分析的模型（W-D-LA 和 W-D-AA），预测结果$\hat{x}_t$可以通过简单的相加得到

$$\hat{x}_t = \hat{A}_{Lt} + \sum_{i=1}^{L} \hat{D}_{it} \tag{6.22}$$

$$\hat{x}_t = \sum_{i=1}^{k} \hat{c}_{kt} \tag{6.23}$$

式中，在时间 t，$\hat{A}_{Lt}$ 为信号 x_t 在尺度 L 的近似信息的预测结果，$\hat{D}_{it}$ 为信号 x_t 在尺度 i 的细节信息的预测结果，以及 $\hat{c}_{kt}$ 为第 k 个重构成分的预测结果。

为验证提出方法的有效性，大连港、天津港和青岛港的集装箱吞吐量时间序列被用来做测试。

6.3 集装箱吞吐量预测模型构建与实证

6.3.1 数据来源与预测评价指标

从 21 世纪初开始，随着出口导向经济的高速发展，中国港口业急速发展。在 2016 年，世界前二十大集装箱港口中，中国港口占一半，其中有 7 个中国港口排在世界前 10 位。中国北部渤海湾的大连港、青岛港和天津港是三个主要港口，三个港口 2016 年集装箱吞吐量分别为 959 万标准箱、1450 万标准箱和 1801 万标准箱。这表示它们在集装箱吞吐量方面分别排在世界第 16 位、第 10 位和第 8 位。这三个港口对渤海湾的经济发展起到重要的作用，预测港口集装箱吞吐量能够帮助港口管理者做战术和经营决定，如港口的运营规划、港口设备的调度、线路的优化。

本书使用的时间序列数据从 Wind 数据库中获得。样本数据是三个港口集装箱吞吐量的月度数据（包括 2001 年 1 月～2017 年 8 月的每个港口 200 个月的观测数据），如图 6.2 所示。在本书中，训练集（包括 2001 年 1 月～2013 年 6 月的每个港口的 150 个观测数据）被用来确定先前定义模型中的未知参数。测试集（包括 2013 年 7 月～2017 年 8 月的每个港口的 50 个观测数据）被用来评价预测的准确性。每个样本外观测的历史数据被用作训练样本建立预测模型，做提前 1 步、3 步、6 步以及 12 步预测。

参考 Choi 等（2011）的研究，用 Meyer 小波（D-Meyer）对港口集装箱吞吐量时间序列做离散小波变换得到离散近似。三个港口集装箱吞吐量的小波变换结果（即分解成分）如图 6.3～图 6.5 所示。

在 ARIMA 模型中，迟滞期通过分析时间序列的样本自相关和偏相关系数确定，通过最小 BIC 决定每个训练样本的最佳模型。在 ANN 模型中，一个标准 FNN 模型被建立（I=1，H=10，O=1），然后通过偏自相关分析确定延迟 l。对于 ANN 模型，使用训练集反复运行 10 000 次来训练模型。对于 LSSVR 模型，使用高斯径向

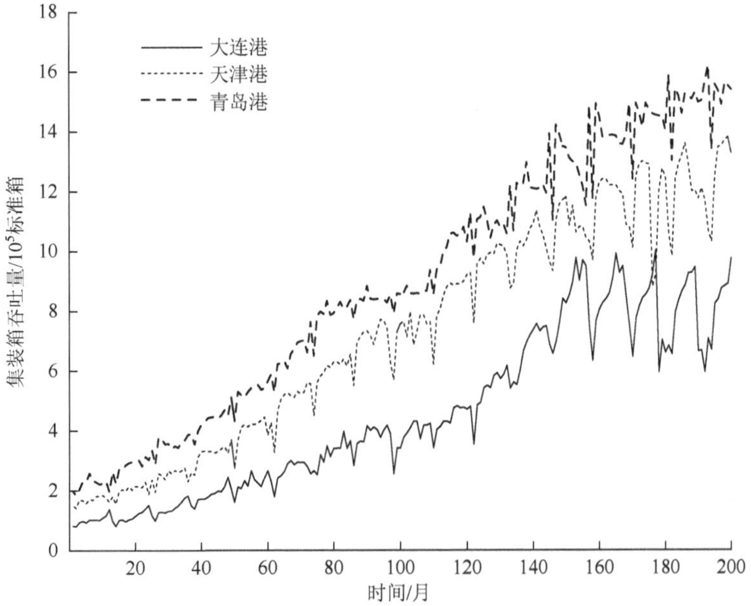

图 6.2　港口集装箱吞吐量时间序列

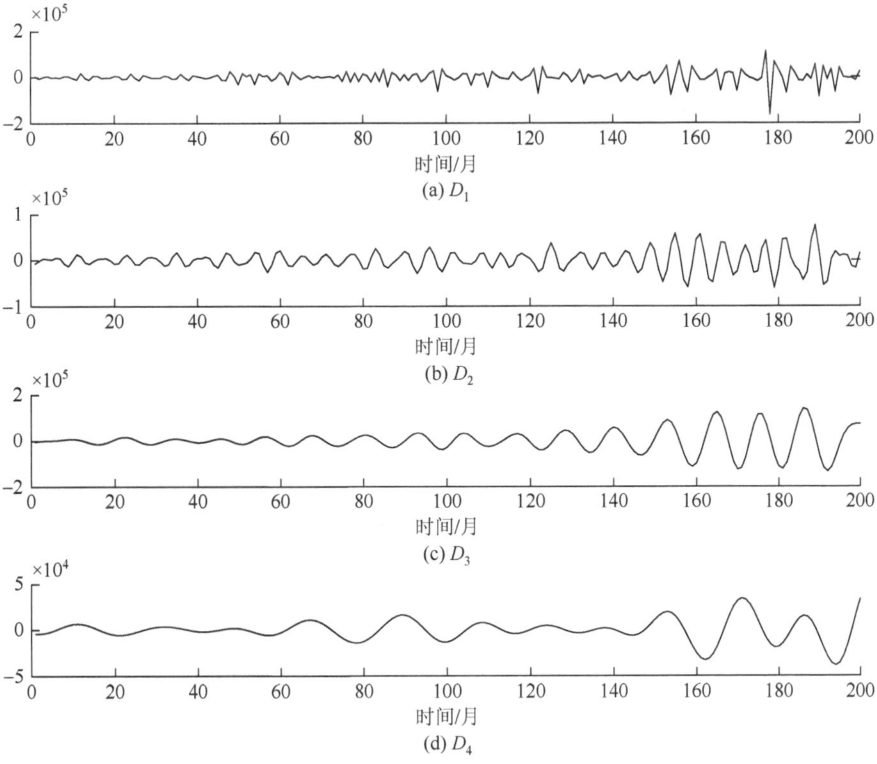

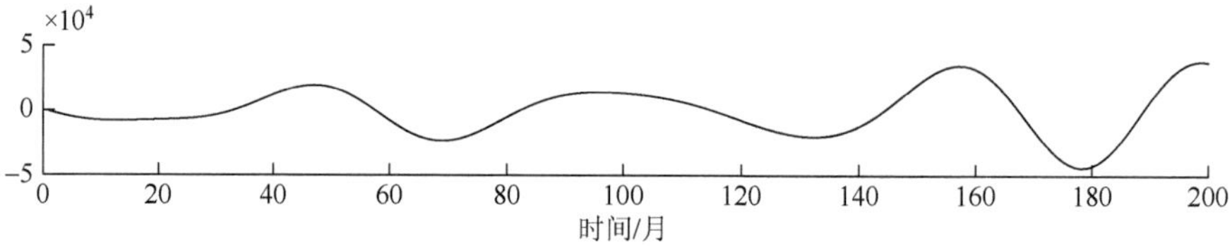

(e) D_5

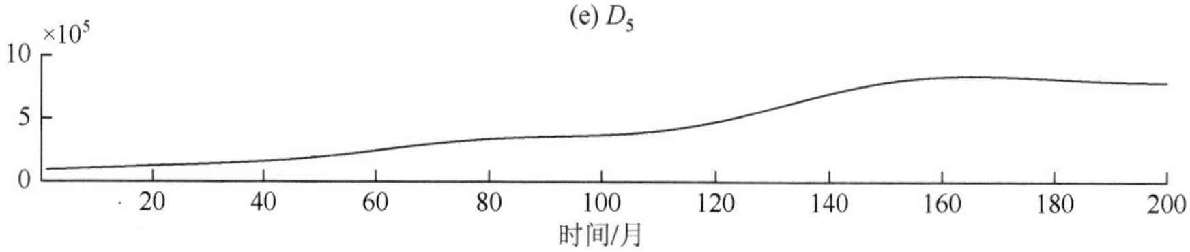

(f) A_5

图 6.3　大连港集装箱吞吐量时间序列的小波分解成分

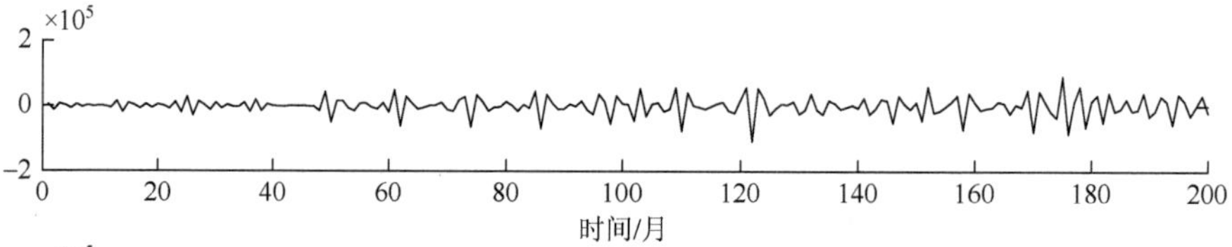

(a) D_1

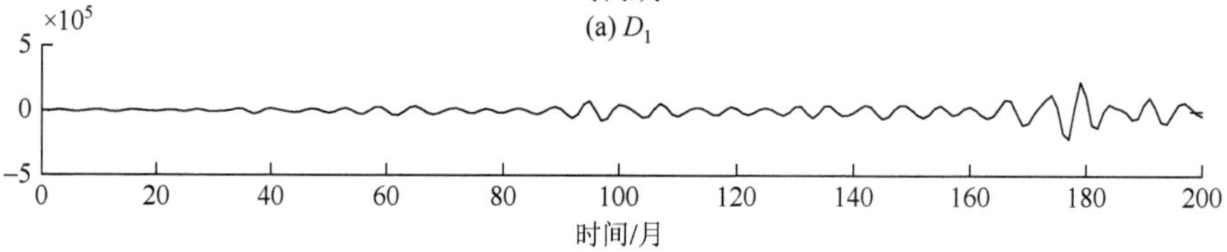

(b) D_2

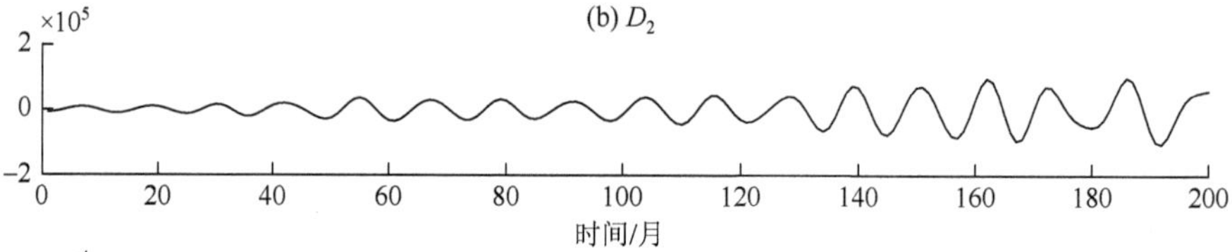

(c) D_3

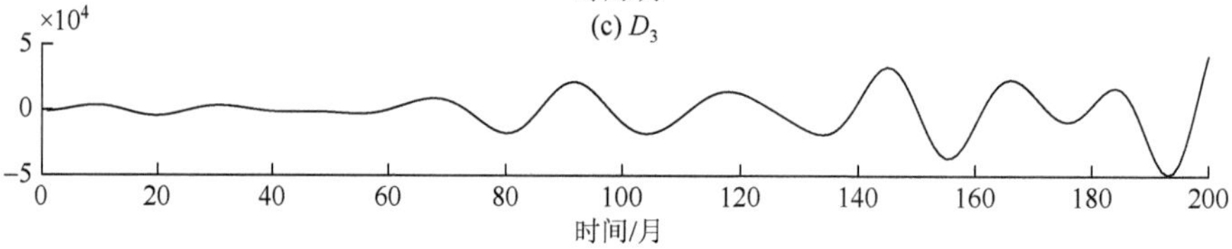

(d) D_4

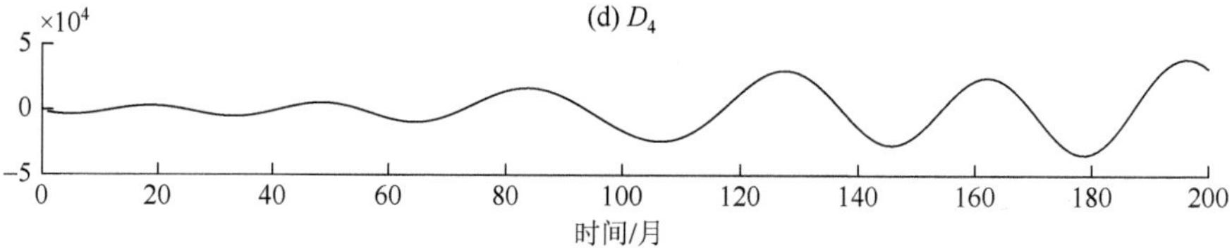

(e) D_5

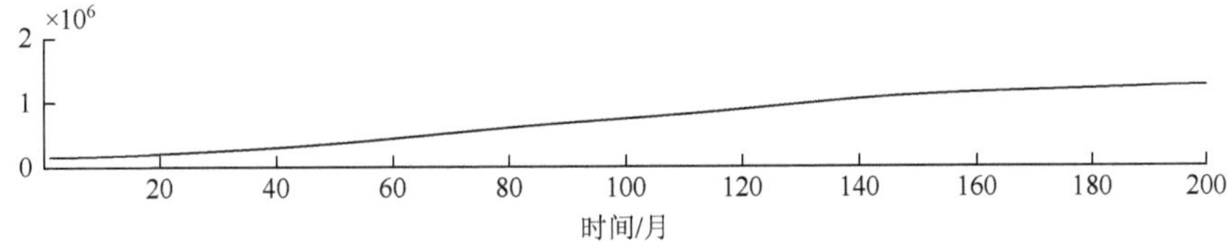

(f) A_5

图 6.4 天津港集装箱吞吐量时间序列的小波分解成分

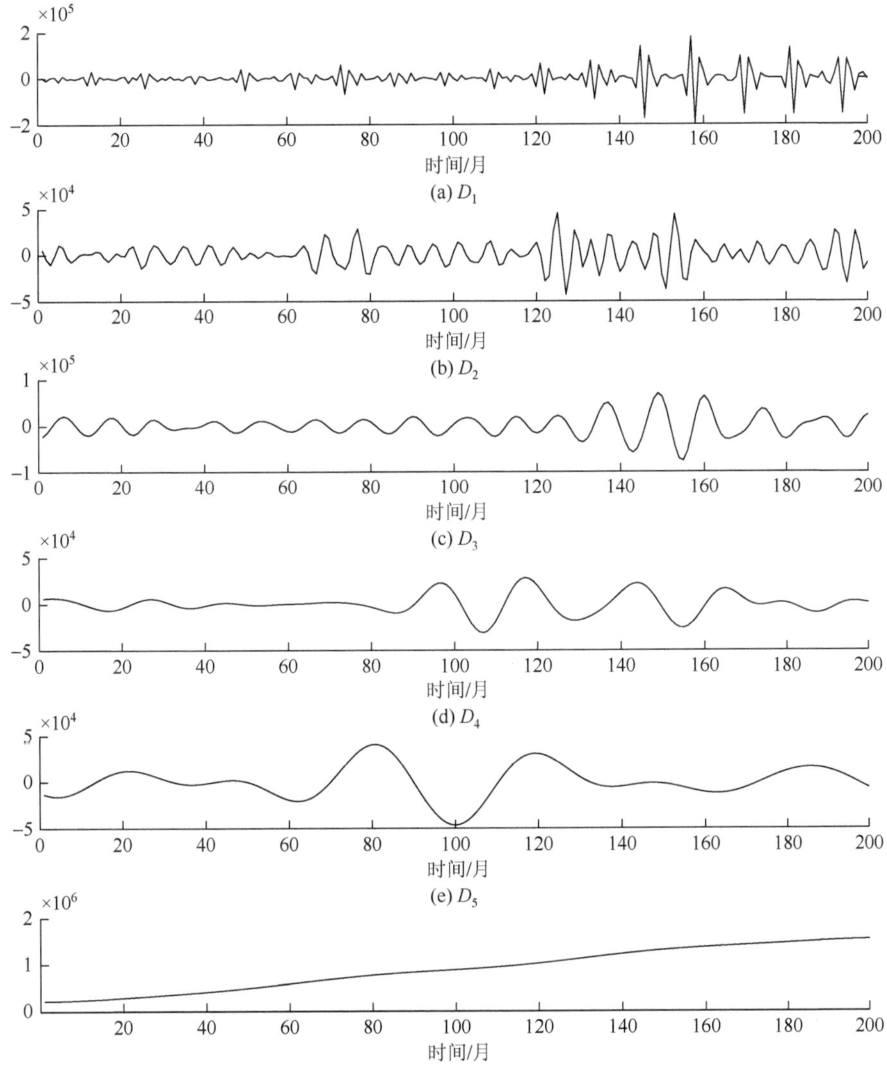

(a) D_1 (b) D_2 (c) D_3 (d) D_4 (e) D_5 (f) A_5

图 6.5 青岛港集装箱吞吐量时间序列的小波分解成分

基函数做核函数，γ 和 σ^2 的值通过在范围[0.01，10 000]进行 10-层交叉验证网格搜索方法确定。在 K-层交叉验证中，训练数据集被分为 K 个子样本。一个单一的子样本用来模型确认，其他 K–1 个子样本用来训练，交叉验证重复 K 次，每个子样本都被用来做一次模型确认。LSSVR 模型的参数基于 K 次计算结果的平均确定，或通过其他方式确定。这一方法的优势是使用随机产生的子样本来训练和验证模型，保证过程的随机性。在预测时，ANN 和 LSSVR 模型使用和单一参照模型相似的参数设置。

除了比较模型的预测精度外，均方根误差（RMSE）和平均绝对误差（MAE）（Hyndman，2006）被用来衡量预测的准确性。MAE 和 RMSE 的评价准则定义如式（4.12）和式（5.12）所示。此外，标准相关系数（R）和符合指数（d）也被用来衡量预测的准确性，具体公式如下：

$$R=\frac{\sum_{t=1}^{N}\left(x_t-\sum_{t=1}^{N}x_t/N\right)\left(\hat{x}_t-\sum_{t=1}^{N}\hat{x}_t/N\right)}{\sqrt{\sum_{t=1}^{N}\left(x_t-\sum_{t=1}^{N}x_t/N\right)^2\cdot\sum_{t=1}^{N}\left(\hat{x}_t-\sum_{t=1}^{N}\hat{x}_t/N\right)^2}} \tag{6.24}$$

$$d=1-\frac{\sum_{t=1}^{N}(\hat{x}_t-x_t)^2}{\sum_{t=1}^{N}\left(\left|\hat{x}_t-\sum_{t=1}^{N}x_t/N\right|+\left|x_t-\sum_{t=1}^{N}x_t/N\right|\right)^2} \tag{6.25}$$

式中，N 为测试集长度；x_t 为实际值；$\hat{x}_t$ 为相应的集装箱吞吐量在 t 月的预测值；R 值的变化范围是–1～1；d 值的变化范围为 0～1。注意，R 和 d 刻画了实际值和预测值之间的相关性，而 RMSE 和 MAE 表现了预测值和实际值之间的偏差。由此，当 R 和 d 值更大，RMSE 和 MAE 值更小时，预测更准确（Ruiz-Aguilar et al.，2015）。

进一步从统计角度比较模型表现，DM 统计量被用来检验不同模型预测能力的显著差异（Diebold and Mariano，1995）。在 DM 检验中，原假设是不同模型的预测准确度是相同的，所以使用的是一个单方面的测试（Ruiz-Aguilar et al.，2015）。使用均方预测误差（MSPE）作损失函数，DM 统计量的定义见 5.3.1 节。

6.3.2　实证结果分析

在分解集成方法论框架下，我们基于小波分解和数据特征分析提出了两个混合模型，即 W-D-LA 和 W-D-AA。首先，大连港、天津港和青岛港集装箱吞吐量原始时间序列通过小波变换分解。其次，计算每个分解成分的 PE 值和相应的复杂性水平。这里 L=5，θ 的阈值设为 0.5。

在带有数据特征分析的混合模型中，有低复杂性的分解成分在成分重构时相加，构成新成分，分解成分的复杂性和周期性分析结果见表 6.1。对于三个港口，由于成分 D_4、D_5 和 A_5 具有低复杂性，它们被加和构成新的成分 C_4。由于 D_1、D_2

和 D_3 具有高复杂性，在重构后分别作为 C_1、C_2 和 C_3。对于周期性或季节性特征的研究，以大连港的结果为例，D_1 和 D_2 的周期是相对短的时间尺度，具体说来，分别是 4 个月和 6 个月，D_3、D_4 和 D_5 的周期分别为 12 个月、15 个月和 50 个月，在 A_5 和 C_4 上没有发现明显的周期性。三个港口原始数据和分解成分的模型参数见表 6.2。在提出的混合模型 W-D-LA 和 W-D-AA 中，带有季节虚拟变量的 LSSVR 和 ANN 模型用来预测具有高复杂性的重构成分（即 C_1、C_2 和 C_3），而 ARIMA 模型用来预测具有低复杂性的重构成分（即 C_4）。

表 6.1 三个港口分解成分的复杂性与周期性分析

成分	大连港			天津港			青岛港		
	PE 值	复杂性	时间尺度	PE 值	复杂性	时间尺度	PE 值	复杂性	时间尺度
D_1	0.971	高	4.000	0.964	高	2.000	0.940	高	2.000
D_2	0.788	高	5.882	0.735	高	6.061	0.772	高	6.061
D_3	0.555	高	11.765	0.550	高	11.855	0.552	高	11.765
D_4	0.475	低	15.385	0.446	低	28.571	0.457	低	22.222
D_5	0.332	低	50.000	0.387	低	40.000	0.386	低	50.000
A_5	0.159	低	200.000	0.000	低	200.000	0.000	低	200.000
C_4	0.290	低	200.000	0.228	低	200.000	0.128	低	200.000

表 6.2 原始时间序列和分解成分的模型参数

时间序列	模型	大连港	天津港	青岛港
原始时间序列	ARIMA	p=1, d=1, q=1	p=3, d=1, q=1	p=2, d=1, q=1
	ANN/LSSVR	l=1	l=3	l=2
D_1	ANN/LSSVR	l=3	l=5	l=5
D_2	ANN/LSSVR	l=3	l=1	l=5
D_3	ANN/LSSVR	l=1	l=1	l=1
D_4	ANN/LSSVR	l=1	l=1	l=1
D_5	ANN/LSSVR	l=1	l=1	l=1
A_5	ANN/LSSVR	l=1	l=1	l=1
C_4	ARIMA	p=0, d=1, q=1	p=0, d=1, q=1	p=0, d=1, q=1

本书采用了不同的预测期（h=1、h=3、h=6 和 h=12）。不同模型的预测准确度见表 6.3～表 6.6，其中粗体文本表示的是最佳的预测方法。根据预测精度的评价指标，提出的混合模型，即 W-D-LA 和 W-D-AA 能达到最好的预测表现。h=1 时，对 11 个模型，大连港的实际值和测试集的预测值的比较如图 6.6 所示。

表 6.3　模型预测精度比较（h=1）

模型	大连港				天津港				青岛港			
	R	d	RMSE	MAE	R	d	RMSE	MAE	R	d	RMSE	MAE
MA	0.011 1	0.287 1	116 212.6	98 989.9	0.343 5	0.462 1	117 664.7	98 998.0	0.704 1	0.798 0	82 556.3	65 668.2
Holt-Winters	0.748 8	0.860 7	76 994.9	50 055.4	0.615 9	0.767 4	97 648.3	63 787.1	0.894 1	0.944 3	49 527.3	35 371.6
ARIMA	0.556 0	0.752 8	101 219.1	71 680.6	0.571 7	0.738 4	102 937.2	73 844.0	0.660 4	0.803 8	83 795.3	56 997.5
ANN	0.668 2	0.816 3	89 042.0	62 767.1	0.590 8	0.758 4	109 808.0	76 897.8	0.573 9	0.715 1	115 417.2	80 713.4
LSSVR	0.741 7	0.861 0	80 331.4	52 004.6	0.743 0	0.848 5	87 204.7	58 694.2	0.867 1	0.915 6	67 414.0	49 490.7
EMD-ANN	0.666 2	0.811 7	90 616.4	58 904.7	0.600 9	0.776 2	104 041.2	75 514.4	0.632 8	0.772 1	87 836.5	60 026.4
EMD-LSSVR	0.721 1	0.840 3	83 977.9	61 499.9	0.740 2	0.851 1	83 663.5	59 148.8	0.659 3	0.757 6	82 232.7	61 796.9
W-ANN	0.862 4	0.923 9	62 270.9	42 982.7	0.825 8	0.902 4	70 108.1	51 135.6	0.967 3	0.982 7	27 657.3	20 969.7
W-LSSVR	0.880 5	0.933 4	53 493.7	39 496.1	0.792 4	0.874 3	74 688.7	51 849.1	0.967 8	0.980 0	29 051.8	21 192.1
W-D-AA	**0.946 7**	0.967 6	42 678.1	**27 897.8**	0.858 8	0.923 5	63 772.0	45 524.5	**0.991 4**	**0.995 7**	**14 328.4**	**9 941.0**
W-D-LA	0.941 7	**0.969 5**	**38 468.4**	28 475.6	**0.877 4**	**0.932 9**	**60 122.6**	**43 397.1**	0.976 6	0.987 1	23 804.7	16 277.1

表 6.4　模型预测精度比较（h=3）

模型	大连港				天津港				青岛港			
	R	d	RMSE	MAE	R	d	RMSE	MAE	R	d	RMSE	MAE
MA	−0.179 0	0.223 4	123 906.4	104 884.4	0.323 4	0.458 6	120 331.8	101 341.3	0.706 9	0.786 5	86 470.3	71 963.2
Holt-Winters	0.495 3	0.698 3	108 456.5	83 296.7	0.477 2	0.684 3	112 188.2	78 696.5	0.815 9	0.898 5	66 838.5	53 208.2
ARIMA	0.517 8	0.722 8	101 814.7	72 996.9	0.574 5	0.739 1	102 826.4	73 880.9	0.646 7	0.794 3	85 013.1	58 384.3
ANN	0.485 6	0.695 5	111 182.3	82 612.9	0.341 2	0.575 3	138 189.9	101 434.3	0.563 0	0.722 9	106 634.4	80 044.2
LSSVR	0.557 3	0.750 5	104 927.6	68 959.4	0.505 0	0.698 2	118 780.5	86 038.3	0.740 2	0.802 0	79 286.9	62 759.9
EMD-ANN	0.356 0	0.602 4	115 966.8	91 284.3	0.528 6	0.712 6	114 552.6	90 426.5	0.556 3	0.740 1	113 189.0	73 240.3

续表

模型	大连港				天津港				青岛港			
	R	d	RMSE	MAE	R	d	RMSE	MAE	R	d	RMSE	MAE
EMD-LSSVR	0.429 1	0.647 5	108 386.2	84 518.9	0.659 4	0.770 9	92 031.4	65 737.4	0.697 0	0.789 3	79 577.7	62 908.5
W-ANN	0.561 8	0.679 0	92 674.1	76 539.2	0.785 1	0.858 1	76 967.6	64 679.8	0.852 4	0.911 5	57 460.3	43 747.4
W-LSSVR	0.691 1	0.780 3	81 493.4	66 346.1	0.660 1	0.786 6	92 922.1	80 047.4	0.838 8	0.899 0	59 663.2	43 261.3
W-D-AA	**0.888 0**	**0.939 7**	**55 251.9**	**40 645.2**	**0.903 1**	**0.948 5**	**55 707.5**	**43 289.2**	0.868 9	**0.928 2**	54 099.0	38 059.5
W-D-LA	0.851 5	0.920 1	61 180.3	46 468.4	0.838 9	0.914 3	68 832.3	48 452.6	**0.873 2**	0.926 5	**53 102.6**	**35 225.7**

表 6.5 模型预测精度比较（h=6）

模型	大连港				天津港				青岛港			
	R	d	RMSE	MAE	R	d	RMSE	MAE	R	d	RMSE	MAE
MA	−0.218 2	0.234 4	130 824.7	107 834.4	0.350 6	0.477 7	122 561.9	104 853.3	0.717 7	0.768 2	94 507.4	81 824.5
Holt-Winters	0.362 5	0.586 1	121 725.7	98 811.7	0.577 9	0.718 6	101 421.3	78 009.4	0.794 0	0.877 8	75 366.2	63 506.8
ARIMA	0.529 8	0.736 5	104 258.9	75 446.2	0.575 2	0.741 4	103 825.2	76 188.0	0.624 2	0.782 4	88 213.0	62 194.2
ANN	0.205 9	0.501 6	121 398.2	94 989.6	0.338 1	0.556 7	130 428.4	106 906.8	0.426 2	0.645 7	118 475.9	98 957.7
LSSVR	0.531 0	0.727 6	99 782.8	72 940.7	0.638 7	0.779 7	109 687.0	82 392.8	0.874 2	0.908 6	67 712.6	54 203.6
EMD-ANN	0.596 8	0.774 6	96 994.1	72 112.4	0.418 9	0.645 4	126 833.1	84 115.9	0.678 1	0.796 7	79 977.1	64 678.8
EMD-LSSVR	0.484 6	0.695 7	111 896.1	79 796.0	0.654 3	0.768 5	96 816.6	76 213.1	0.778 5	0.837 7	69 720.6	54 311.9
W-ANN	0.723 6	0.839 8	81 943.3	63 729.4	0.800 5	0.872 1	73 551.6	55 685.5	0.820 4	0.903 8	65 383.9	51 842.3
W-LSSVR	0.757 8	0.861 0	76 572.2	55 601.6	0.776 3	0.859 8	77 807.5	56 249.7	0.896 0	0.944 3	48 429.7	34 972.6
W-D-AA	0.799 5	0.888 4	74 709.0	54 694.1	**0.818 4**	**0.889 9**	**70 502.3**	52 123.4	0.828 5	0.908 4	64 860.0	49 129.5
W-D-LA	**0.818 3**	**0.900 3**	**69 869.1**	**50 740.1**	0.811 2	0.889 2	71 732.7	**50 445.7**	**0.904 8**	**0.950 8**	**46 948.4**	**31 609.4**

表 6.6　模型预测精度比较（h=12）

模型	大连港				天津港				青岛港			
	R	d	RMSE	MAE	R	d	RMSE	MAE	R	d	RMSE	MAE
MA	−0.180 4	0.246 8	147 490.3	121 470.9	0.407 5	0.523 8	130 345.6	113 537.7	0.721 3	0.706 0	121 241.4	109 423.7
Holt-Winters	0.649 5	0.731 5	123 788.7	88 656.6	0.636 5	0.783 1	103 458.0	61 916.0	0.922 4	0.948 5	49 562.7	37 895.0
ARIMA	0.544 2	0.746 2	103 540.7	74 510.2	0.568 9	0.737 4	104 021.3	74 769.1	0.638 1	0.792 3	87 973.8	61 760.6
ANN	0.613 1	0.747 9	93 120.9	63 330.3	0.652 5	0.775 4	94 682.3	69 073.1	0.887 4	0.935 6	53 908.3	39 149.9
LSSVR	0.631 8	0.764 2	92 482.0	58 297.8	0.661 5	0.809 1	97 099.0	65 816.5	0.899 6	0.935 9	52 590.4	36 955.7
EMD-ANN	0.375 4	0.622 5	136 113.3	95 506.7	0.441 9	0.640 2	133 479.6	95 335.8	0.722 6	0.843 2	84 301.4	59 526.5
EMD-LSSVR	0.594 3	0.748 7	98 849.9	77 874.6	0.628 3	0.763 5	96 049.8	76 184.2	0.817 2	0.899 3	63 666.6	43 152.3
W-ANN	0.726 8	0.840 9	79 170.8	57 017.1	0.733 7	0.836 7	84 688.2	60 797.2	0.912 0	0.950 8	49 096.1	38 627.7
W-LSSVR	0.731 6	0.834 2	77 757.8	54 548.1	0.744 9	0.827 8	81 994.4	55 811.3	0.883 6	0.939 1	50 797.0	35 922.3
W-D-AA	**0.888 7**	**0.941 2**	**53 527.7**	**41 727.8**	0.760 8	0.866 5	82 195.5	56 643.5	0.948 2	0.972 8	36 171.3	24 660.0
W-D-LA	0.871 7	0.931 7	56 367.1	43 062.7	**0.818 5**	**0.894 8**	**70 419.3**	**49 190.9**	**0.952 9**	**0.975 1**	**34 699.6**	**23 311.5**

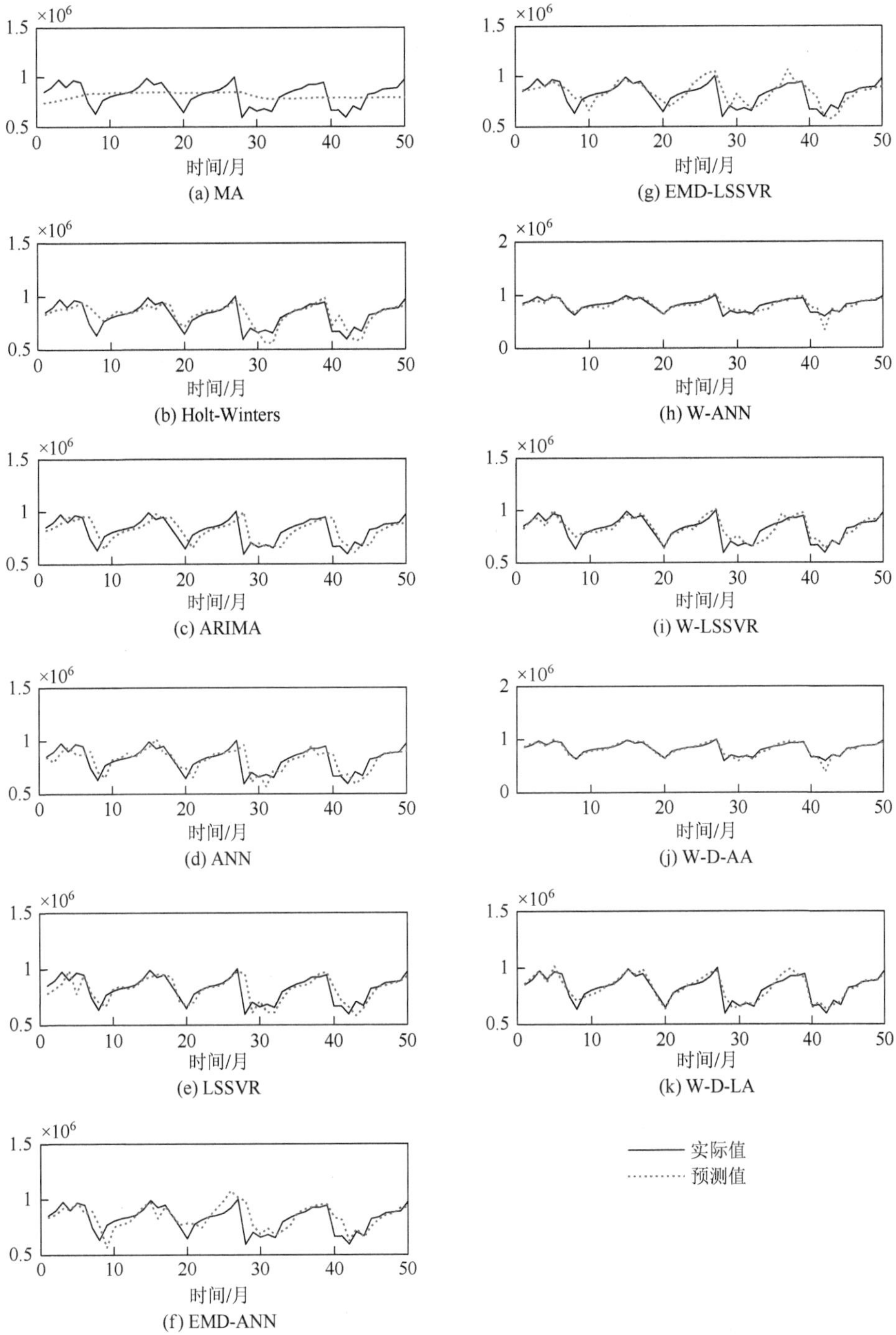

图 6.6 大连港集装箱吞吐量时间序列的测试集真实值与模型预测值比较

6.4　预测结果与分析

本节对在分解-集成方法论框架下使用小波变换和数据特征分析预测港口集装箱吞吐量给出深入的讨论，基于 6.3 节呈现的实验结果，对提出的混合模型的预测准确度进行分析，并得到关于港口集装箱吞吐量预测中的深度启示。

6.4.1　表现比较和分析

大连港、天津港和青岛港集装箱吞吐量的预测通过使用 6.3 节所述的实验设计和方法论得到。随后，预测准确度通过 4 个评价准则和 DM 检验评定。

在本书中，W-D-LA 和 W-D-AA 是新提出的混合方法。MA、ARIMA、Holt-Winters、ANN、LSSVR、EMD-ANN、EMD-LSSVR、W-ANN 和 W-LSSVR 是集装箱吞吐量预测的竞争方法。在表 6.3～表 6.6 中，当 h=1、h=3、h=6 和 h=12 时，提出的混合模型 W-D-LA 和 W-D-AA 比 MA、ARIMA、Holt-Winters、ANN（Tsai and Huang，2015）、LSSVR、EMD-ANN（Yu et al.，2008）、EMD-LSSVR、W-ANN（Ortega，2014）、W-LSSVR 更准确。

DM 检验进一步确认了上述结论。以 h=1 时的结果为例，对大连港来说，除 W-LSSVR 模型的 p 值为 0.8347 外，W-D-LA 和 W-D-AA 以 95%的置信水平优于其他竞争模型（表 6.7）。对天津港来说，除 W-LSSVR 模型的 p 值为 0.8956 外，新的混合模型以 93%的置信水平最优（表 6.8）。对青岛港来说，除 W-ANN 模型的 p 值为 0.8765 外，新的混合模型以 95%的置信水平最优（表 6.9）。

6.4.2　对集装箱吞吐量预测的管理分析

下面将呈现 6.4.1 节模型表现比较和分析得出的关于集装箱吞吐量预测的管理分析。

首先，小波变换是一个预测港口集装箱吞吐量有效的数据预处理方法。基于小波变换的混合模型（即 W-LSSVR 和 W-ANN）优于基于 EMD 的混合模型（即 EMD-LSSVR 和 EMD-ANN）和 Holt-Winters 方法。进一步，基于小波变换的混合模型优于各自的单一模型：W-LSSVR 和 W-ANN 分别优于 LSSVR 与 ANN 模型。这一结果表明分解-集成方法论提高了港口集装箱吞吐量的预测准确水平。

表 6.7 大连港集装箱吞吐量时间序列 DM 检验

模型	参照模型									
	W-D-AA	W-LSSVR	W-ANN	EMD-LSSVR	EMD-ANN	LSSVR	ANN	Holt-Winters	ARIMA	MA
W-D-LA	−0.3888(0.6504)	−2.7679(0.9960)	−1.7137(0.9536)	−3.8423(0.9998)	−2.3709(0.9891)	−2.1027(0.9797)	−2.6815(0.9950)	−2.5979(0.9938)	−2.7225(0.9955)	−6.8043(1.0000)
W-D-AA		−0.9826(0.8347)	−3.0221(0.9980)	−2.8694(0.9974)	−2.0461(0.9769)	−1.7535(0.9571)	−2.2935(0.9869)	−2.0278(0.9760)	−2.4335(0.9907)	−6.4818(1.0000)
W-LSSVR			−0.7194(0.7623)	−3.5198(0.9995)	−2.1130(0.9801)	−1.7037(0.9526)	−2.3822(0.9894)	−2.1508(0.9818)	−2.5560(0.9931)	−6.2040(1.0000)
W-ANN				−1.6348(0.9458)	−1.4361(0.9213)	−1.0087(0.841)	−1.5813(0.9399)	−0.9914(0.8368)	−1.9338(0.9705)	−5.1550(1.0000)
EMD-LSSVR					−0.5609(0.7113)	0.3352(0.3694)	−0.5130(0.6949)	0.8721(0.1937)	−1.4129(0.9180)	−3.4450(0.9994)
EMD-ANN						1.2095(0.1161)	0.2297(0.4096)	1.2413(0.1102)	−1.3294(0.9051)	−1.8870(0.9675)
LSSVR							−1.5795(0.9397)	0.3289(0.3718)	−2.2478(0.9854)	−3.0918(0.9980)
ANN								1.3012(0.0996)	−1.9454(0.9713)	−2.3500(0.9886)
Holt-Winters									−1.9711(0.9728)	−4.3472(1.0000)
ARIMA										−1.0598(0.8520)

表 6.8 天津港集装箱吞吐量时间序列 DM 检验

模型	参照模型									
	W-D-AA	W-LSSVR	W-ANN	EMD-LSSVR	EMD-ANN	LSSVR	ANN	Holt-Winters	ARIMA	MA
W-D-LA	−1.0443(0.8493)	−1.9209(0.9697)	−1.5184(0.9323)	−2.2353(0.9850)	−3.0697(0.9983)	−1.5666(0.9382)	−2.4812(0.9917)	−1.8746(0.9666)	−2.3720(0.9892)	−4.3033(1.0000)
W-D-AA		−1.2735(0.8956)	−2.2552(0.9857)	−2.2237(0.9846)	−2.8822(0.9971)	−1.3706(0.9116)	−2.4781(0.9916)	−1.7898(0.9602)	−2.2873(0.9867)	−3.7213(0.9990)
W-LSSVR			0.6018(0.2750)	−1.3331(0.9057)	−2.7843(0.9962)	−0.9550(0.8279)	−2.2786(0.9865)	−1.7144(0.9536)	−2.0605(0.9777)	−4.1565(0.9990)
W-ANN				−1.7473(0.9566)	−2.5989(0.9938)	−1.1184(0.8656)	−2.3764(0.9893)	−1.5904(0.9409)	−2.1688(0.9825)	−3.5413(0.9990)
EMD-LSSVR					−2.1970(0.9836)	−0.2950(0.6154)	−1.9104(0.9690)	−1.0458(0.8496)	−1.5211(0.9327)	−2.9730(0.9977)

续表

模型	参照模型									
	W-D-AA	W-LSSVR	W-ANN	EMD-LSSVR	EMD-ANN	LSSVR	ANN	Holt-Winters	ARIMA	MA
EMD-ANN						1.3547(0.0908)	−0.4218(0.6625)	0.5136(0.3049)	0.0872(0.4654)	−1.1680(0.8759)
LSSVR							−2.4557(0.9912)	−1.3683(0.9113)	−2.0339(0.9763)	−2.4264(0.9900)
ANN								1.0767(0.1434)	1.3753(0.0877)	−0.5530(0.7087)
Holt-Winters									−0.5081(0.6932)	−1.7120(0.9533)
ARIMA										−1.2020(0.8825)

表 6.9　青岛港集装箱吞吐量时间序列 DM 检验

模型	参照模型									
	W-D-AA	W-LSSVR	W-ANN	EMD-LSSVR	EMD-ANN	LSSVR	ANN	Holt-Winters	ARIMA	MA
W-D-LA	2.4021(0.0101)	−1.6792(0.9503)	−1.1717(0.8765)	−4.4008(1.0000)	−2.9166(0.9973)	−2.7167(0.9955)	−3.1762(0.9987)	−2.9148(0.9973)	−3.3251(0.9992)	−4.9634(1.0000)
W-D-AA		−2.9978(0.9979)	−3.4949(0.9995)	−4.4210(1.0000)	−2.9804(0.9978)	−2.9344(0.9975)	−3.2327(0.9989)	−3.3128(0.9991)	−3.4178(0.9994)	−5.0167(1.0000)
W-LSSVR			0.4747(0.3185)	−4.0757(0.9999)	−2.8408(0.9967)	−2.5170(0.9924)	−3.1572(0.9986)	−2.6027(0.9939)	−3.2772(0.999)	−4.8925(1.0000)
W-ANN				−4.1679(0.9999)	−2.8186(0.9965)	−2.5660(0.9933)	−3.1302(0.9985)	−2.5317(0.9927)	−3.1998(0.9988)	−4.7323(1.0000)
EMD-LSSVR					−0.4522(0.6734)	1.1143(0.1353)	−1.6334(0.9456)	2.9716(0.0022)	−0.1278(0.5506)	−0.0417(0.5160)
EMD-ANN						1.2386(0.1107)	−1.5621(0.9376)	2.5155(0.0076)	0.4256(0.3361)	0.4390(0.3313)
LSSVR							−2.2572(0.9858)	1.9397(0.0291)	−1.2378(0.8891)	−1.4120(0.9179)
ANN								2.8945(0.0028)	1.8393(0.0359)	1.9320(0.0296)
Holt-Winters									−2.8569(0.9969)	−4.0001(0.9990)
ARIMA										0.1716(0.4320)

其次，由于非线性和复杂性、非线性人工智能模型比传统线性方法更适合预测具有高复杂性的时间序列。例如，对集装箱吞吐量原始时间序列进行预测时，LSSVR 模型优于 ARIMA 模型。在大多数情况下，与 ANN 模型相比，LSSVR 模型在预测集装箱吞吐量时更准确、更稳健。这一发现与 Xie 等（2014）的结论相似。

最后，基于数据特征分析的成分重构和模型选择是提高基于小波模型预测精度的有效方式。本书提出 W-D-LA 和 W-D-AA 模型，与 W-LSSVR 和 W-ANN 模型相比，可以达到更高的预测精度。由于周期性或季节特征可以通过使用平均季节虚拟变量很好地刻画，计量经济模型（ARIMA 模型）更适合具有低复杂性的重构成分。

集装箱吞吐量预测使管理者能够对港口战略管理和政策拟定进行高效的实时决策。使用准确的模型，决策者可以轻松地预测未来一段时间的交通流量并确定现有的设施是否充裕。预测集装箱吞吐量可以帮助港口管理者做战术和经营决定，如港口的运营规划、港口设备的调度、线路的优化。

6.5　本 章 小 结

本章提出了基于小波变换和分解-集成方法论框架下数据特征分析的混合模型来预测集装箱吞吐量，提出的方法论包括四个主要步骤：数据分解、成分重构、分别预测、组合预测。对于提出的混合模型 W-D-LA 和 W-D-AA，带有平均季节虚拟变量的 LSSVR 和 ANN 模型用来预测具有高复杂性的成分，而 ARIMA 模型用来预测具有低复杂性的成分。使用中国渤海湾三个大港口，即对大连港、天津港和青岛港集装箱吞吐量的时间序列进行实证分析，通过实验加以验证。

总的来说，渤海湾周边的港口集装箱运输需求略有增长。近几年中国提出一系列战略政策来推动渤海湾沿海地区的发展。随之而来的计划和活动，除了为港口尤其是三大港口的发展创造条件和提供重要保障外，对经济发展和交通运输需求也提供了有力的推动。

本书的贡献是将基于小波变换和数据特征分析的成分重构与模型选择用于预测港口集装箱吞吐量。新的混合方法与基准方法进行了比较，研究结果表明，提出的分解-集成方法论是预测集装箱吞吐量的有效工具。由于非线性和复杂性、非线性人工智能模型比传统线性方法更适合预测集装箱吞吐量，基于数据特征分析的成分重构和模型选择是提高基于小波模型预测精度的有效方式。

第 7 章 “三环”亚洲集装箱港口研究例证

本章在港口物流货运研究的基础上，基于 TEI@I 方法论构建的集装箱港口系统的集成预测研究方法框架，结合日本各集装箱港口系统的不同的演化路径和相关的偶然性事件冲击影响，对 2013 年日本 5 个主要港口集装箱运量进行预测与分析。主要结论：①相对而言，预计 2013 年日本五大港口集装箱吞吐量将高于 2012 年。②预计 2013 年日本横滨港、神户港和大阪港集装箱吞吐量将分别增长 3.28%、4.19%和 3.74%左右；预计日本东京港和名古屋港集装箱吞吐量 2013 年仍进一步增长，但增速将相对较低。③预计如果 2013 年中日贸易关系进一步恶化，必将直接放缓日本五大港口的集装箱运输需求。该方法的详细介绍请参照相关研究（许利枝和汪寿阳，2014），此处为避免重复，其他亚洲港口的预测研究结果将放入第 8 章进行介绍。

7.1 引　　言

20 世纪 80 年代以来，在日元升值的市场导向以及日本政府基于日元升值带来的经济困境而做出的宏观战略导向的双重作用下，日本企业在东亚地区引发了投资热潮，在日本企业构建亚洲地区生产网络的同时，也实现了日本产业转移。随着日本产业向亚洲地区的不断转移，日本集装箱港口的运输需求和物流发展模式都发生了很大改变。

首先，随着日本经济发展的重心由商品输出型转为资本输出型，日本对外直接投资的扩张和国际产业梯度转移，使日本的工业品出口大幅度减少，从而减小了日本国际海运物流需求的规模，使日本集装箱港口在全球的地位和作用逐渐减弱。尤其是 20 世纪 90 年代以来，在其他东北亚港口集装箱吞吐量激增的背景下，曾经为日本经济起飞发挥基础性作用的日本港口集装箱吞吐量增长缓慢，世界集装箱港口排名持续下滑。1997～2007 年港口集装箱吞吐量全球平均增长 3 倍，亚洲增长 3.4 倍，而日本只增长 1.8 倍（汪寿阳等，2012b）；2001 年以来，日本东京港、横滨港、名古屋港、神户港以及大阪港五大集装箱港口在国际港口排名表上不断滑落，根据 2011 年世界集装箱港口排名，日本五大集装箱港口，东京港、横滨港和名古屋港分别位居第 28 位、第 42 位和第 50 位，神户港和大阪港已跌出全球前 50 位。

20 世纪 90 年代以来，全球范围内港口竞争日益激烈，日本集装箱港口竞争力相对下降，同时受日本集装箱港口码头装卸能力低且费用高等因素影响，日本越来越多的货物先转运到东亚地区枢纽港再出口，如面向韩国的日本海沿岸集装箱生成量越来越多地选择到韩国中转，日本集装箱港口的枢纽功能已被邻近的其他亚洲国家港口取代。

同时，主要集装箱班轮公司逐渐削减直接挂靠日本港口的航线，2007 年在亚洲发往欧洲的箱量中，日本港口的市场份额仅为 7%，这与中国港口 67.7%的市场份额形成鲜明对比。据统计，目前在亚洲与欧洲之间营运的 70 条航线中，只有 8 条挂靠日本港口（Cullinane and Song，2007）。如图 7.1 所示，日本五大集装箱港口的船舶到达数量逐年减少，各主要集装箱港口中规模相对较小的只能以支线港定位，融入班轮公司的全球航线网络。

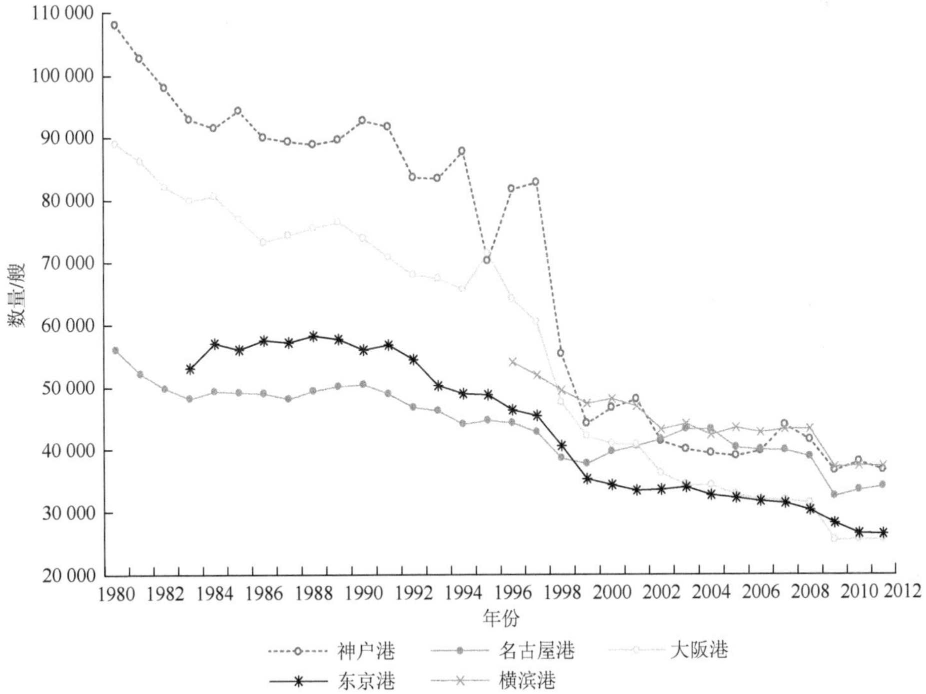

图 7.1 1980～2012 年日本五大港口船舶到达数量

资料来源：CEIC 数据库

面对日本港口在国际集装箱港口领域日渐式微的地位，甚至沦为支线港或喂给港的危险，日本政府也意识到，为提升港口国际竞争力，港口必须改革创新。2004 年日本政府调整了以前的政策，在 7 月启动了一项旨在改善港口效率的长期方案——国际战略集装箱枢纽港方案（Hoshino，2010）。该方案的目标一是让日本本国的进出口贸易集装箱尽可能全部在日本枢纽港始发或转运，而不是韩国釜山和中国上海等港口；二是通过提高服务质量、装卸效率和降低港口码头费率，千方百计吸引和鼓励亚洲、北美、欧洲、地中海和泛亚等更多的国际主干航线，甚至包括部分支航线上的集装箱班轮尽可能直接改道挂靠日本主要港口。例如，日本京滨地区的东京港、横滨港和川崎港三大港口已开始实施在经营管理上的统一，以构建一个单体超级大港。目前，三大港口统一船舶进港费用，实施凡是进入京滨地区三个港口的任何两个港口后的同一艘集装箱船再进入京滨地区第三个港口时，一律享受免缴驳船费、泊位费等相关港口费用优惠。此项举措将让来自日本及世界各国的集装箱班轮和其他货轮享受到港口费用优惠，其年均享受到的优惠港口费用总额达到 1.2 亿日元（Shinohara，2010）。

然而，在新的集装箱港口发展方案还未见成效时，日本港口受 2008 年全球金融危机、2011 年 3 月日本受 9 级地震及海啸和核泄漏事故以及 2012 年下半年以来中日钓鱼岛领土争端问题等冲击影响，均在不同程度上给集装箱运输带来负面影响。

图 7.2 表示 2007 年 1 月～2012 年 12 月，以 2007 年 1 月基数为 1 的日本五大港口集装箱吞吐量。由图可知，2009 年日本五大集装箱港口分别呈现不同程度的下降；2011 年日本 9 级地震等自然灾害也放缓了 2010 年金融危机之后各港口集装箱吞吐量复苏的势头。其中，横滨港和名古屋港从 2009 年以来就一直未恢复到如图 7.2 中横

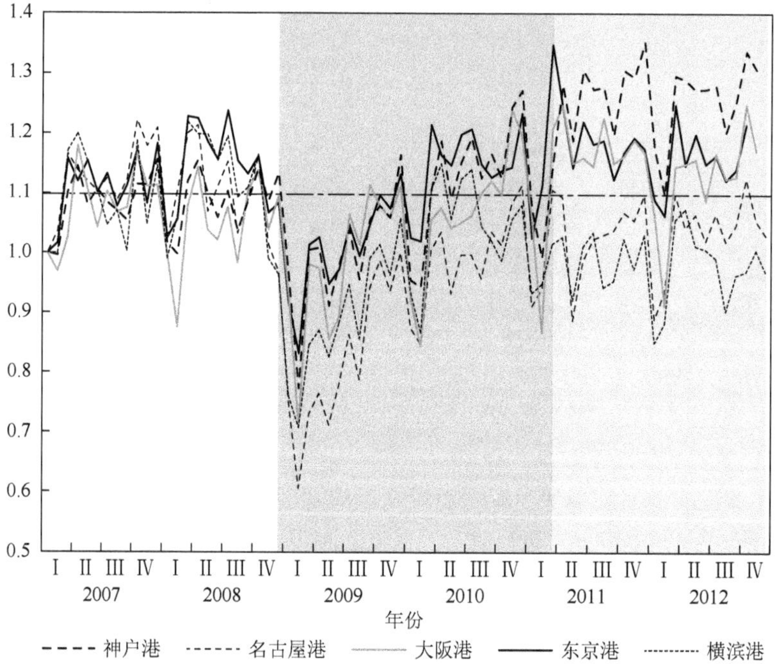

图 7.2　日本五大港口集装箱吞吐量（2007 年 1 月基数为 1）

I～IV分别表示第一～第四季度
资料来源：CEIC 数据库

线所示的 2007 年和 2008 年两年的平均水平；2012 年下半年以来，受中日贸易发展缓慢影响，进一步放缓了五大集装箱港口的发展速度。在全球多数港口集装箱吞吐量实现增长的背景下，2012 年日本横滨港、神户港和大阪港三大港口集装箱吞吐量均低于 2011 年的水平，同比增长分别为–1.39%、–2.10%和–1.51%；尽管东京港和名古屋港集装箱吞吐量相对高于 2011 年的水平，但明显低于全球其他主要港口集装箱吞吐量的增长速度，其中 2012 年东京港全年完成集装箱吞吐量 475.28 万标准箱，同比增长 2.44%；名古屋港全年完成集装箱吞吐量 265.523 万标准箱，同比增长 1.22%。

7.2 2013 年日本集装箱运输影响因素分析

本节将基于 TEI@I 方法论构建的集装箱港口系统的集成预测研究方法框架，对日本各集装箱港口系统的不同的演化路径和相关的偶然性事件冲击影响进行分析。

7.2.1 2013 年日本经济和贸易发展趋势分析

根据世界银行统计数据，受欧债危机、世界经济减速和中日关系恶化等负面因素影响，同时日本灾后重建对经济增长拉动的影响逐渐放缓，日本 2012 年 GDP 增长率尽管由 2011 年的–0.7%增至 1.9%，但表现仍低于预期。2012 年日本出口同比下降 2.7%。其中，日本对中国出口额降幅较大，下降 10.4%，至 1447 亿美元，自 2009 年以来首次出现下降。与此同时，进口额增长 3.0%，至 1889 亿美元，为 2009 年以来最小增幅。图 7.3 为日本 2007～2012 年出口和进口数据，2009 年以来，受全球金融危机、2011 年 3 月 9 级地震和海啸等因素影响，日本进出口贸易值仍远低于如图 7.3 横线所示的 2007 年和 2008 年两年的平均水平。

2013 年以来，在日元贬值趋势持续的背景下，日本出口贸易有所改善。2013 年 1 月日本出口相对好转，1 月出口增加 6.4%，为 8 个月来首次增长；2 月主要受日本对中国出口下降影响（日本对中国出口额同比增长率从 1 月的 3%下降到 2 月的–15.8%），日本出口小幅度下降 2.9%。其中，日本得益于北美等市场的销售强劲，1 月、2 月对美国出口分别大幅度增长 10.9%、5.7%；受欧债危机影响，对欧洲出口 1 月下滑 4.5%；2 月对东盟出口 8429 亿日元，同比增长 2.9%。从 2013 年第一季度来看，日本与中国的岛屿争端问题对中日贸易在 2013 年第一季度的影响仍然存在，日本对中国贸易的进出口总值同比下降 10.7%，仍持续了自 2012 年 6 月以来的下降趋势。

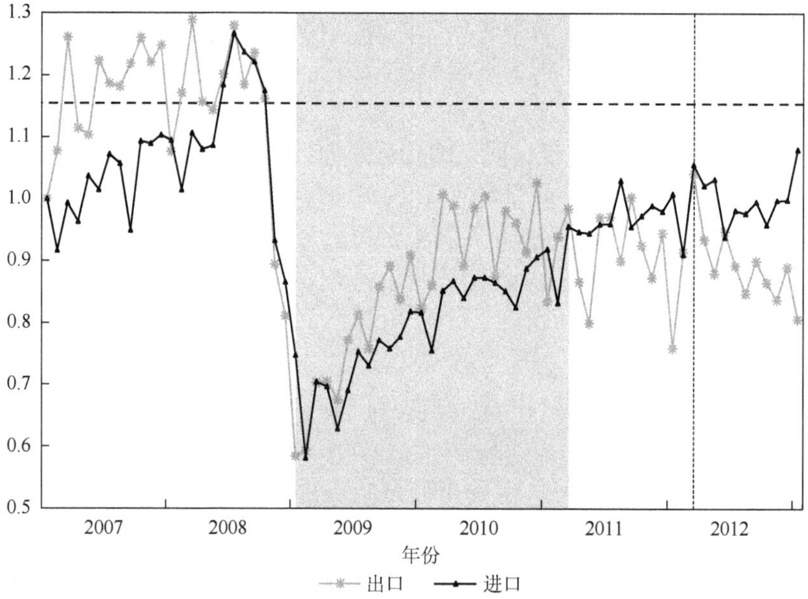

图 7.3 日本 2007～2012 年进出口值（2007 年 1 月基数为 1）

资料来源：CEIC 数据库

根据国际货币基金组织（International Monetary Fund，IMF）预测，2013 年和 2014 年日本 GDP 增长率分别为 1.2%和 0.7%；消费品价格增幅均为 0.7%。世界银行于 2013 年 1 月发布的《世界经济展望》预测日本 2013 年和 2014 年的 GDP 增长率分别为 0.8%和 1.2%。联合国预测 2013 年和 2014 年日本经济增速分别为 0.6%和 0.8%。日本政府 2013 年 1 月预测，受益于约 10 万亿日元的紧急经济对策和灾后重建需求，2013 年经济将实现由内需主导的回升，海外经济也有望复苏，预测日本经济将实现实际增长 1.7%。

基于 2013 年第一季度日本经济和贸易的发展情况以及全球各大机构对 2013 年日本 GDP 和贸易的预测分析，2013 年日本经济的小幅度增长，以及外需环境的相对改善将对 2013 年日本主要港口集装箱运输产生正面影响。尽管 2012 年下半年以来中日贸易的持续萎缩对日本 2013 年对外贸易的发展仍将产生负面影响，但预计负面影响将逐渐减弱，从而使 2013 年五大港口的集装箱运输需求将逐步改善；受 2013 年北美等市场经济向好的正面影响，预计将在一定程度上支撑日本五大港口集装箱运输需求；预计欧债危机对日本贸易的负面影响将依然存在，且在不同程度上放缓日本五大港口 2013 年的集装箱运输需求的发展。总的来看，2013 年日本集装箱运输需求将相对高于 2012 年。

7.2.2 中日贸易对日本集装箱运输影响分析

作为全球第二大、第三大经济体，中国和日本的经济贸易往来频繁，经济和贸易依存度高。中国作为目前日本最大的贸易伙伴，中日贸易对日本经济和贸易有相当大的影响。据日本贸易振兴机构发表的统计数据，2011 年中日贸易额达到 3449 亿美元，日本对中国进口额为 1834 亿美元，日本对中国出口额为 1614 亿美元，中日贸易额占日本贸易总额的比例为 20.6%；同时日本经过对韩国、中国台湾、中国香港等市场出口然后再出口到中国大陆（内地）的份额也很大，即迂回出口约占日本出口总额的 10%（张珣等，2012）。对中国而言，日本作为中国第四大贸易伙伴，中日双边贸易自 2000 年以来增长迅速。根据中国海关统计数据，2000 年以来，中国对日本的出口额每年以 12.8%的速度增长，进口额以每年 16%的速度增长，中日两国市场的依赖越来越强（欧变玲等，2011）。因此，2012 年 4 月以来的中日钓鱼岛领土争端问题使中国与日本的政治和外交关系明显恶化，对日本经济和贸易有相当大的影响。根据世界银行统计数据，2012 年受中日关系紧张等因素影响，日本对中国出口额下降 10.4%，至 1447 亿美元，远低于 2012 年日本−2.7%的出口增速。标准普尔预测，日本年内对中国出口额下降 30%，将使日本的名义 GDP 降低 0.6%。

从两国的贸易结构来看，日本进口的中国产品主要集中在机电、音像设备及其零件和附件，一般金属及其制品，纺织原料及其制品，化工及其相关工业制品；而中国进口的日本产品主要集中在高级电机、机械、金属非金属制成品（如特钢等）以及化学制品（汪寿阳等，2012b）。从短期来看，中日钓鱼岛领土争端问题将导致中国消费者抵制购买日本汽车和其他日本产品，也是日本贸易受创的重要原因，预计 2013 年后半年影响依然存在，日本对中国出口的放缓将可能给日本的汽车、电子产品和通用机械行业造成非常严重的冲击。根据日本贸易振兴机构发表的贸易报告，2012 年上半年日本对中国贸易赤字比 2011 年同期增加 2.6 倍，达到 1.401 万亿日元，对中国出口总额下降 5.7%，贸易逆差扩大的主要原因是钢铁、机械类产品对中国出口的萎缩。

此外，中国作为日本企业主要的投资市场，近 10 多年来日本在中国的投资一直保持在年均 50 亿美元的较高水平，其中 2011 年为 63 亿美元。根据中国海关统计数据，2011 年日本在中国大陆拥有非制造企业 2487 家，占日本海外非制造企业 10 187 家的 24.4%。尤其是在 2011 年 3 月日本 9 级地震之后，日本企业为了规避供应链风险，逐渐开始通过对外直接投资加速产业链向亚洲转移，将高端制造业（汽车核心零部件、电机零部件、半导体）在全球进行重新布局，从而加速了日本企业对中国投资的势头。2011 年以来，日本一些企业加大了在中国的投资力度，在中国开始构筑新的零部件供应网络、开设销售基地，日本对中国投资有了进一步的发展。2012 年以来的中日钓鱼岛领土争端问题，在短期内给日本企业对中国投资带来一定的负面冲击影响。2012 年的日本企业对中国投资出现下滑，2012 年前三季度日本对中国投资 56.2 亿美元，同比增长 17.0%，大大低于 2011 年 50%以上的增速。

考虑到中日经济和贸易依存度高，且中日贸易所涉及行业的贸易产品集装箱化率很高，短期内，2012 年中日关系紧张将影响中日双边贸易的健康发展，主要将可能进一步影响汽车和电子等重要产品的销量，进而缩减 2012 年和 2013 年对中日相关港口的集装箱运输需求；预计如果 2013 年中日贸易关系进一步恶化，必将直接放缓日本五大港口的集装箱运输的需求。

从中长期来看，考虑到中国劳动力成本上升，以及中日钓鱼岛领土争端问题的影响，日本企业将极有可能寻找第三国市场，以替代中国市场，如日本企业未来的投资和开拓重心将极有可能转向东南亚、非洲、印度、越南、南美洲等。对中国企业而言，中日钓鱼岛领土争端问题也将影响中方企业的未来发展计划，未来中国相关企业也将不断寻求新的产品进口国，预计中日贸易的未来发展趋势和特征将进一步影响日本五大集装箱港口未来几年的运输需求、发展趋势和规模。

7.3 2013 年日本主要港口集装箱吞吐量预测与分析

基于 TEI@I 港口物流集成预测理论框架（许利枝和汪寿阳，2014），预测并分析了 2013 年日本五大港口集装箱吞吐量。具体测算结果见表 7.1。

表 7.1 2013 年日本主要港口集装箱吞吐量预测

日本港口	2011 年同比/%	2012 年集装箱吞吐量/万标准箱	2012 年同比/%	2013 年预测集装箱吞吐量/万标准箱	2013 年预测同比/%
东京港	8.30	475.28	2.44	477～487	0.36～2.47
横滨港	–6.02	304.02	–1.39	310～318	1.97～4.60
神户港	2.60	256.75	–2.10	265～270	3.21～5.16
大阪港	7.21	240.97	–1.51	248～252	2.92～4.57
名古屋港	2.91	265.52	1.22	268～273	0.93～2.82

根据模型对 2013 年日本五大港口集装箱吞吐量的测算结果来看，相对而言，2013 年日本五大港口集装箱吞吐量将高于 2012 年；2013 年日本横滨港、神户港和大阪港集装箱吞吐量将分别增长 3.28%、4.19%和 3.74%左右；2013 年日本东京港和名古屋港集装箱吞吐量仍进一步增长，但预计增速相对较低。

第 8 章 "四环"全球主要集装箱港口研究例证

本章基于对复杂时间序列的"数据特征驱动分解集成方法论"，构建了港口集装箱吞吐量时间序列数据特征驱动时间序列分解集成方法论流程框架，根据对港口集装箱吞吐量月度和季度时间序列数据复杂性、季节性和非线性等特征的分析，基于"先分解后集成"或"分而治之"的研究思想，采用乘法和加法 X12-ARIMA 模型，将时间序列分解为各分序列，选择分序列模型并构建所研究时间序列的组合预测模型。8.2 节介绍了数据特征分析（DCA）的分解集成预测方法的模型框架及具体步骤；8.3 节进行了具体港口集装箱货运实证模型的构建和预测，及预测结果比较和分析；8.4 节基于所构建的模型构建了全球主要港口集装箱的吞吐量预测模型，预测和分析了全球主要港口集装箱吞吐量。

8.1 引　　言

随着经济全球化进程的加快和深入发展，港口在国际贸易活动的作用和地位日益凸显（Yap and Lam，2006；Notteboom，2016）。港口是全球供应链的重要节点，是货物运输、仓储、转运和加工处理的重要场所（Twrdy and Batista，2016）。集装箱运输作为世界经济、贸易的载体，不仅是世界经济发展和国际贸易增长的重要保障，而且还涉及众多企业的核心利益乃至相关国家的经济命脉（许利枝和汪寿阳，2014）。随着全球制造业的快速发展，尤其是新兴经济体的发展，全球各大港口城市和国家大力投资建设港口（Jeevan et al.，2015）。科学预测世界各港口集装箱运量，可为港口、港口所在城市的发展和港口所在国家的经济增长提供决策所必需的重要信息，对正确指导港口规划建设、确定港口投资规模和促进地区经济发展具有特别重要的战略意义（Lam et al.，2004；Levine et al.，2009；Petering，2009）。

早期的研究主要采用和构建不同的计量模型预测港口集装箱吞吐量。预测研究主要采用计量模型，如误差修正模型（error correction model，ECM）（Fung，2002；Hui et al.，2004）、多元回归（Chou et al.，2008；Veenstra et al.，2005）、用于非平稳随机序列的自回归求和滑动平均（autoregressive integrated moving average，ARIMA）模型和用于含有季节波动的非平稳随机序列季节自回归求和滑动平均（seasonal autoregressive integrated moving average，SARIMA）模型（Schulze and Prinz，2009）、指数平滑（Liu et al.，2010）和向量自回归（vector auto-regression，VAR 模型），均是典型的经济计量模型（Tian et al.，2013）。然而计量模型基于线性假设，未能捕捉时间序列数据中的非线性特征，从而得不到理想的预测结果。为了更好地捕捉港口集装箱货运需求时间序列中的非线性特征，已有的预测研究文献开始采用一些非线性的人工智能的方法来拟合时间序列中的非线性特征，得到了很好的预测结果，如采用遗传规划（genetic programming，GP）（Chen and Chen，2010）、离散粒子群优化算法（discrete particle swarm optimization，TF-DPSO）（Jin et al.，2014）等。之后的研究开始采用两种方法的组合以期待提高模型的预测能力（Xie et al.，2017）。港口集装箱货运需求序列是一个典型的时间序列，数据序列具有极大的波动性、复杂性和不规则性等非线性特征，从而对港口集装箱货运需求的预测，需要基于时间序列数据特征分析（data characteristics analysis，DCA）方法，构建一个数据特征驱动的复杂和动态的预测模型。

为了提高港口集装箱吞吐量预测精度，本书基于汤铃等（2016）提出的全新的对复杂时间序列的"数据特征驱动分解集成方法论"，构建了基于港口集装箱吞吐量货运特征识别的分解集成预测模型，分析并检验了数据的复杂性等非线性特征，如数据的分形性、不规则性、突变性和长记忆性等特征（汤铃等，2016），对港口集装箱吞吐量时间序列数据的特征分析将有利于提高模型的预测能力。

8.2 模 型 框 架

本节首先介绍基于数据特征分解-集成的流程框架模型，然后介绍数据特征检验和数据特征分解方法，以及所构建的预测模型。

8.2.1 基于数据特征分解–集成的流程框架

针对港口集装箱吞吐量时间序列预测的数据，基于数据特征驱动的时间序列分解集成方法论，本节所构建的分析及预测流程框架如图 8.1 所示。具体分解步骤如下。

第一步：数据特征驱动时间序列分解。基于港口集装箱吞吐量原始时间序列 $x_t(t=1,2,\cdots,T)$ 的数据特征，选择相应的分解方法，将数据分解为 n 个分解序列。

第二步：分解序列数据特征分析（DCA）。分别对各分解序列进行数据特征检验与分析，构建与其相匹配并有效刻画其主要特征的预测模型。

第三步：根据各序列进行预测。基于各分解序列不同数据特征，构建与其相匹配并有效刻画其主要特征的预测模型。

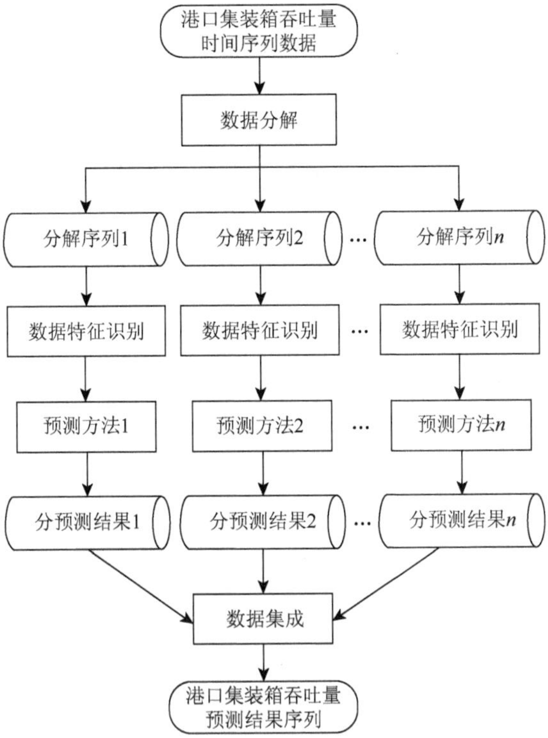

图 8.1 港口集装箱吞吐量时间序列预测的数据特征驱动时间序列分解集成方法论流程

第四步：集成预测。将各分解序列预测结果集成，从而得到港口集装箱吞吐量序列的预测结果。

8.2.2 数据分解方法

为捕捉集装箱运量需求的季节性特征，本节采用 SD 的 X12-ARIMA 模型构建时间序列的线性模型。X12-ARIMA 模型将时间序列数据 y_t 分解为三部分：趋势循环要素（TC）tc_t、季节要素（SF）sf_t 和不规则要素（IR）ir_t。具体相乘和相加两种函数形式的分解见式（5.3）和式（5.4），根据我们实证研究的结果，采用 X12-ARIMA 模型并用相乘的形式进行分解。

8.2.3 数据特征分析

本节将详细分析港口集装箱吞吐量的时间序列数据的分解部分，以捕捉相关的数据特征。

1. 平稳性

平稳性与非平稳性特征是时间序列数据最基本的数据特征，直接反映数据生成过程（data generation process，DGP）中的统计特性，如均值、方差与分布特征是否会随时间变化。实证研究通过检验数据是否存在单位根来确定。具体而言，若数据不存在单位根，则该时间序列为平稳时间序列，即其生成过程中的主要统计性质不会随时间变化，并趋于收敛状态；相反，对于非平稳时间序列，则至少有一个单位根存在，其主要统计性质将随时间变化，最基本的单位根检验方法为增广的 DF 检验（Augmented Dickey-Fuller，ADF）方法（Dickey and Fuller，1979）。本书经 ADF 检验后，通过数据差分去除集装箱吞吐量时序数据的非平稳性。

2. 季节性

经济研究中，许多月度和季度时间序列数据存在季节性，它是每年重复出现的循环变动，以月度数据的 12 个月或季度数据的 4 个季度为周期的周期性影响，如中国的春节对中国各主要港口以及相关港口的集装箱货运需求有显著的影响，从而货运量序列具有很强的季节效应。其他经济时间序列数据的季节特征可由温度、降水、每年中的假期和政策等因素引起。季节波动是一种特殊的周期性波动，季节波动和循环波动的区别在于季节变动是固定间距（如季或月）中的自我循环，而循环波动是从一个周期变动到另一个周期，间距比较长且不固定的一种周期性波动（汤铃等，2016）。

3. 突变性

突变性模式主要指时序数据中的结构性突变，包括水平上与趋势上的突变（Perron，1997）。数据是否存在结构性突变点，以及该结构改变对数据的影响程度，体现为数据的突变性特征。根据现有研究，两个常用的结构突变点检验方法主要为 Chow 检验（Chow，1960）和迭代累积平方和（iterative cumulative sum of squares，ICSS）检验（Inclan and Tiao，1994）。第一，ICSS 检验假设时间序列有平稳的无条件方差 σ_1^2，直到遇到结构性断点 k_1，从而有新的平稳的无条件方差 σ_2^2，直到下一个结构性断点 k_2，如此重复。相应地，ICSS 检验方法基于累积平方和对时间序列数据中的各点逐一进行结构突变点检验。第二，Chow 检验是一个典型的结构突变点检验方法，通过对拟合残差进行 F 检验，对给定可能性突变点 $k \in \{k_1, k_2, \cdots\}$ 进行结构突变点判定：

$$F = \frac{\dfrac{\mathrm{SSE} - \mathrm{SSE}_1 - \mathrm{SSE}_2}{m_1 + 1}}{\dfrac{\mathrm{SSE}_1 + \mathrm{SSE}_2}{N_1 + N_2 - 2m_1 - 2}} \sim F(m_1 + 1, N_1 + N_2 - 2m_1 - 2) \tag{8.1}$$

式中，SSE 为全局拟合残差平方和，其自由度为 $N_1 + N_2 - m_1 - 1$；SSE_1 与 SSE_2 分

别为检验点之前与之后样本数据的拟合残差平方和，自由度分别为 $N_1 - m_1 - 1$ 和 $N_2 - m_1 - 1$。

基于结构突变检验结果，在模型中引入相应的水平与趋势上的虚拟变量 $p_{1,t}$ 和 $p_{2,t}$，具体对水平或趋势上突变点 k 定义如下（Zivot and Andrews，1992；Yu et al.，2015）：

$$p_{1,t} = \begin{cases} 0 & t < k \\ 1 & t \geqslant k \end{cases} \qquad p_{2,t} = \begin{cases} 0 & t < k \\ t-k & t \geqslant k \end{cases} \tag{8.2}$$

4. 复杂性

时间序列数据的复杂性（Memon，2003）为系统内部有序或规律性成分对整个系统的控制能力或影响作用。数据的复杂性水平越高，表明其系统内部的有序或规律性成分的控制能力或影响作用越小，同时无序/不规律性或随机性成分越多（汤铃等，2016）。Bandt 和 Pompe（2002）提出了 PE 方法，计算检验和衡量一维时间序列数据复杂度，检验具有计算简单、稳健性，尤其是抗噪声干扰能力强等特点（Yu et al.，2015）。

PE 的具体算法见 6.2.3 节，具体计算公式见式（6.3）～式（6.8）。

8.2.4 预测模型

已有研究的预测模型可以描述成如下表达式：

$$x_{t+h} = f(X_t) + \varepsilon_t \tag{8.3}$$

式中，x_t 为 t 期集装箱吞吐量时间序列；$X_t = \{x_{t-1}, x_{t-2}, \cdots, x_{t-l}\}$ 为滞后 l 期的历史值；h 为预测长度；ε_t 为误差项服从 IID。

根据现有时间序列数据的预测研究，主流的预测方法和技术可大致分为两个类别：传统计量模型与人工智能模型。对于平稳和低复杂性的数据，计量经济模型可以很好地捕捉数据的线性特征，而人工智能模型可以更好地拟合具有非线性和复杂度相对较高特征的时间序列数据（汤铃等，2016）。基于港口集装箱货运数据特征，本书使用的计量模型包括 ARIMA 和 SARIMA，选择人工智能模型中的 LSSVR。

1. LSSVR

已有文献中广泛应用的人工智能预测方法和技术包括 SVM 和 ANN，尤其是 SVM 预测方法，其由于克服了神经网络集成遇到的局部优化和过度拟合问题，开始被广泛应用于预测模型的构建中。此外，为减少 SVM 模型的计算复杂度，Suykens 和 Vandewalle（1999）提出了 LSSVR 模型，计算速度和泛化能力得到了很好的改善与提高。SVR 的基本思想是通过非线性映射函数 $\varphi(\cdot)$ 将原集装箱吞吐

量数据 x_t 从低维特征空间变换到高维特征空间，然后在高维特征空间中对数据进行线性回归分析（Vapnik，2000），具体形式表示为

$$\hat{x}_t = w^T \varphi(x_t) + b \tag{8.4}$$

其中，在参数估计方面，SVM 模型基于结构风险最小化准则，估计回归参数 w 与 b，将估参问题转换为规划求解问题：

$$\text{Min} \quad (w^T w)/2 + \left(\gamma \sum_{t=1}^{T} e_t^2\right)/2 \tag{8.5}$$

$$\text{s.t.} \quad \hat{x}_t = w^T \varphi(x_t) + b + e_t, (t = 1, 2, \cdots, T)$$

式中，γ 为惩罚参数；e_t 为第 t 期的误差项。为解决最优化问题引入拉格朗日乘子，具体表示为

$$L(w, b, e_t, \alpha_t) = (w^T w)/2 + \left(\gamma \sum_{t=1}^{T} e_t^2\right)/2 - \sum_{t=1}^{T} \alpha_t [w^T \varphi(x_t) + b + e_t - \hat{x}_t] \tag{8.6}$$

其中，$\alpha = (\alpha_1, \alpha_2, \cdots, \alpha_T)$ 为拉格朗日乘子。估计函数 L 对不同变量 w、b、e_t 和 α_t 的各微分表达式如下：

$$\frac{\partial L}{\partial w} = 0 \to w = \sum_{t=1}^{T} \alpha_t \varphi(x_t) \tag{8.7}$$

$$\frac{\partial L}{\partial b} = 0 \to \sum_{t=1}^{T} \alpha_t = 0 \tag{8.8}$$

$$\frac{\partial L}{\partial e_t} = 0 \to \alpha_t = \gamma e_t \tag{8.9}$$

$$\frac{\partial L}{\partial \alpha_t} = 0 \to w^T \varphi(x_t) + b + e_t - \hat{x}_t = 0 \tag{8.10}$$

通过求解以上参数，从而得到港口集装箱吞吐量时间序列数据最终的预测结果：

$$\hat{x} = \sum_{t=1}^{T} \alpha_t K(x, x_t) + b \tag{8.11}$$

式中，$K(\cdot)$ 为核函数。在 LSSVR 模型中，核函数采用常用的高斯径向基核函数（Gaussian RBF），即 $K(x, x_i) = \exp[\| x - x_i \| / (2\sigma^2)]$，其中 σ^2 参数值通过最小化误差反复调整与迭代来估计。

2. 组合预测模型

根据对港口集装箱吞吐量月度和季度时间序列数据复杂性、季节性和非线性等特征的分析，基于"先分解后集成"（decomposition and ensemble）或"分而治之"（divide and conquer）的研究思想，采用乘法和加法 X12-ARIMA 模型，将时间序列分解为各分序列，选择分序列模型并构建所研究时间序列的组合预测模型。具体构建的基本思路和步骤如图 8.2 所示。

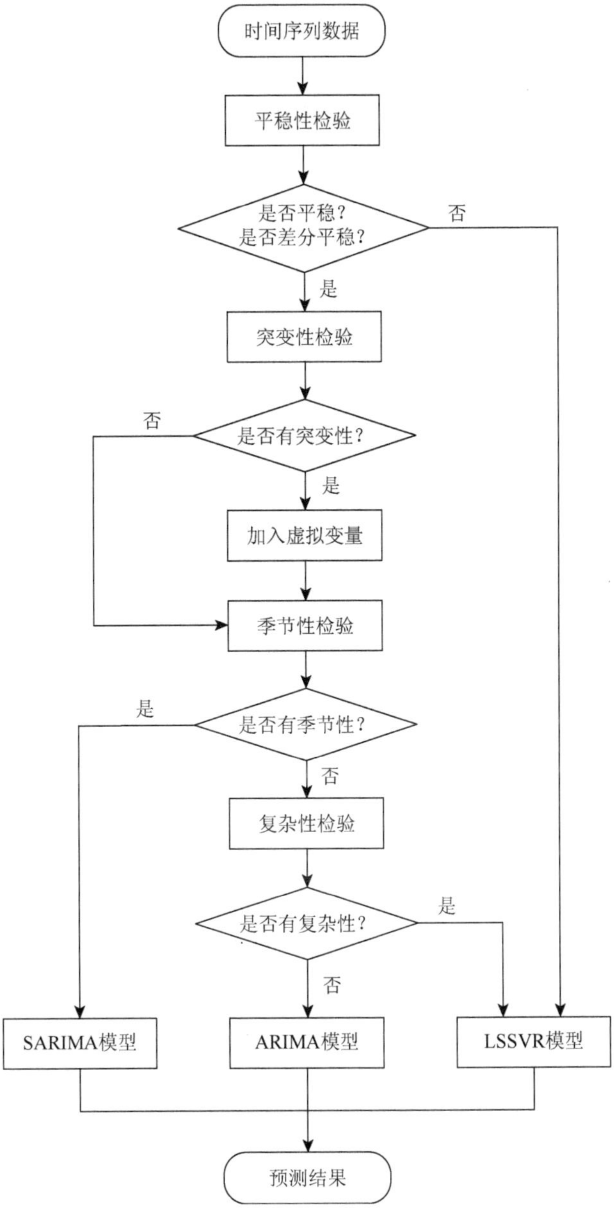

图 8.2　时间序列预测的数据特征检验及模型选择流程

第一，基于数据特征分析，采用乘法和加法 X12-ARIMA 模型将港口集装箱吞吐量时间序列数据 x_t 分解为三部分：趋势循环要素（TC）tc_t、季节要素（SF）sf_t 和不规则要素（IR）ir_t。

第二，基于数据特征分析，对各分解时间序列选择并构建相应的模型，如时间序列检验具有复杂性，选择（如 LSSVR 等）非线性模型构建预测模型，产生相应的分序列预测结果。

第三，基于乘法和加法 X12-ARIMA 模型，构建组合预测模型，预测集装箱吞吐量，具体表达式为

$$\hat{x}_t = \widehat{\mathrm{tc}_t} \times \widehat{\mathrm{sf}_t} \times \widehat{\mathrm{ir}_t} \tag{8.12}$$

$$\hat{x}_t = \widehat{\mathrm{tc}_t} + \widehat{\mathrm{sf}_t} + \widehat{\mathrm{ir}_t} \tag{8.13}$$

本书对新加坡港和洛杉矶港的集装箱吞吐量的时间序列数据进行预测与分析，进一步验证提出的预测方法的有效性。

8.3 实 证 分 析

8.3.1 数据描述和实证设计

本书选取新加坡港集装箱吞吐量、美国洛杉矶港的集装箱吞吐量时间序列数据为预测分析对象，所用的数据来自 Wind 数据库，数据区间均为 1995 年 1 月～2017 年 1 月，共计 265 个月的数据作为预测模型的指标数据集，用于预测模型构建的指标如图 8.3 所示，港口集装箱吞吐量单位为 10^6 标准箱。模型中样本训练集分别设为 60%、70%和 80%，用于估计预测模型的参数和进一步预测。

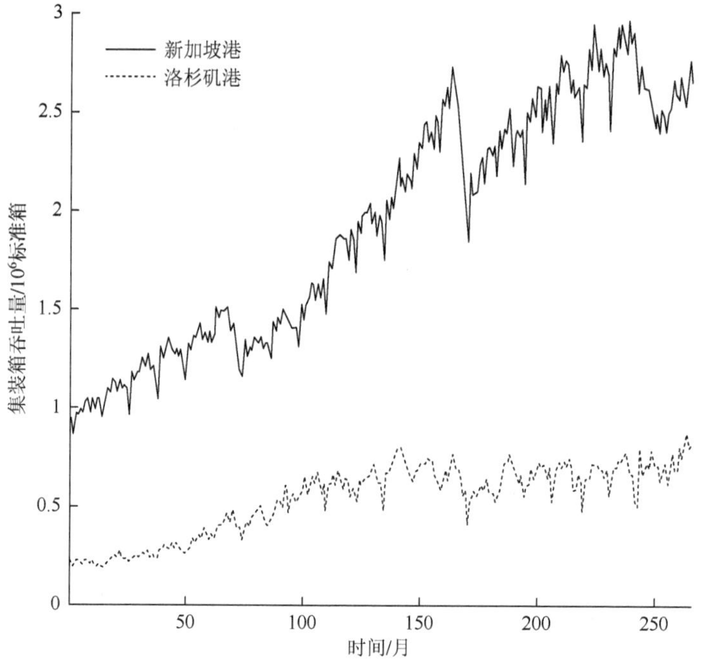

图 8.3　新加坡港和洛杉矶港月度集装箱吞吐量

EMD 是 Huang 等（1998）提出的一种针对非线性、非平稳性及复杂性时序数据的多尺度分析方法。EMD 算法首先定义本质模态函数（intrinsic mode function，IMF），要求 IMF 满足两个条件：①极值点的数目与过零点的数目相等或者相差为 1。②在任何点处，由局部极大值包络和局部极小值包络的平均值为 0。从而将原始数据分解为一系列本质模态函数 $c_{it}(i=1,2,\cdots,n)$ 和一个剩余项 r_t，具体港口集装箱吞吐量序列表示为

$$x_t = \sum_{i=1}^{n} c_{it} + r_t \tag{8.14}$$

本书基于 LSSVR 和 EMD 模型，构建 EMD-LSSVR 组合预测模型，进行港口集装箱货运需求的预测。在已有的预测研究中，EMD-LSSVR 已被应用于外汇波动预测（Lin et al.，2012）和航空客运预测（Xie et al.，2014）。基于同样的方法，基于传统分解（classical decomposition，CD）技术和 LSSVR 模型构建 CD-LSSVR 组合预测模型进行预测结果比较。

为了评价预测性能，首先本书以均方根误差（RMSE）、平均绝对误差（MAE）和平均相对误差（MAPE）为准则，来评价预测性能。RMSE、MAE 和 MAPE 的评价准则定义如式（5.12）、式（4.12）和式（4.13）所示。其次本书以方向变化统计量（D_{stat}）为准则，评价预测方向的准确度 D_{stat} 的评价准则定义如式（5.13）所示。最后本书采用 Diebold 和 Mariano（1995）提出的样本外预测准确性检验（DM 检验）来比较不同模型的预测能力，DM 检验的具体内容见 5.3.1 节，具体计算公式如式（5.16）和式（5.17）所示。

8.3.2 实证模型选择结果与分析

基于分解集成模型的一般框架，实证研究将分别采用加法和乘法 X12-ARIMA 模型，对新加坡港集装箱吞吐量、美国洛杉矶港集装箱吞吐量时间序列数据进行分解，并进行数据特征检验分析分解序列的各部分，检验结果见表 8.1 和表 8.2，表中“√”表示具有该特征，“×”表示不具有该特征，门槛值 θ 设置为 0.45。

表 8.1 相乘形式的 X12-ARIMA 分解数据特征

港口	分解序列	平稳性	复杂性	季节性	突变性
	tc_t	√	×	×	√
新加坡港	sf_t	√	√	√	×
	ir_t	√	√	×	×

续表

港口	分解序列	平稳性	复杂性	季节性	突变性
洛杉矶港	tc_t	√	√	×	√
	sf_t	√	√	√	×
	ir_t	√	√	×	×

表 8.2　相加形式的 X12-ARIMA 分解数据特征

港口	分解序列	平稳性	复杂性	季节性	突变性
新加坡港	tc_t	√	×	×	√
	sf_t	√	√	√	×
	ir_t	√	√	×	×
洛杉矶港	tc_t	√	√	×	√
	sf_t	√	√	√	×
	ir_t	√	√	×	×

表 8.1 和表 8.2 的 DCA 检验结果中，所有分解序列呈现出平稳性特征，且两港口时间序列数据的 sf_t 和 ir_t 都呈现出非线性数据特征。新加坡港序列的 tc_t 分解序列呈现出复杂性特征，相反，洛杉矶港的 tc_t 检验没有呈现出复杂性特征。两港口 sf_t 分解序列呈现出季节性特征，只有 tc_t 分解序列检验有突变性特征。

基于 DCA 检验结果，相应的选择 SARIMA、ARIMA 和 LSSVR 模型对新加坡港序列的 sf_t 、tc_t 和 ir_t 分序列进行一步向前预测；相应的选择 SARIMA、LSSVR 和 LSSVR 模型对洛杉矶港序列的 sf_t 、 tc_t 和 ir_t 分序列进行一步向前预测。然后基于此构建 X12-M-SAL 和 X12-A-SAL 组合预测模型，同时，构建 SARIMA 和 LSSVR 单模型、CD-LSSVR、EMD-LSSVR、X12-A-LSSVR 和 X12-M-LSSVR 组合预测模型作为基准模型，对两港口集装箱吞吐量进行时间序列预测，以验证本书模型的预测能力。

对于不同模型设定方面，在 LSSVR 模型中，γ 和 σ^2 参数值通过最小化误差反复调整与迭代来估计，其区间为[0.01，10 000]（Tay and Cao，2007）；在 SARIMA 模型中，通过最小化 BIC 获得最优模型。实证研究中采用不同的训练集比例，即分别采用样本数的 60%、70%和 80%进行鲁棒性建议与模型评估，所构建的各模型评价指标值见表 8.3，其中黑体标出的为相应指标表现最好的模型。

表 8.3 不同模型预测结果比较

测试集比例/%	模型	新加坡港 RMSE	新加坡港 MAE	新加坡港 MAPE	新加坡港 D_{stat}	洛杉矶港 RMSE	洛杉矶港 MAE	洛杉矶港 MAPE	洛杉矶港 D_{stat}
60	SARMA	85 917.6	66 617.4	2.67	0.77	54 151.9	38 171.5	5.87	0.80
	LSSVR	139 839.7	107 415.7	4.26	0.64	67 891.6	51 848.5	8.01	0.57
	EMD-LSSVR	78 523.0	62 932.6	2.56	0.83	57 246.0	39 206.6	6.11	0.78
	CD-LSSVR	80 062.3	64 879.3	2.58	0.85	60 773.1	42 838.6	6.47	0.76
	X12-A-LSSVR	105 733.2	81 156.8	3.27	0.72	60 769.4	44 490.8	7.04	0.77
	X12-M-LSSVR	103 377.1	79 588.7	3.21	0.76	56 817.5	43 011.4	6.78	0.71
	X12-A-SAL	**45 773.7**	30 877.2	1.24	**0.94**	44 233.4	27 200.9	4.21	**0.88**
	X12-M-SAL	45 787.6	**30 270.3**	**1.23**	0.92	**41 995.7**	**25 662.5**	**3.84**	0.84
70	SARMA	80 784.3	63 587.7	2.45	0.81	57 290.8	41 066.0	6.15	0.76
	LSSVR	139 588.1	106 355.3	4.06	0.63	70 031.1	53 275.4	7.95	0.54
	EMD-LSSVR	72 658.8	59 389.6	2.31	0.86	61 850.7	42 007.9	6.38	0.76
	CD-LSSVR	79 298.2	64 230.9	2.46	0.86	66 101.0	46 393.2	6.75	0.73
	X12-A-LSSVR	101 159.5	79 492.2	3.07	0.73	61 448.9	45 049.6	6.88	0.79
	X12-M-LSSVR	102 257.3	79 685.2	3.07	0.77	59 706.1	45 130.3	6.91	0.70
	X12-A-SAL	45 928.0	30 463.0	1.18	**0.94**	47 753.2	29 124.6	4.36	**0.86**
	X12-M-SAL	**45 787.6**	**30 270.3**	**1.17**	0.92	**41 995.7**	**25 662.5**	**3.90**	0.84
80	SARMA	85 223.1	65 149.4	2.46	0.81	65 966.1	48 461.9	7.22	0.70
	LSSVR	131 752.7	97 301.5	3.61	0.62	75 490.5	57 529.8	8.45	0.55
	EMD-LSSVR	71 493.1	57 496.6	2.18	0.83	69 418.5	47 598.6	7.22	0.77
	CD-LSSVR	83 028.4	66 237.1	2.48	0.85	76 810.8	55 709.7	8.00	0.66
	X12-A-LSSVR	103 673.1	81 853.0	3.08	0.68	63 398.0	45 963.5	6.92	0.81
	X12-M-LSSVR	103 872.1	81 466.5	3.06	0.74	61 417.6	46 036.2	7.00	0.72
	X12-A-SAL	**49 698.6**	**31 924.0**	**1.21**	**0.93**	56 362.9	35 783.5	5.34	**0.87**
	X12-M-SAL	50 025.8	32 165.4	1.22	0.91	**49 106.6**	**30 790.1**	**4.68**	0.85

不同训练集的两港分解序列的实际值以及相应组合预测模型的预测值如图 8.4～图 8.9 所示。

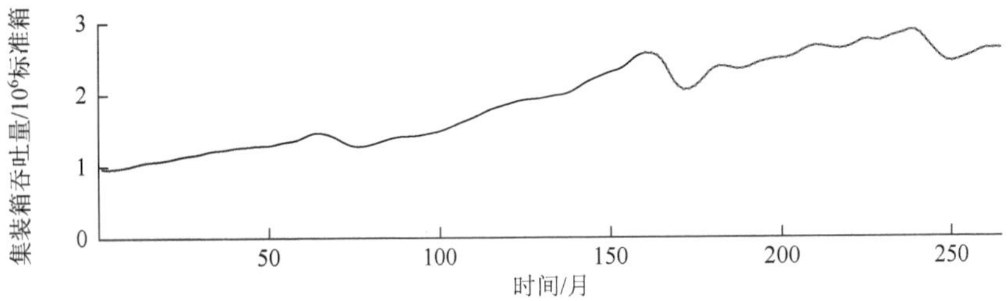

(a) TC

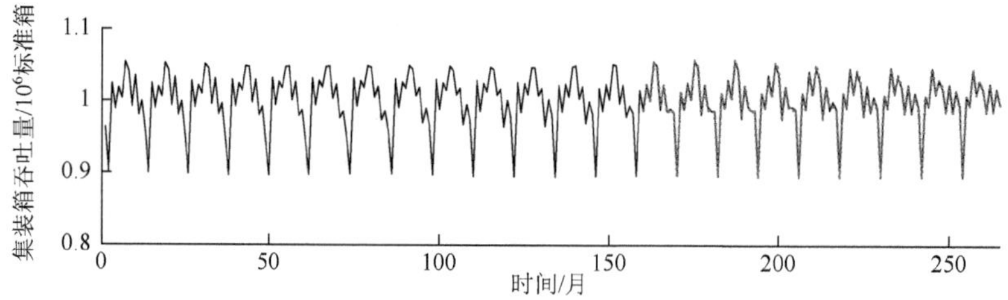

(b) SF

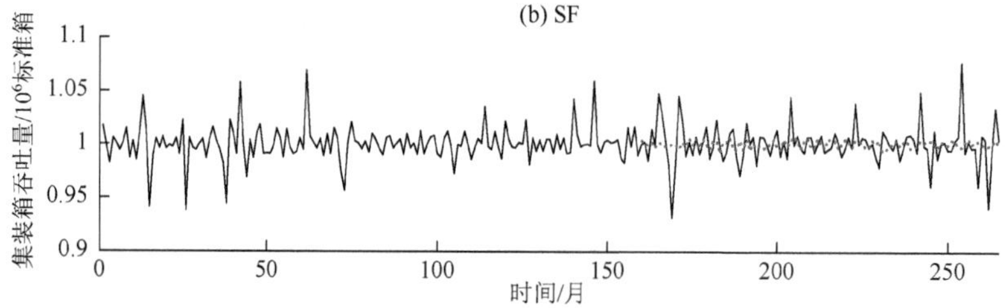

(c) IR

—— 实际值 ········ 预测值

图 8.4　新加坡港 X12-M-SAL 预测结果

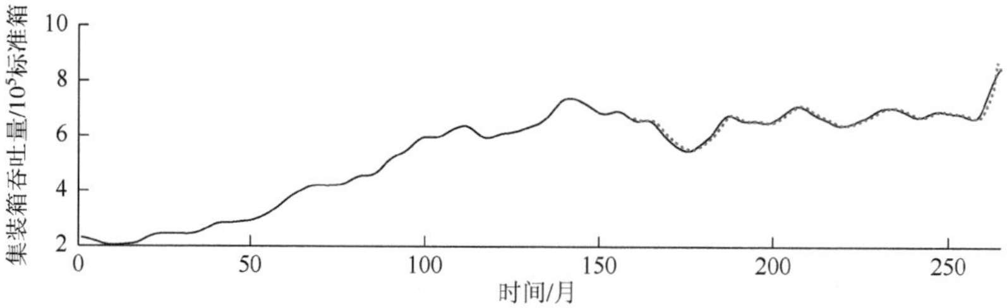

(a) TC

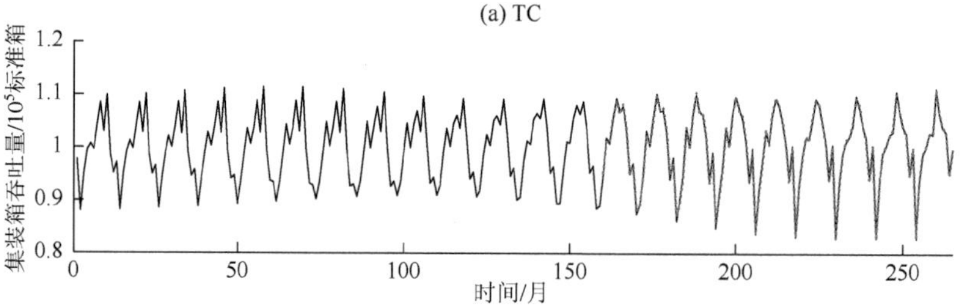

(b) SF

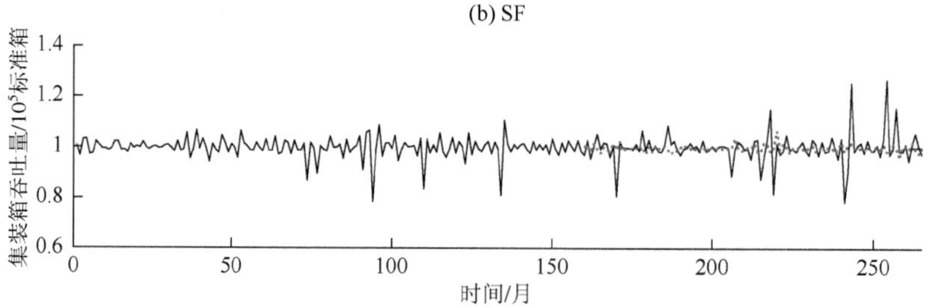

(c) IR

—— 实际值 ········ 预测值

图 8.5　洛杉矶港 X12-M-SAL 预测结果

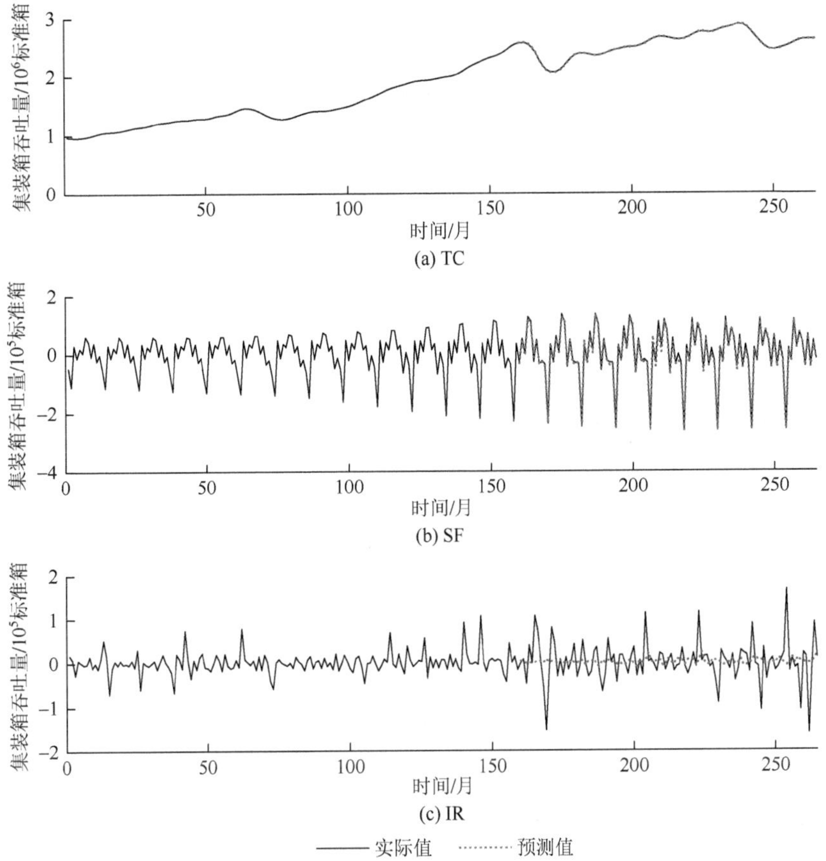

图 8.6 新加坡港 X12-A-SAL 预测结果

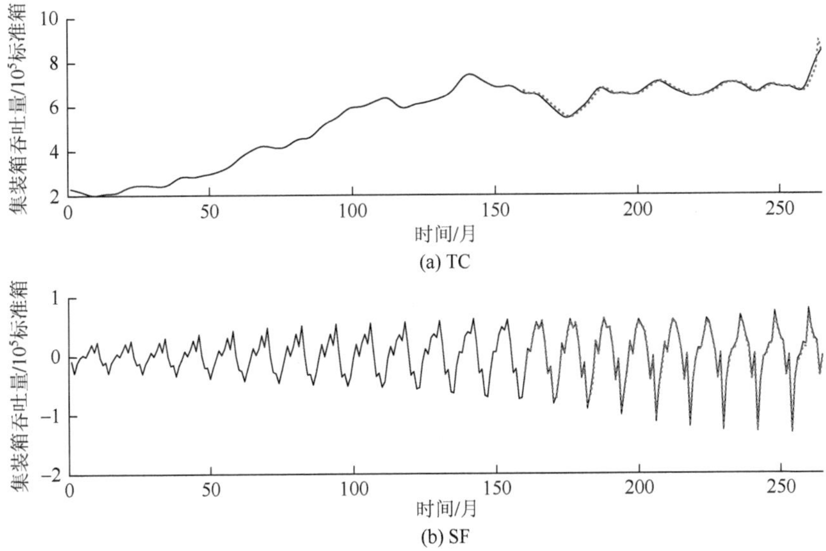

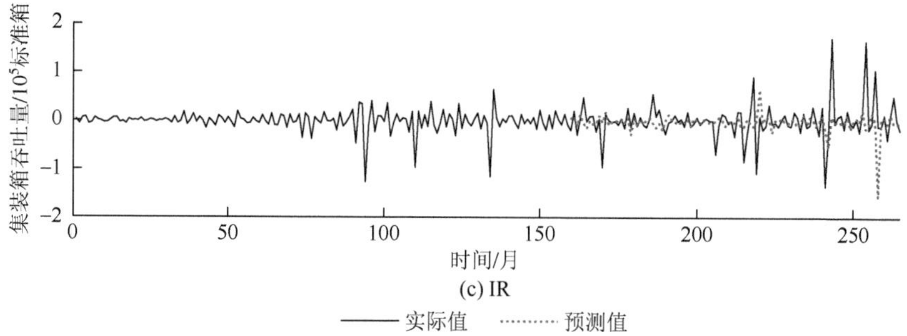

图 8.7　洛杉矶港 X12-A-SAL 预测结果

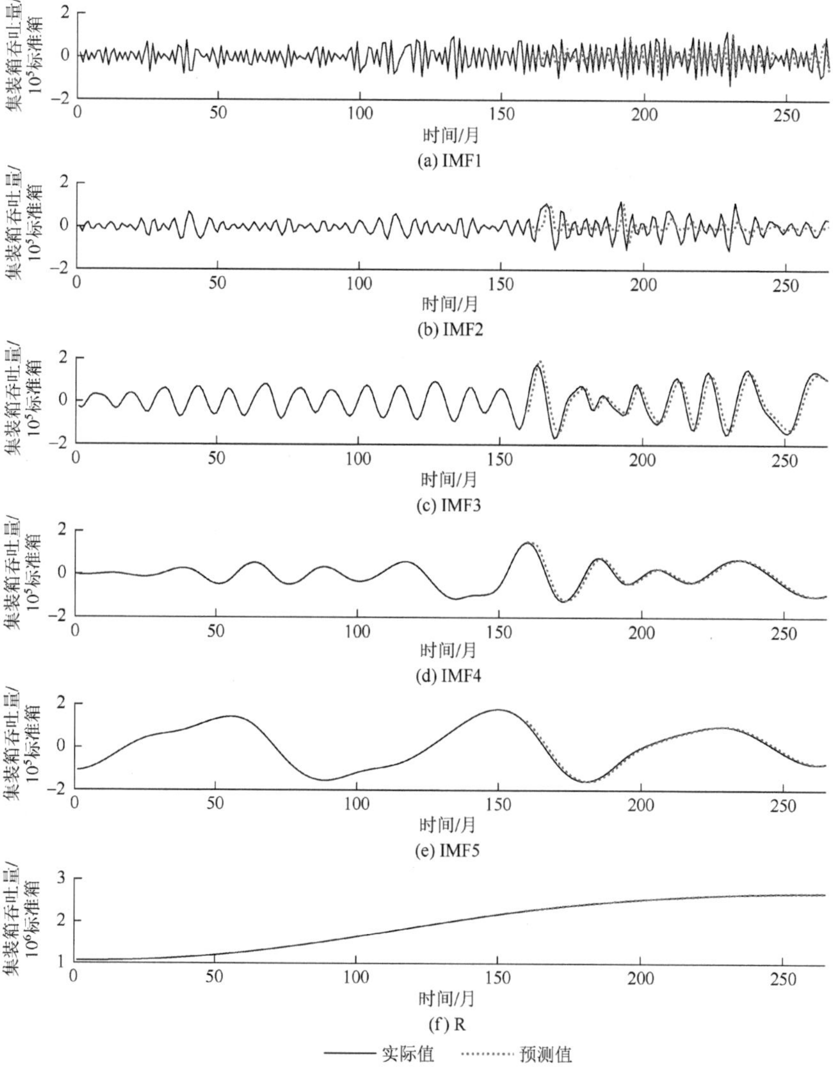

图 8.8　新加坡港 EMD-LSSVR 预测结果

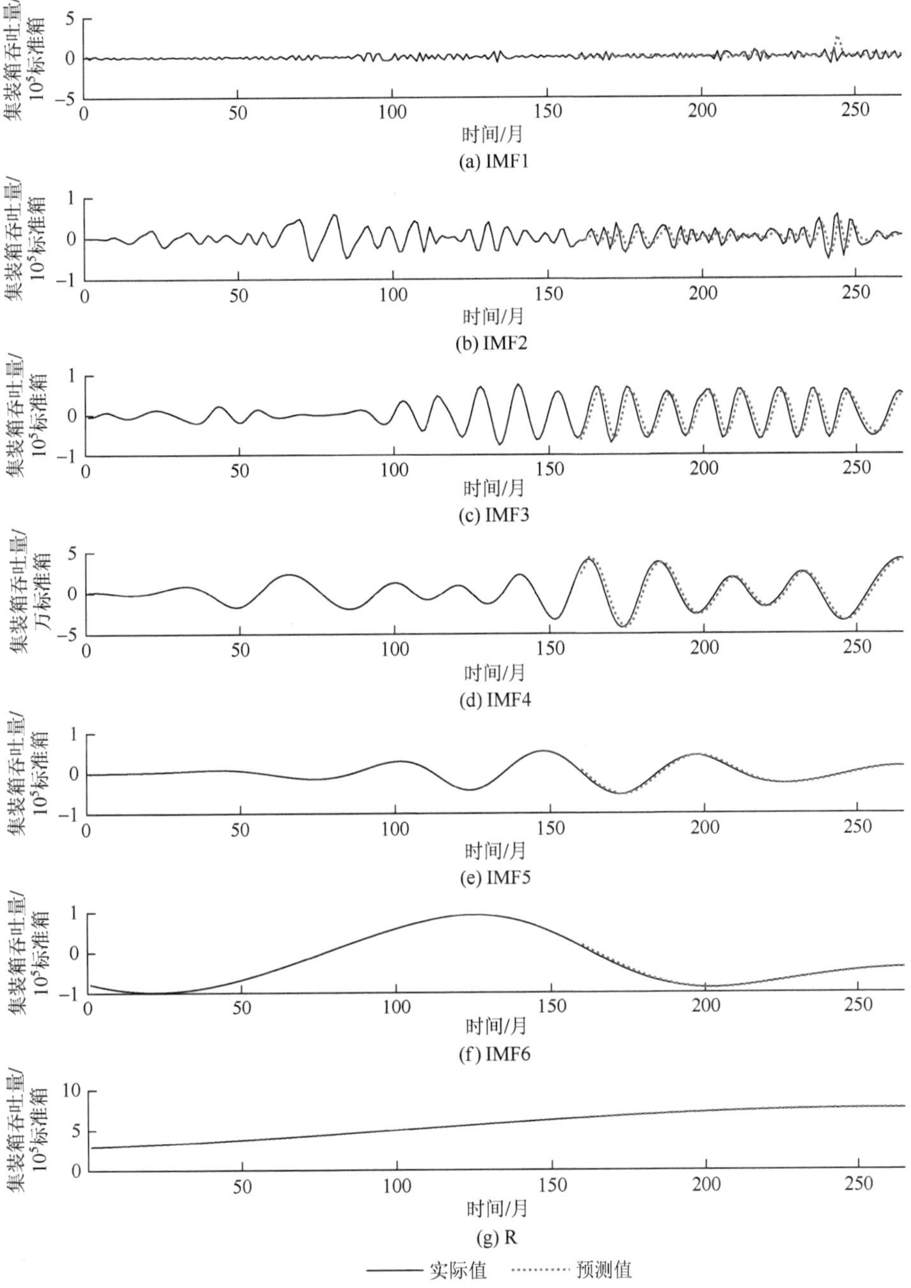

图 8.9　洛杉矶港 EMD-LSSVR 预测结果

表 8.4～表 8.9 分别提供了不同训练集比例新加坡港和洛杉矶港的 DM 检验统计量，括号内为相应 p 值，以比较不同模型的预测能力，8.3.3 节进行了详细的预测结果分析。

表 8.4　新加坡港不同模型预测能力 **DM** 检验（训练集比例：60%）

检验模型	参照模型						
	X12-A-SAL	X12-M-LSSVR	X12-A-LSSVR	CD-LSSVR	EMD-LSSVR	LSSVR	SARIMA
X12-M-SAL	−0.1389(0.5551)	−5.0735(1.0000)	−5.1988(1.0000)	−5.2404(1.0000)	−4.5097(1.0000)	−6.2895(1.0000)	−4.4219(1.0000)
X12-A-SAL		−5.1633(1.0000)	−5.3077(1.0000)	−5.3667(1.0000)	−4.5148(1.0000)	−6.2850(1.0000)	−4.4917(1.0000)
X12-M-LSSVR			−0.6695(0.7477)	2.3349(0.0108)	3.0935(0.0013)	−3.1642(0.9990)	1.6699(0.0489)
X12-A-LSSVR				2.5209(0.0066)	3.1334(0.0011)	−2.9570(0.9981)	1.8391(0.0344)
CD-LSSVR					0.2433(0.4041)	−4.7927(1.0000)	−1.4371(0.9232)
EMD-LSSVR						−4.8828(1.0000)	−1.0207(0.8451)
LSSVR							4.0453(0.0000)

表 8.5　洛杉矶港不同模型预测能力 **DM** 检验（训练集比例：60%）

检验模型	参照模型						
	X12-A-SAL	X12-M-LSSVR	X12-A-LSSVR	CD-LSSVR	EMD-LSSVR	LSSVR	SARIMA
X12-M-SAL	−1.5784(0.9413)	−3.2142(0.9991)	−3.6370(0.9998)	−3.1985(0.9991)	−1.9476(0.9729)	−4.8684(1.0000)	−3.2032(0.9991)
X12-A-SAL		−2.1264(0.9821)	−3.1585(0.9990)	−2.5703(0.9942)	−1.4280(0.9219)	−4.0432(0.9999)	−2.0992(0.9809)
X12-M-LSSVR			−1.0675(0.8559)	−0.5816(0.7190)	−0.0527(0.5210)	−2.3456(0.9896)	0.4557(0.3248)
X12-A-LSSVR				−0.00057(0.5002)	0.4187(0.3381)	−1.5001(0.9317)	1.1165(0.1334)
CD-LSSVR					0.3768(0.3535)	−1.4093(0.9192)	1.3618(0.0881)
EMD-LSSVR						−1.3375(0.9080)	0.3555(0.3615)
LSSVR							3.5679(0.0003)

表 8.6 新加坡港不同模型预测能力 **DM** 检验（训练集比例：70%）

检验模型	参照模型						
	X12-A-SAL	X12-M-LSSVR	X12-A-LSSVR	CD-LSSVR	EMD-LSSVR	LSSVR	SARIMA
X12-M-SAL	−0.1024(0.5406)	−4.2948(1.000)	−4.388(1.0000)	−4.3638(1.0000)	−3.5908(0.9997)	−5.1108(1.0000)	−3.8948(0.9999)
X12-A-SAL		−4.3524(1.000)	−4.4637(1)	−4.4743(1.0000)	−3.6235(0.9997)	−5.1424(1.0000)	−3.9467(0.9999)
X12-M-LSSVR			0.4075(0.3424)	1.9788(0.0257)	3.143(0.0012)	−2.7627(0.9964)	1.7945(0.0383)
X12-A-LSSVR				1.9444(0.0277)	3.1829(0.0010)	−2.8791(0.9974)	1.7258(0.0442)
CD-LSSVR					0.85539(0.1975)	−3.9806(0.9999)	−0.4122(0.6593)
EMD-LSSVR						−4.3097(1.0000)	−0.9027(0.8153)
LSSVR							3.6527(0.0002)

表 8.7 洛杉矶港不同模型预测能力 **DM** 检验（训练集比例：70%）

检验模型	参照模型						
	X12-A-SAL	X12-M-LSSVR	X12-A-LSSVR	CD-LSSVR	EMD-LSSVR	LSSVR	SARIMA
X12-M-SAL	−1.6004(0.9432)	−2.6710(0.9954)	−2.9052(0.9976)	−2.9757(0.9981)	−1.766(0.9593)	−3.9983(0.9999)	−2.7247(0.9960)
X12-A-SAL		−1.6272(0.9461)	−2.3330(0.9889)	−2.3288(0.9888)	−1.2486(0.8922)	−3.1557(0.9989)	−1.6320(0.9466)
X12-M-LSSVR			−0.4479(0.6723)	−0.7553(0.7738)	−0.2106(0.5831)	−1.7544(0.9584)	0.3287(0.3717)
X12-A-LSSVR				−0.5898(0.7215)	−0.0389(0.5155)	−1.5439(0.9367)	0.5887(0.2789)
CD-LSSVR					0.3681(0.3569)	−0.6390(0.7377)	1.4885(0.0703)
EMD-LSSVR						−0.8295(0.7953)	0.4192(0.3381)
LSSVR							2.8335(0.0029)

表 8.8　新加坡港不同模型预测能力 DM 检验（训练集比例：80%）

检验模型	参照模型						
	X12-A-SAL	X12-M-LSSVR	X12-A-LSSVR	CD-LSSVR	EMD-LSSVR	LSSVR	SARIMA
X12-M-SAL	0.1854(0.4268)	−3.2484(0.9990)	−3.3438(0.9992)	−3.2053(0.9988)	−2.2177(0.9845)	−3.5383(0.9996)	−2.9018(0.9973)
X12-A-SAL		−3.3179(0.9992)	−3.4318(0.9994)	−3.3074(0.9991)	−2.2872(0.9869)	−3.5683(0.9996)	−2.9639(0.9977)
X12-M-LSSVR			0.0558(0.4779)	1.3836(0.0862)	2.7004(0.0047)	−1.6508(0.9476)	1.1946(0.1188)
X12-A-LSSVR				1.4082(0.0825)	2.7931(0.00365)	−1.7014(0.9526)	1.1839(0.1209)
CD-LSSVR					1.1103(0.1360)	−2.5728(0.9935)	−0.4640(0.6779)
EMD-LSSVR						−2.9978(0.9979)	−1.1058(0.8630)
LSSVR							2.2859(0.0132)

表 8.9　洛杉矶港不同模型预测能力 DM 检验（训练集比例：80%）

检验模型	参照模型						
	X12-A-SAL	X12-M-LSSVR	X12-A-LSSVR	CD-LSSVR	EMD-LSSVR	LSSVR	SARIMA
X12-M-SAL	−1.5991(0.9421)	−1.6751(0.9500)	−1.8546(0.9653)	−2.7139(0.9955)	−1.3991(0.9161)	−3.0411(0.9982)	−2.3695(0.9892)
X12-A-SAL		−0.5855(0.7196)	−1.0945(0.8606)	−2.0530(0.9774)	−0.8978(0.8133)	−2.1766(0.9830)	−1.2910(0.8988)
X12-M-LSSVR			−0.3724(0.6444)	−1.4689(0.9261)	−0.6016(0.7250)	−1.7653(0.9583)	−0.5169(0.6963)
X12-A-LSSVR				−1.3717(0.9120)	−0.4435(0.6704)	−1.5932(0.9414)	−0.3026(0.6183)
CD-LSSVR					0.4952(0.3113)	0.17205(0.4320)	1.4344(0.0787)
EMD-LSSVR						−0.4671(0.6788)	0.2440(0.4041)
LSSVR							1.8856(0.0325)

8.3.3 预测结果小结

首先，从表 8.3 各模型的评价指标可得出以下结论：对不同比例训练集，基于 DCA 分析的 X12-A-SAL 和 X12-M-SAL 组合预测模型的表现最优。其中，对两港口集装箱吞吐量的预测能力和精度则表现有所不同，如通过比较两港口的乘法和加法的 X12-ARIMA 模型分解的 tc_t 趋势分解序列预测结果表明，由于洛杉矶港的 tc_t 趋势分解序列检验呈现复杂性特征，相对新加坡港的 tc_t 趋势分解序列预测结果较差。图 8.10 表示不同模型在 4 个评价指标（RMSE、MAE、MAPE 和 D_{stat}）中表现最优的数量，本书基于 DCA 构建的 X12-M-SAL 和 X12-A-SAL 组合预测模型，其两港口集装箱吞吐量的预测结果在 4 个评价指标中均表现最优，实证研究验证了该方法的有效预测能力。

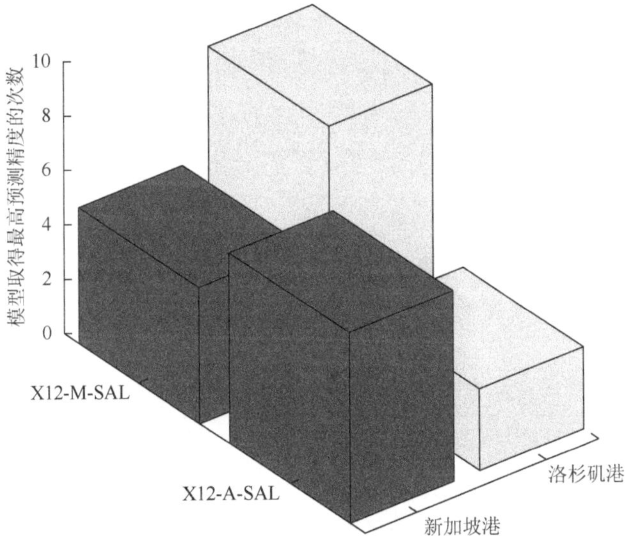

图 8.10　不同模型预测结果比较

其次，DM 检验结果表明，本书基于 DCA 构建的 X12-A-SAL 和 X12-M-SAL 组合预测模型的表现多数显著优于其他模型。表 8.4 和表 8.5 中 DM 检验结果表明，对于训练集为 60%的样本模型，基于新加坡港、洛杉矶港集装箱吞吐量的 X12-M-SAL 和 X12-A-SAL 组合预测模型分别在 100%与 92%显著水平显著优于其他模型；表 8.6 和表 8.7 中 DM 检验结果表明，对于训练集为 70%的样本模型，除 EMD-LSSVR（$p = 0.8922$）外，基于新加坡港、洛杉矶港的 X12-M-SAL 和 X12-A-SAL 组合预测模型分别在 99%与 94%显著水平显著优于其他模型；表 8.8 和表 8.9 中 DM 检验结果表明，对于训练集为 80%的样本模型，除 X12-M-LSSVR（$p=0.7196$）、X12-A-LSSVR（$p=0.8606$）、EMD-LSSVR（$p=0.8133$）、SARIMA（$p=0.8988$）外，基于新加坡港、洛杉矶港的 X12-M-SAL 和 X12-A-SAL 组合预测模型分别在 98%与 90%显著水平显著优于其他模型。

最后，实证研究表明，基于"先分解后集成"或"分而治之"的研究思想，具体基于 DCA 分析选择分序列模型并构建所研究时间序列的组合预测模型，检验模型对集装箱港口货运需求预测的有效性。基于 DCA 分析的 X12-A-SAL 和 X12-M-SAL 组合预测模型优于相对应的 X12-A-LSSVR 和 X12-M-LSSVR 组合预测模型，表明数据特征分析驱动的模型构建显著提高模型的预测能力和精度。主要原因是港口集装箱吞吐量序列的季节分解序列 sf_t 检验没有呈现复杂性特征，基于 DCA 选择了更适合于该序列数据特征的 SARIMA 模型，而非选择适合于数据呈现复杂性的 LSSVR 模型。同样的原因，新加坡港的趋势分解序列 tr_t 检验没有呈现复杂性特征，对该序列选择采用 ARIMA 模型的预测结果优于 LSSVR 模型的预测结果。

8.4　"四环"全球主要集装箱港口吞吐量预测

基于本章构建的综合集成预测模型和实证研究基础，建立了各港口集装箱吞吐量的综合集成预测模型，预测了 2014 年全球主要港口集装箱吞吐量（中国港口除外）。各港口综合集成预测结果见表 8.10。

表 8.10　2014 年全球主要集装箱港口吞吐量预测（中国港口除外）

港口	所属国家	全球预测排名	集装箱吞吐量/万标准箱	同比增长率/%
新加坡港	新加坡	2	3360～3390	3.1～4.1
釜山港	韩国	6	1810～1830	2.4～3.5
迪拜港	阿联酋	9	1400～1420	2.9～4.4
鹿特丹港	荷兰	11	1165～1185	0.2～2.0
巴生港	马来西亚	13	1065～1080	2.9～4.3
汉堡港	德国	15	965～975	4.2～5.3
安特卫普港	比利时	17	860～870	0.3～1.4
洛杉矶港	美国	18	810～820	2.9～4.2
丹戎帕拉帕斯港	马来西亚	19	775～785	1.6～2.9
长滩港	美国	20	675～685	0.3～1.8

总的来说，尽管 2014 年世界经济整体发展仍然存在一定的下行风险和不确定性，但相比 2013 年，预计世界经济整体将有所向好，整体增速将略有提高，具体表现为发达经济体经济复苏较 2013 年更为稳健，新兴经济体增速仍将相对较快。2014 年随着世界经济整体向好，尤其是欧洲需求的增长、美国经济的进一步复苏以及亚洲贸易活力的反弹，预计与 2013 年相比，世界贸易将会进一步好转，2014 年全球贸易量也将实现稳步增长。预计 2014 年随着世界经济整体向好，世界贸易需求的进一步提升，将有利于全球集装箱运输需求的整体复苏，相应的全球各区域主要集装箱港口整体向好，尤其是欧美经济的复苏和发展将对全球集装箱运输需求形成一定的稳定作用，相应的也将推动集装箱贸易量的实质性增长。根据本书对全球前二十大集装箱港口 2014 年集装箱吞吐量的模型测算结果，预计 2014 年全球主要集装箱港口将整体向好，预计各港口集装箱吞吐量均实现不同程度的增长。

8.4.1　2014 年全球主要集装箱港口：欧洲港口实现增长

对于欧元区而言，尽管整体经济复苏将仍然疲弱，但预计 2014 年随着欧元区财政拖累减弱、民间部门去杠杆化减缓以及全球经济增长的带动作用，欧元区主要经济体将逐步摆脱 2013 年负增长的发展态势，预计 2014 年欧元区主要经济体将开始呈现缓慢复苏态势。根据本书模型测算结果，受欧元区经济和贸易发展影响，预计 2014 年欧元区港口集装箱运输需求将实现增长，但多数港口集装箱吞吐量的增速将仍然处在一个较低的水平上。其中荷兰鹿特丹港、比利时安特卫普港集装箱吞吐量将摆脱 2013 年负增长的发展态势，预计 2014 年将实现低速增长。

根据本书模型测算结果，预计 2014 年欧洲第一大港荷兰鹿特丹港实现低速增长，全年有望完成集装箱吞吐量 1165 万～1185 万标准箱，同比增长 0.2%～2.0%，全球集装箱港口排名保持第 11 位；欧洲另一大港比利时安特卫普港，预计 2014 年全年将完成集装箱吞吐量 860 万～870 万标准箱，同比增长 0.3%～1.4%，预计 2014 年被中国厦门港赶超，全球集装箱港口排名下跌一位，居第 17 位；预计 2014 年德国汉堡港将突破 950 万标准箱，全年将完成集装箱吞吐量 965 万～975 万标准箱，同比增长 4.2%～5.3%，预计全球集装箱港口排名保持第 15 位；预计 2014 年德国第二大港不来梅港全球集装箱港口排名未能进入前 20 位（图 8.11）。

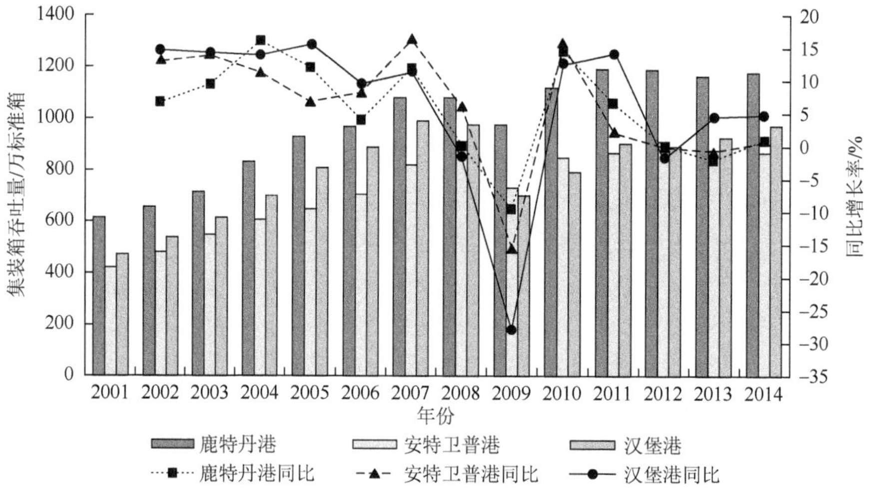

图 8.11 2001～2014 年欧洲鹿特丹港、安特卫普港和汉堡港集装箱吞吐量及同比增长率

资料来源：CEIC 数据库

8.4.2 2014 年美国洛杉矶港、长滩港全球排名第 18 位、第 20 位

对美国而言，虽然未来美国经济还存在诸多不确定因素，预计 2014 年美国经济整体复苏的态势将更为稳健，预计 2014 年整体将呈现温和增长的态势。首先，预计 2014 年美国经济内生增长动力持续，尤其是在下半年，经济复苏进程提速。其中主要表现为房地产市场预计将持续好转，私人投资增加，就业岗位增加。其次，美国制造业也呈现复苏态势。最后，美国财政预算赤字占 GDP 的比例下降，银行业正在资本重组，不良贷款逐步下降。根据本书模型测算结果，受美国经济和贸易整体将呈现温和增长态势的影响，预计 2014 年美国港口集装箱运输需求将实现增长，尤其是美国西海岸洛杉矶港口，预计 2014 年集装箱吞吐量增速将转负为正，同比增长 3.5%左右。

根据本书模型测算结果，预计 2014 年美国洛杉矶港保持相对平稳发展，预计全年将完成集装箱吞吐量 810 万～820 万标准箱，同比增长 2.9%～4.2%，仍然为全球第十八大集装箱港口；美国西海岸另一大港长滩港，预计 2014 年全年将完成集装箱吞吐量 675 万～685 万标准箱，在 2013 年基数高的基础上仍然实现增长，同比增长 0.3%～1.8%，预计 2014 年保持全球集装箱港口排名第 20 位（图 8.12）。

8.4.3 2014 年全球主要集装箱港口：亚洲港口稳定增长

预计 2014 年东亚和太平洋地区发展中国家的经济将呈现稳定增长，但内部将面临经济结构调整等若干新挑战，同时外部受发达国家市场波动的负面影响，预计2014年多数发展中国家经济增速将低于先前预期。首先，就发展中国家自身而言，不同的国家和地区增长减缓的原因各有不同，如产能限制、供给瓶颈、政策支持的减少，以及一段时间的快速金融深化之后信贷增长减缓，诸多负面因素影响将在一定程度上放缓这些国家的增长速度。其次，就发展中国家面临的外部环境而言，尽管预计2014年全球经济整体向好，欧美复苏将带来更加稳定的外部环境，但2014年金融环境收紧，将对东南亚国家产生较大影响，预计居民债务水平将进一步上升，这些发展中国家将实现相对较快的增长，但仍将面临经济过热等下行风险，总体预计2014年多数发展中国家经济贸易发展将呈现稳中趋缓的态势。

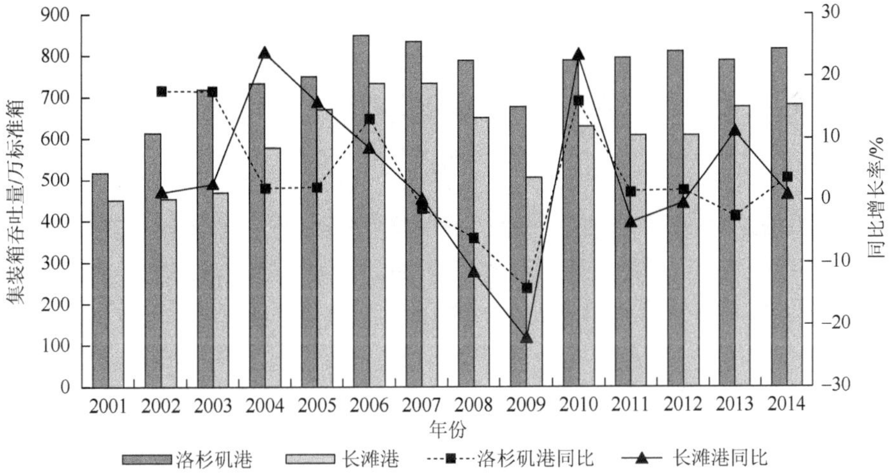

图8.12 2001～2014年美国洛杉矶港、长滩港集装箱吞吐量及同比增长率

资料来源：CEIC数据库

根据本书模型测算结果，一方面受发展中国家经济和贸易呈现稳定增长发展态势的影响，预计2014年马来西亚等港口集装箱吞吐量将保持不同程度的增长。另一方面受2014年多数发展中国家经济和贸易发展将呈现稳中趋缓态势的影响，预计2014年其他亚洲发展中国家港口将只实现个位数的增长态势。

1）新加坡、巴生、丹戎帕拉帕斯港排名第2位、第13位和第19位

2014年在亚洲区内贸易活动仍处于上升周期的背景下，同时伴随着东南亚自由贸易区的开放，尤其是中国-东盟自由贸易的发展，将带动东南亚港口集装箱运输需求的相对平稳增长。根据本书模型测算结果，预计2014年新加坡港全年将完成集装箱吞吐量3360万～3390万标准箱，同比增长3.1%～4.1%，稳坐全球第二大集装箱港口宝座（图8.13）。

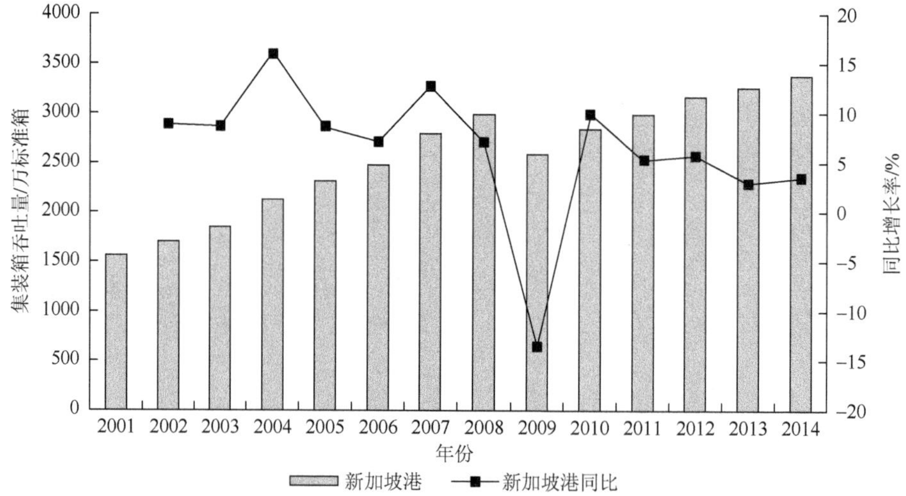

图 8.13　2001～2014 年新加坡港集装箱吞吐量及同比增长率

资料来源：CEIC 数据库

根据本书模型测算结果，预计 2014 年马来西亚巴生港全年将完成集装箱吞吐量 1065 万～1080 万标准箱，基本保持 2013 年的增长态势，同比增长 2.9%～4.3%，预计将被中国环渤海地区大连港赶超，全球集装箱港口排名将下降为第 13 位；预计 2014 年马来西亚丹戎帕拉帕斯港实现增长，全年将完成集装箱吞吐量 775 万～785 万标准箱，同比增长 1.6%～2.9%，全球集装箱港口排名第 19 位（图 8.14）。

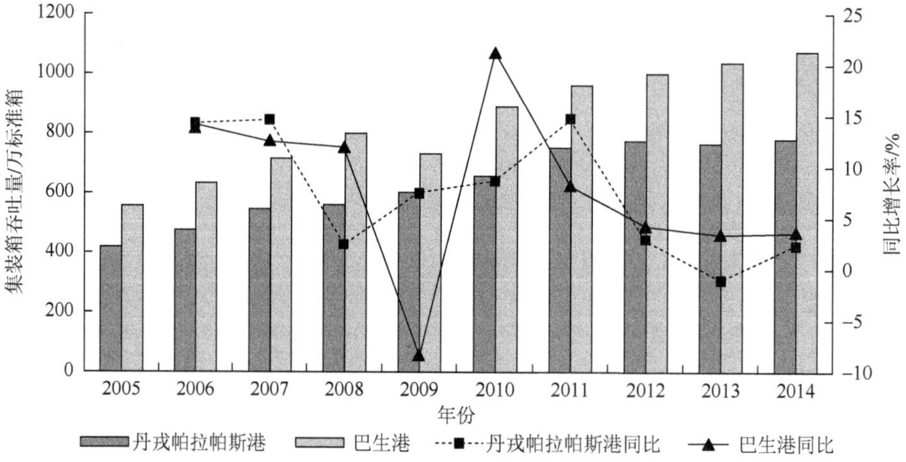

图 8.14　2001～2014 年马来西亚两港口集装箱吞吐量及同比增长率

资料来源：CEIC 数据库

2）全球主要集装箱港口排名：韩国釜山港跌出前 5 位

根据本书模型测算结果，预计 2014 年韩国釜山港将依然保持 2013 年的增长态势。预计 2014 年釜山港全年完成集装箱吞吐量 1810 万～1830 万标准箱，同比增长 2.4%～3.5%，预计 2014 年釜山港将被中国长三角地区宁波-舟山港赶超，将首次跌出全球前五大集装箱港口，全球集装箱港口排名第 6 位（图 8.15）。

3）阿联酋迪拜港全球集装箱港口排名第 9 位

经过多年的发展，阿联酋迪拜港的功能定位已远远超过了原来的单一港口，它不仅是物资运往阿联酋国内市场的中转中心，而且是周边地区的物流基地，发挥了重要的作用。这里的周边地区既包括海湾阿拉伯国家合作委员会的各成员国，还包括印度次大陆、前独立国家联合体和南非、东非、北非的广大地区。迪拜港务局（DPA）装卸货物的效率高，拥有多种适应各种需求的仓库设备，能独自进行可靠的路上运输，并提供各种先进的货物控制系统和物流管理系统，为货物的快速周转提供了保障，相应地，稳定的中转货物运输需求和高效的港口物流服务支撑了迪拜港近几年来相对平稳的发展态势。

根据本书模型测算结果，预计 2014 年迪拜港将仍保持平稳增长的发展速度，全年将完成集装箱吞吐量 1400 万～1420 万标准箱，同比增长 2.9%～4.4%，全球集装箱港口排名第 9 位（图 8.16）。

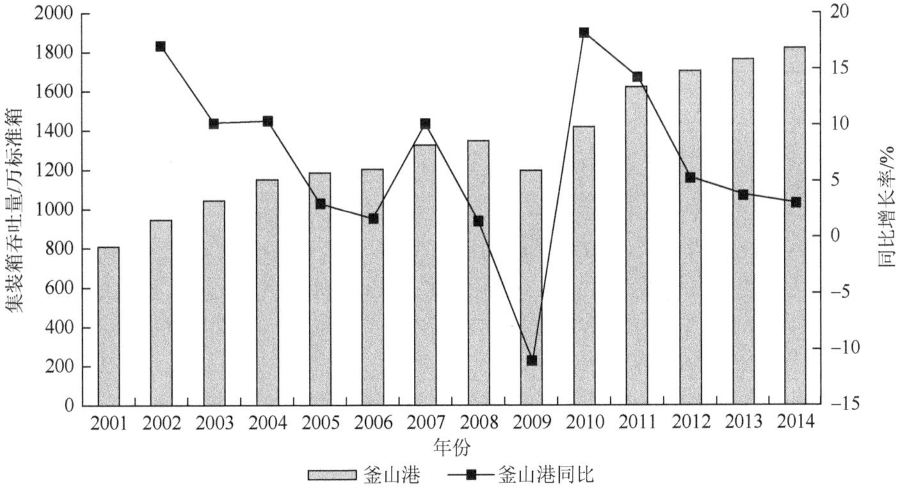

图 8.15　2001～2014 年韩国釜山港集装箱吞吐量及同比增长率

资料来源：CEIC 数据库

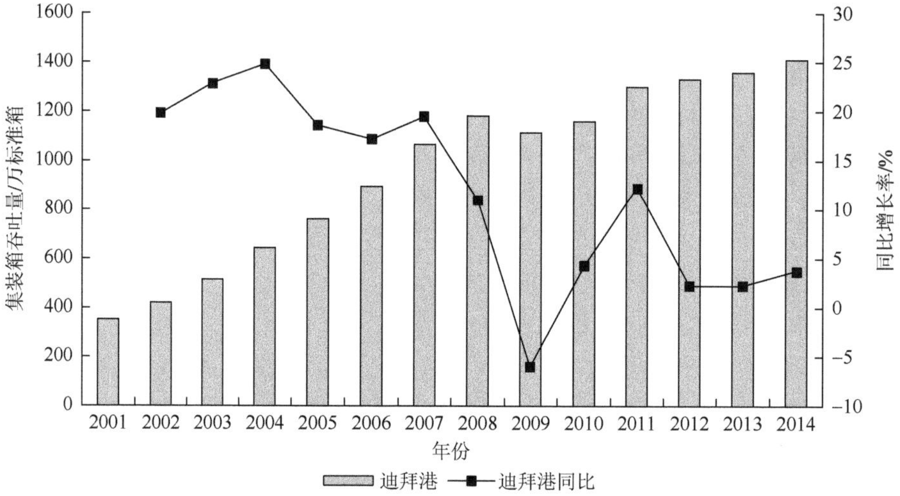

图 8.16　2001～2014 年阿联酋迪拜港集装箱吞吐量及同比增长率

资料来源：CEIC 数据库

此外，2014 年全球经济发展的主要风险、下行和不确定因素还表现在安全问题方面。2014 年日本安全问题将可能在一定程度上引发制造业恐慌、克里米亚事件引起七国集团对俄罗斯展开经济制裁等，均给世界贸易的发展带来冲击。例如，2014 年以来，受东欧局势的影响，在中国进出口商品交易会上，中国出口到乌克兰、俄罗斯等国家的订单相比 2013 年同期下滑 80%以上，东欧局势的不明朗已然在一定程度上影响中国外贸企业。总之，全球经济增长仍受到安全问题等不利发展因素影响。

因此，预计 2014 年如果全球主要的安全问题风险没有得到很好的控制而是进一步发展，相关国家和区域经济与贸易发展的不确定性将进一步升级，预计 2014 年将给全球主要港口集装箱运输服务需求发展带来更大的波动，如果形势进一步加剧和恶化，将极有可能放缓全球整体经济和贸易的增速，进而给全球主要港口集装箱运输需求带来负面影响，从而放缓全球主要集装箱港口运输需求的增长速度。尤其是如果 2014 年欧元区经济开始呈现的缓慢复苏发展态势受到影响，加之航运企业的"大联盟"对航线和挂靠港口调整等集装箱运输发展的新特征影响，对欧元区港口（如荷兰鹿特丹港和比利时安特卫普港），以及中国珠三角地区香港港、深圳港的发展将带来很大的不确定性和负面影响，从而这些港口 2014 年微弱的增长态势预计将难以实现。

2014 年日本消费、投资、进出口三驾马车均出现疲态，为确保 2014 年日本经济增长，安倍政府于 2013 年 12 月出台了新的经济刺激计划，财政投资达到 5.6 万亿日元。2014 年 4 月起，日本将消费税率从 5%提高到 8%，将对私人消费造成打压，一些机构预测，2014 年日本银行可能进一步采取宽松措施，将不可避免地推动物价上涨，从而引发债务危机的概率增大，2014 年日本经济增长速度将极有可能大幅度下降，加之如果 2014 年日本与周边一些国家关系紧张、与中国存在领土纠纷等问题进一步升级，将在一定程度上给亚洲乃至世界经济和贸易的发展带来负面影响，进而影响全球主要集装箱港口（如中国的上海港、大连港和韩国的釜山港等）2014 年的集装箱运输需求的发展形势。由于政治关系紧张和领土纠纷，加之近年来中国成本竞争优势逐渐减小，目前日本在中国投资企业开始加速向越南以及印度尼西亚等东南亚国家转移。对港口而言，日本在中国制造业的全球重新布局和进一步外迁，将有利于产业承接方港口集装箱的增长，如对印度尼西亚丹绒不碌港集装箱运输需求的影响，预计印度尼西亚贸易进一步发展，贸易发展将极有可能支撑该港口集装箱运输需求，使印度尼西亚丹绒不碌港在 2014 年乃至未来几年的集装箱运输吞吐量实现快速增长，并发展成为全球前二十大集装箱港口之一，因此预计全球前二十大集装箱港口中，亚洲港口将再增一席。

第 9 章　全球前二十大集装箱港口排名预测研究

本章对全球前二十大集装箱港口进行分析，在港口物流货运研究的基础上，基于 TEI@I 方法论构建的集装箱港口系统的集成预测研究方法的理论框架和实证研究基础，建立了各港口 TEI@I 综合集成预测模型，预测了 2017 年全球主要港口集装箱吞吐量。根据各港口综合集成预测结果，给出了 2017 年全球前二十大集装箱港口排名，具体见表 9.1。

表 9.1　2017 年全球前二十大集装箱港口吞吐量预测排名

港口	所属国家	排名	集装箱吞吐量/万标准箱	同比增长率/%
上海港	中国	1	3820～3850	2.9～3.7
新加坡港	新加坡	2	3250～3280	5.2～6.1
宁波-舟山港	中国	3	2470～2480	14.5～15.0
深圳港	中国	4	2450～2470	1.6～2.4
香港港	中国	5	2050～2070	4.4～5.5
广州港	中国	6	1940～1960	4.4～5.5
釜山港	韩国	7	1920～1940	−1.2～−0.2
青岛港	中国	8	1840～1860	2.2～3.3
迪拜港	阿联酋	9	1530～1550	3.4～4.7
天津港	中国	10	1490～1500	2.8～3.4
巴生港	马来西亚	11	1340～1360	1.7～3.3
鹿特丹港	荷兰	12	1260～1270	1.7～2.5
高雄港	中国	13	1070～1080	2.3～3.3
安特卫普港	比利时	14	1020～1030	1.6～2.6
厦门港	中国	15	1000～1010	4.2～5.2
大连港	中国	16	970～980	1.1～2.2
洛杉矶港	美国	17	910～920	2.7～3.8
汉堡港	德国	18	890～900	−0.1～1.0
丹戎帕拉帕斯港	马来西亚	19	790～800	−4.6～−3.4
林查班港	泰国	20	760～780	5.1～7.9

纵观 2017 年上半年，全球经济正如 IMF 之前发布的《世界经济展望》报告所呈现的乐观预期，实现了持续增长，金融市场信心回升，大宗商品价格反弹，

从第一季度来看，多数主要经济体货币对美元小幅度升值，但由于贸易保护主义趋势加剧、美国联邦储备系统（简称美联储）加息步伐快于预期、全球化退潮等因素影响，实体经济依然脆弱，市场需求依旧低迷，宏观政策效力减弱，世界经济低增长高风险局面难有根本改观，下半年各经济体还将面临增长压力。

综合考量各类因素，预计 2017 年国际贸易需求将进一步提升，这有利于全球集装箱运输需求的增长。特别是欧美经济的复苏和发展将对全球集装箱运输需求形成一定的支撑作用。根据本书模型测算结果，2017 年前二十大集装箱港口整体将保持增长态势。

9.1　欧洲港口平稳增长

2017 年，欧元区经济受益于货币宽松政策、弱势欧元和原油等初级产品价格下降，欧元区经济状况出现回暖迹象，第一季度经济同比增长 2.5%。根据本书模型测算结果，预计 2017 年欧元区港口集装箱运输需求将呈现平稳增长态势。

根据本书模型测算结果，2017 年，欧洲第一大港荷兰鹿特丹港全年将完成集装箱吞吐量 1260 万～1270 万标准箱，同比增长 1.7%～2.5%，全球集装箱港口排名保持第 12 位；比利时安特卫普港全年将完成集装箱吞吐量 1020 万～1030 万标准箱，同比增长 1.6%～2.6%，全球集装箱港口排名保持第 14 位；德国汉堡港全年将完成集装箱吞吐量 890 万～900 万标准箱，同比增长–0.1%～1.0%，全球集装箱港口排名下降一位，居第 18 位；德国不来梅港全球集装箱港口排名未能进入前 20 位，如图 9.1 所示。

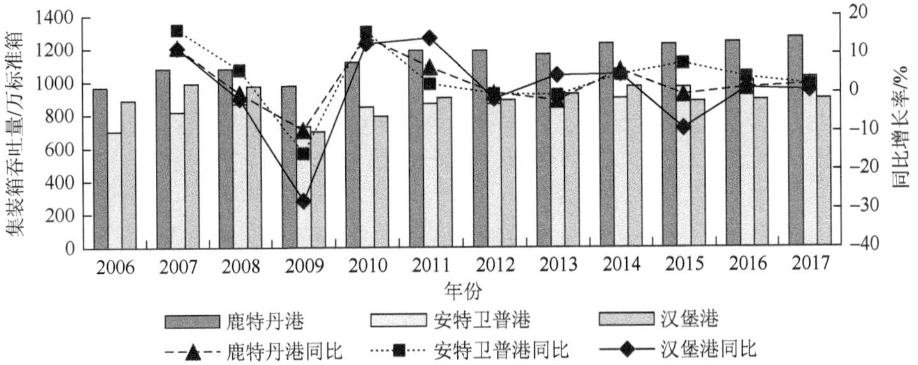

图 9.1　2006～2017 年欧洲鹿特丹港、安特卫普港和汉堡港集装箱吞吐量及同比增长率

资料来源：CEIC 数据库

9.2　美国洛杉矶港全球排名上升一位

2017 年以来，美国经济平稳增长，第一季度 GDP 增速达到 2.04%，同比环比均创新高。美联储公布的 5 月货币政策会议纪要显示，美国就业增长稳定，居民收入和财富稳步增长，消费信心保持强劲。美国劳工部（United States Department of Labor）5 月发布的月度非农就业报告表明，4 月美国的失业率降至 4.4%，创 2007 年以来的最低水平。所以，6 月美联储加息落地，同时，美联储主席耶伦也罕见地释放了“鹰派”言论。她表示，在美国经济允许的情况下，尽快缩表，并且 2017 年下半年还有可能加息一次。美联储预计 2017 年美国经济增长 2.0%左右。

根据本书模型测算结果，2017 年，美国港口集装箱运输需求呈现平稳增长。其中，洛杉矶港全年将完成集装箱吞吐量 910 万～920 万标准箱，同比增长 2.7%～3.8%，全球集装箱港口排名上升一位，居第 18 位，如图 9.2 所示，而美国西海岸另一大港长滩港全球集装箱港口排名未能进入前 20 位。

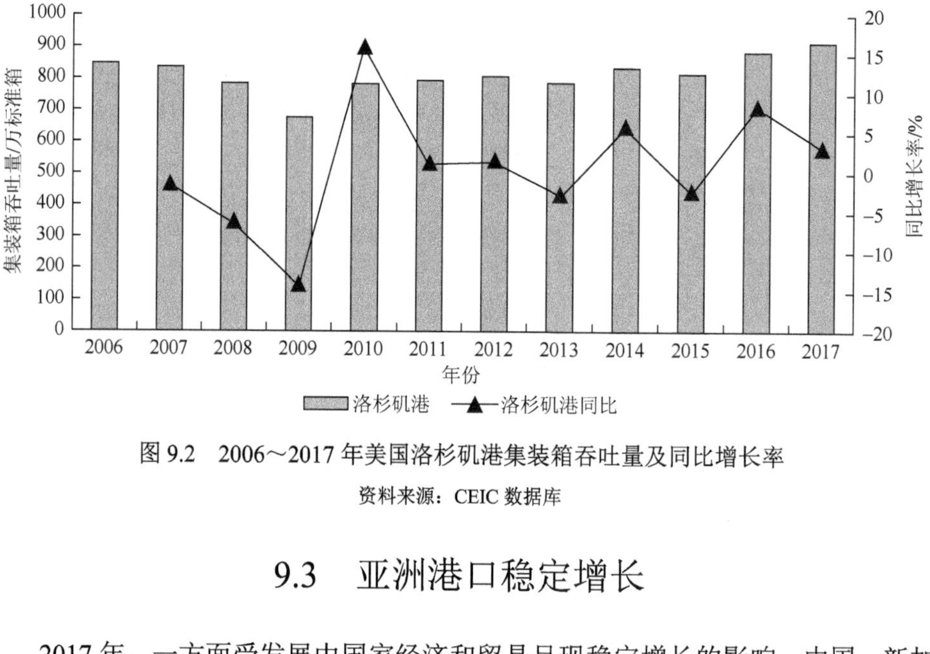

图 9.2　2006～2017 年美国洛杉矶港集装箱吞吐量及同比增长率

资料来源：CEIC 数据库

9.3　亚洲港口稳定增长

2017 年，一方面受发展中国家经济和贸易呈现稳定增长的影响，中国、新加坡等港口集装箱吞吐量仍将维持增长态势。另一方面受多数发展中国家经济和贸易发展将呈现稳中趋缓态势的影响，亚洲港口集装箱吞吐量整体增速放缓。根据模型的测算结果，釜山港和丹戎帕拉帕斯港呈现负增长，宁波-舟山港呈现双位数的增长，而其他亚洲发展中国家港口呈现个位数的增长。

9.3.1 新加坡港、巴生港、丹戎帕拉帕斯港、林查班港排名第 2 位、第 11 位、第 19 位和第 20 位

2017 年东亚和太平洋地区发展中国家的经济将呈现稳定增长，但面临新的调整。2017 年世界经济下行风险依然存在，发展中国家明显受发达国家市场波动的影响，经济增速将低于先前预期。此外，亚洲区内贸易活动仍处于上升周期，加上东南亚自由贸易区（尤其是中国-东盟自由贸易区）的发展，东南亚港口集装箱运输需求将整体实现增长。由中国投资开发的巴基斯坦瓜达尔港在 2016 年 11 月正式开航，中国从陆路开辟了通向中东的门户，开辟了一条绕过马六甲海峡的内陆能源通道。同时，随着“一带一路”的推进，中国加大在东南亚的港口投资力度。2016 年 7 月马来西亚政府宣布邀请中国在马六甲海峡和巴生港口之间的凯利岛合建巴生第三个深水港，2016 年 10 月，中国电建集团国际工程有限公司兴建的马来西亚马六甲皇京港深水补给码头正式奠基。东南亚港口格局将发生重大变化。

根据本书模型测算结果，在东南亚地区，2017 年前二十大港口集装箱吞吐量将呈现差异化增长，整体来看，增速有所提升，如图 9.3～图 9.5 所示。其中，新加坡港全年将完成集装箱吞吐量 3250 万～3280 万标准箱，同比增长 5.2%～6.1%，仍是全球第二大集装箱港口；巴生港全年将完成集装箱吞吐量 1340 万～1360 万标准箱，同比增长 1.7%～3.3%，全球集装箱港口排名保持第 11 位；丹戎帕拉帕斯港集装箱吞吐量将继续下降，但减速放缓，全年将完成集装箱吞吐量 790 万～800 万标准箱，同比下降 3.4%～4.6%，全球集装箱港口排名保持第 19 位；泰国林班查港全年将完成集装箱吞吐量 760 万～780 万标准箱，同比增长为 5.1%～7.9%，全球集装箱港口排名提升一位，居第 20 位。

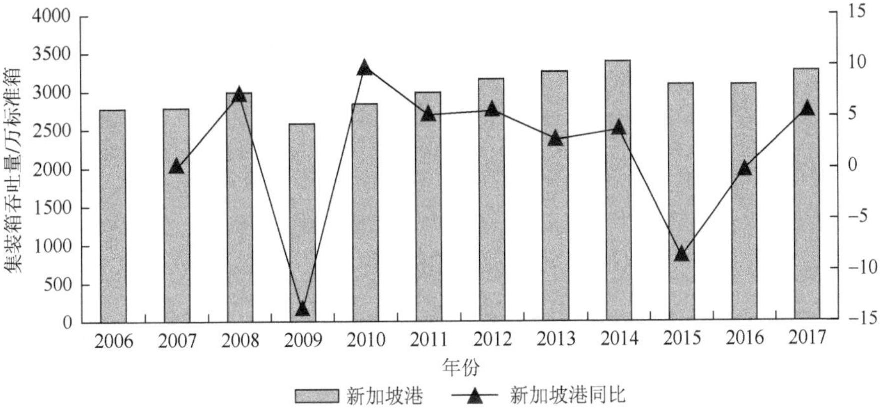

图 9.3　2006～2017 年新加坡港集装箱吞吐量及同比增长率

资料来源：CEIC 数据库

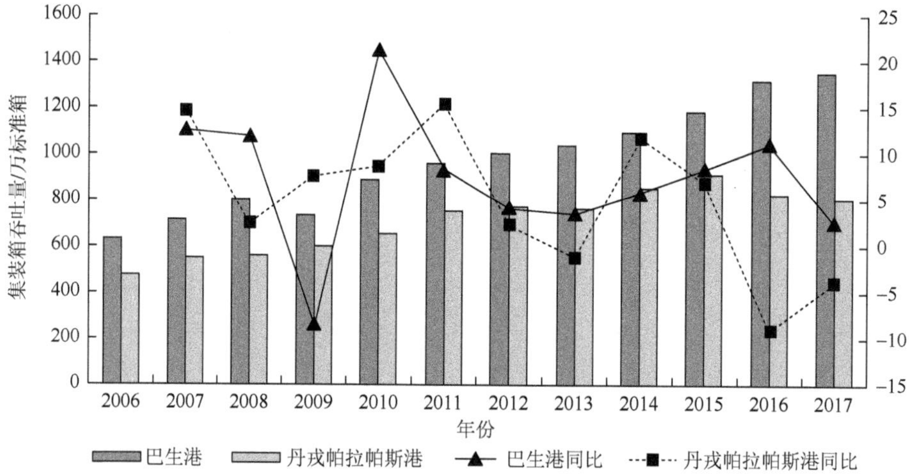

图 9.4　2006～2017 年马来西亚两港口集装箱吞吐量及同比增长率

资料来源：CEIC 数据库

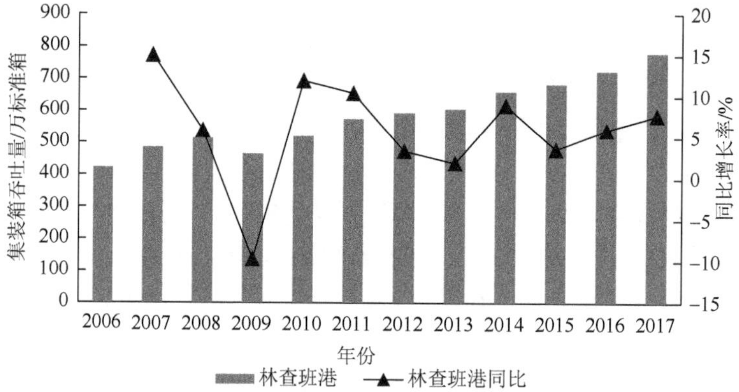

图 9.5　2006～2017 年泰国林查班港集装箱吞吐量及同比增长率

资料来源：CEIC 数据库

9.3.2　韩国釜山港排名第 7 位

根据本书模型测算结果，预计 2017 年釜山港将呈现负增长态势，全年将完成集装箱吞吐量 1920 万～1940 万标准箱，同比增长–1.2%～–0.2%，全球集装箱港口排名下降一位，居第 7 位（图 9.6）。

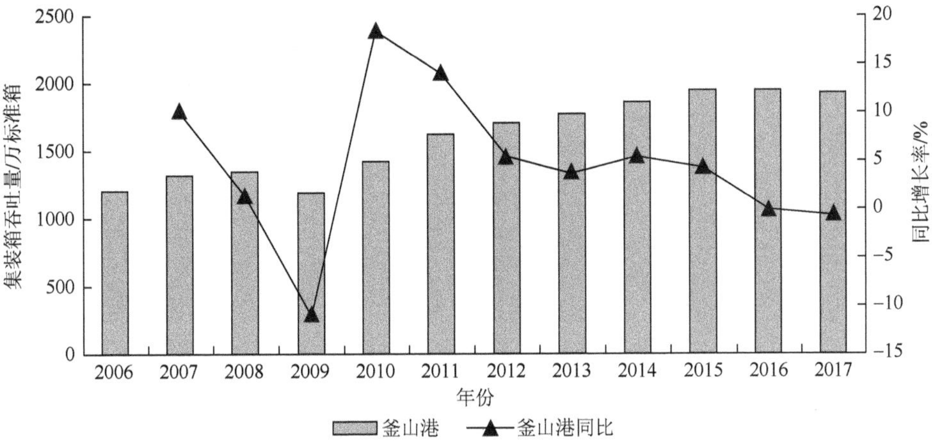

图 9.6　2006～2017 年韩国釜山港集装箱吞吐量及同比增长率

资料来源：CEIC 数据库

9.3.3　阿联酋迪拜港全球集装箱港口排名第 9 位

经过多年的发展，阿联酋迪拜港的功能定位已远远超过了原来的单一港口，它不仅是物资运往阿联酋国内市场的中转中心，而且是周边地区的物流基地，发挥了重要的作用。这里的周边地区既包括海湾阿拉伯国家合作委员会的各成员国，还包括印度次大陆、前独立国家联合体和南非、东非、北非的广大地区。迪拜港务局装卸货物的效率高，拥有多种适应各种需求的仓库设备，能独自进行可靠的路上运输，并提供各种先进的货物控制系统和物流管理系统，为货物的快速周转提供了保障，相应地，稳定的中转货物运输需求和高效的港口物流服务支撑了迪拜港近几年来相对平稳的发展态势。

根据本书模型测算结果，2017 年迪拜港仍将保持增长态势，预计全年将完成集装箱吞吐量 1530 万～1550 万标准箱，同比增长 3.4%～4.7%，全球集装箱港口排名第 9 位，如图 9.7 所示。

9.3.4　全球前二十大集装箱港口排名表中，中国港口仍占半数

近年来，中国经济一直保持高速增长。中国科学院预测科学研究中心预测 2017 年中国全年 GDP 增速约为 6.7%。2017 年中国经济也面临多方面的风险，机遇与挑战并存。在贸易方面，预计 2017 年中国外贸增长面临较大压力，伴随世界经济与中国经济发展进入“新常态”，对外贸易运行亦呈现由高速增长向中速增长转换的“新常态”。全球经济复苏步伐加快有利于中国出口，但全球经济增长新动力不足仍使经济复苏具有一定的不稳定性。

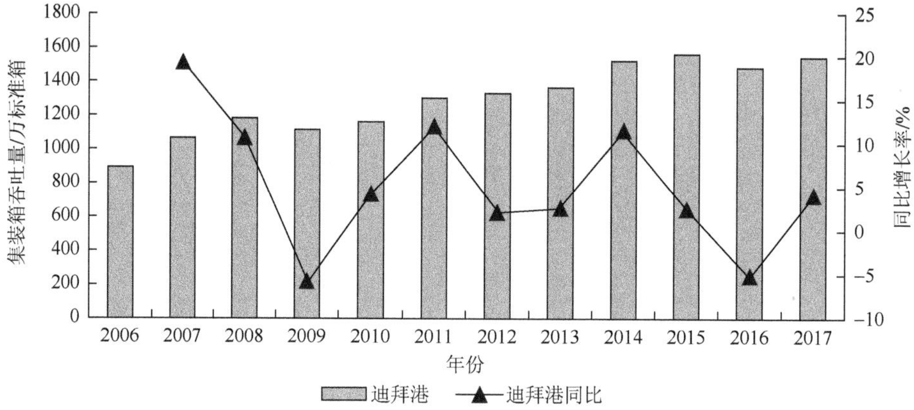

图 9.7　2006～2017 年阿联酋迪拜港集装箱吞吐量及同比增长率

资料来源：CEIC 数据库

总体判断，预计 2017 年在中国经济和贸易增长的发展形势下，中国多数港口集装箱运输需求将保持上升态势，特别是宁波-舟山港，但一些港口在增速上与 2016 年相比将有不同程度的放缓，如广州港和青岛港。根据本书模型测算结果，全球前二十大集装箱港口仍将有 10 个来自中国，中国集装箱运输的发展仍然是全球稳定发展的重心和依靠。

具体全球前二十大集装箱港口中，各区域 2017 年新的趋势发展预测分析如下。

1）长三角地区港口

根据本书模型测算结果，预计 2017 年长三角地区港口集装箱运输需求增长加速。预计 2017 年上海港全年将完成集装箱吞吐量 3820 万～3850 万标准箱，同比增长 2.9%～3.7%，将继续是全球第一大集装箱港口；宁波-舟山港全年将完成集装箱吞吐量 2470 万～2480 万标准箱，同比增长 14.5%～15.0%，全球集装箱港口排名将超越深圳港，居第 3 位，如图 9.8 所示。

中国产业转移导致长江流域地区物流需求大，给上海港的发展带来很好的机遇。上海自由贸易试验区建自由贸易港区，加大金融服务力度，促进上海港持续良好发展。宁波-舟山港对接"一带一路"，有助于与国内外众多港口加强联系，有助于推动海铁联运发展，加快"世界大港"向"国际强港"的转变。长三角地区供给侧结构性改革取得积极进展，产业结构优化转型，经济增长内在动力机制已经基本形成，将为港口集装箱运输需求发展提供稳定和长足的后劲，使该地区各大港口区位优势更加明显。

2）珠三角地区港口

根据本书模型测算结果，预计 2017 年珠三角港口集装箱吞吐量呈现差异化增长。预计 2017 年深圳港全年将完成集装箱吞吐量 2450 万～2470 万标准箱，同比增长

1.6%～2.4%；香港港全年将完成集装箱吞吐量 2050 万～2070 万标准箱，同比增长 4.4%～4.5%；广州港全年将完成集装箱吞吐量 1940 万～1960 万标准箱，同比增长 4.4%～5.5%，如图 9.9 所示。预计在 2017 年全球集装箱港口排名中，深圳港将被宁波-舟山港超越，排名下降一位，居第 4 位，香港港在全球集装箱港口排名仍保持第 5 位，广州港将超越釜山港，排名上升一位，居第 6 位。

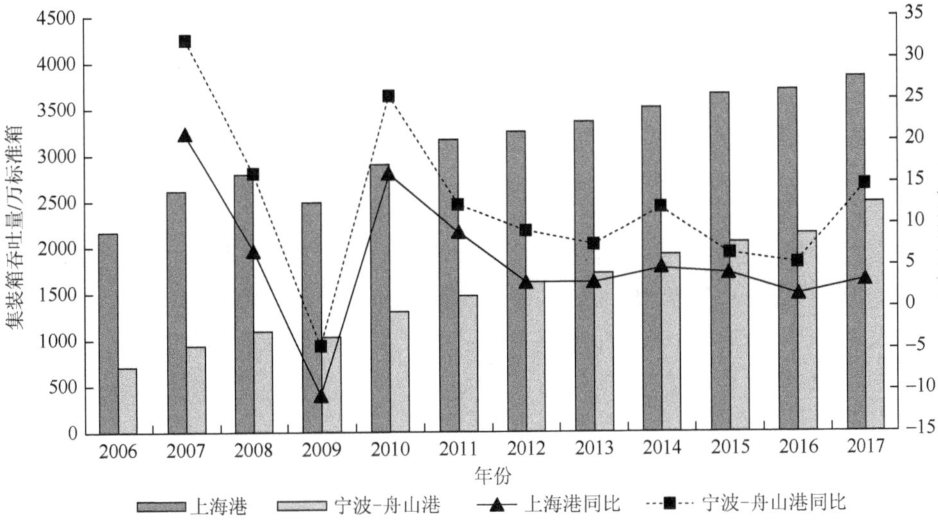

图 9.8　2006～2017 年长三角地区集装箱吞吐量及同比增长率

资料来源：CEIC 数据库

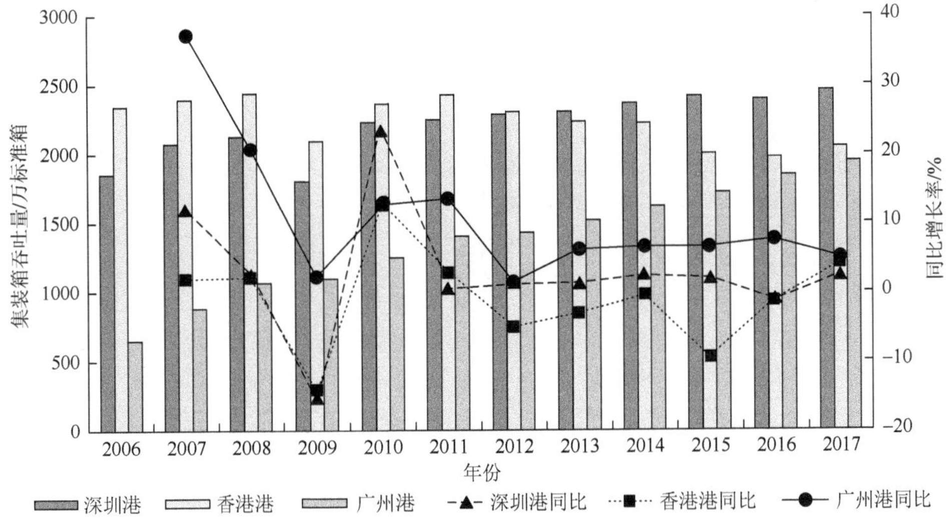

图 9.9　2006～2017 年珠三角地区港口集装箱吞吐量及同比增长率

资料来源：CEIC 数据库

珠三角地区港口与内陆及全球贸易伙伴的频繁经贸往来，带动香港港集装箱吞吐量增长的同时，也使其他港口迅速崛起，分流了部分货源，挂靠内陆港口的班轮、航线越来越多。作为珠三角地区的内贸港，广州港更靠近货源地，港口腹地广阔，与沿海及长江的港口相通，内贸运输基础良好。广州港通过积极开拓国内外集装箱航线，大力发展多式联运，港口辐射能力持续增强。

珠三角地区港口群港口数量众多，分布比较密集，各港口经济腹地大部分重合，在货源、航线和配套服务等方面存在一定程度的竞争。随着"一带一路"的不断推进，依托其强大的制造实力和广阔的货源腹地优势，珠三角地区港口群集装箱吞吐量面临新的机遇。

3）环渤海地区港口

根据本书模型测算结果，预计 2017 年环渤海地区港口集装箱运输需求整体小幅度增长。预计 2017 年青岛港全年将完成集装箱吞吐量 1840～1860 万标准箱，同比增长 2.2%～3.3%，全球集装箱港口排名第 8 位；天津港全年将完成集装箱吞吐量 1490～1500 万标准箱，同比增长 2.8%～3.4%，继续保持全球集装箱港口排名第 10 位；预计 2017 年大连港集装箱运输需求小幅度增长，全年将完成集装箱吞吐量 970 万～980 万标准箱，同比增长 1.1%～2.2%，全球集装箱港口排名第 16 位，如图 9.10 所示。

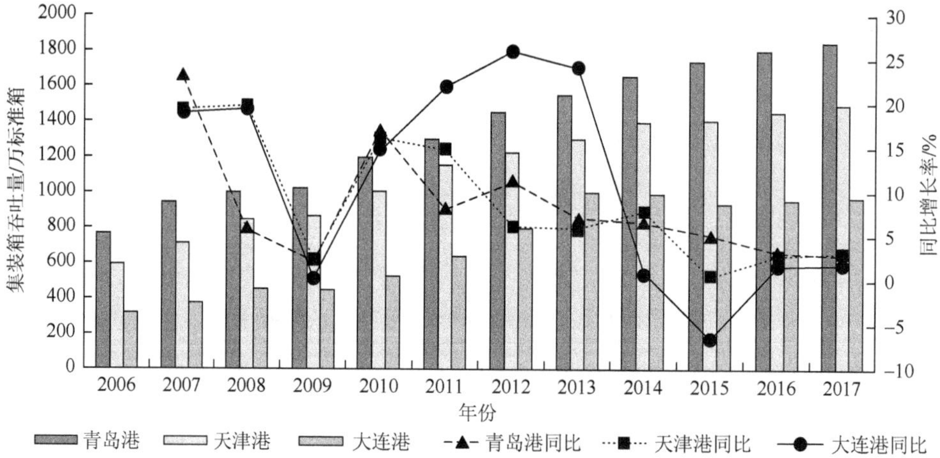

图 9.10　2006～2017 年环渤海地区集装箱吞吐量及同比增长率

资料来源：CEIC 数据库

近年来，中国对环渤海地区沿海区域出台一系列发展战略。国务院 2009 年通过《辽宁沿海经济带发展规划》；2011 年初正式批复《山东半岛蓝色经济区发展规划》；2015 年 4 月 21 日，正式挂牌成立的中国（天津）自由贸易试验区，以及 2017 年 4 月设立的国家级新区——雄安新区，都给中国环渤海地区的经济发展带来强大的推动力，为环渤海地区港口的发展创造了条件，是环渤海地区三大港口实现跨越式发展的重要保障和引擎，也为运输需求的进一步发展提供了很大的空间。但中国远洋运输（集团）总公司和中国海运（集团）总公司两大央企航运巨头重组后，将业务总部撤出天津和大连，转向上海和广州，对环渤海地区的航运市场产生了重大影响。

4）厦门港、高雄港

根据本书模型测算结果，预计 2017 年厦门港全年将完成集装箱吞吐量 1000 万～1010 万标准箱，同比增长 4.2%～5.2%，全球集装箱排名第 15 位；高雄港全年将完成集装箱吞吐量 1070 万～1080 万标准箱，同比增长 2.3%～3.3%，全球集装箱港口排名第 13 位，如图 9.11 所示。

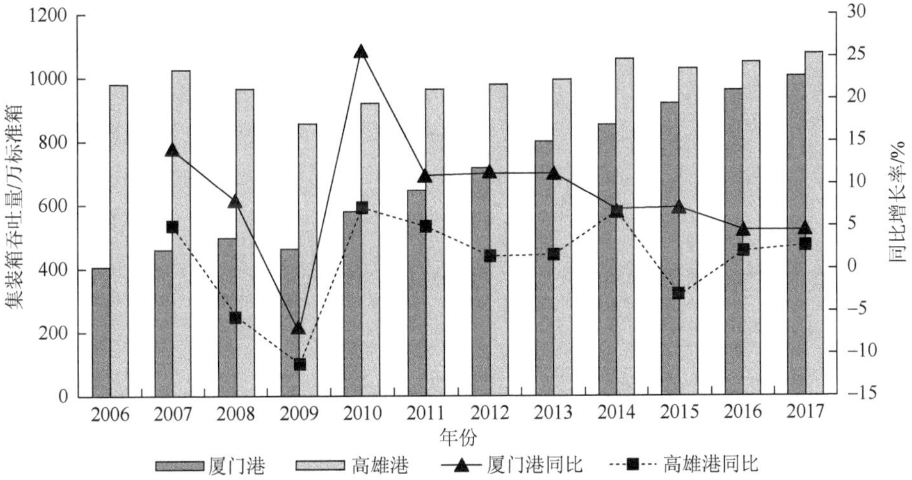

图 9.11　2006～2017 年厦门港和高雄港集装箱吞吐量及同比增长率

资料来源：CEIC 数据库

2017 年，全球经济仍将处于结构调整期，复苏基础依然脆弱，受世界经济、各国财政、货币政策等因素的影响，集装箱运输市场需求增速有所提升。此外，特朗普的减税计划有望给美国及全球经济增长带来积极影响，但其贸易保护主义的政策同时也会对脆弱的全球贸易带来损害，加上中国经济下行压力增加，欧洲经济复兴步伐被政治形势及民粹主义蒙上阴影，使 2017 年世界经济发展充满不确定性，这些不确定性都将在一定程度上影响全球集装箱运量的增长。总的来看，2017 年集装箱运输市场仍面临一定的不确定性。

从排名上来分析，2017 年全球前二十大集装箱港口格局总体与 2016 年基本保持一致，部分港口排名发生变化。全球前二十大集装箱港口中国仍占半数，前十大集装箱港口有七个来自中国，中国港口集装箱吞吐量增长速度有所提升。

9.4 本 章 小 结

随着世界产业结构和经济格局的重大调整与变革，世界集装箱航线的布局和全球集装箱港口系统已经逐步形成，已在全球各主要地区、国家、区域等不同维度上形成了不同职能和结构模式的集装箱港口系统。本书构建的全球集装箱港口系统"四环"研究框架，进一步构建了 TEI@I 方法论港口系统集成预测研究方法框架。基于该理论研究基础，中国科学院预测科学研究中心从 2009 年已连续 10 多年跟踪研究并出版了 10 部《全球 Top20 集装箱港口预测报告》系列研究专著，并通过有关媒体将研究预测结果对全球发布，该研究对相关行业和企业的科学决策发挥了重要的作用。这一系列的配套研究使理论研究与集装箱运输行业的实际结合更加紧密，本章也列出了 2015 年和 2016 年的预测结果，2015 年和 2016 年全球前二十大集装箱港口吞吐量预测排名见表 9.2 和表 9.3。关于 2015 年和 2016 年预测分析可参考相关书稿。

表 9.2 2015 年全球前二十大集装箱港口吞吐量预测排名

港口	所属国家	排名	集装箱吞吐量/万标准箱	同比增长率/%
上海港	中国	1	3690～3717	5.0～5.8
新加坡港	新加坡	2	3500～3530	3.3～4.2
深圳港	中国	3	2420～2435	2.1～2.7
香港港	中国	4	2200～2220	−1.0～−0.1
宁波-舟山港	中国	5	2160～2180	12.1～13.2
釜山港	韩国	6	1925～1940	3.2～4.0
青岛港	中国	7	1740～1755	4.7～5.6
广州港	中国	8	1712～1728	5.7～6.7
迪拜港	阿联酋	9	1655～1670	8.9～9.9
天津港	中国	10	1490～1505	6.2～7.3
鹿特丹港	荷兰	11	1280～1290	4.1～4.9
巴生港	马来西亚	12	1135～1145	3.7～4.6
高雄港	中国	13	1075～1085	1.5～2.4
汉堡港	德国	14	1012～1020	4.3～5.2

续表

港口	所属国家	排名	集装箱吞吐量/万标准箱	同比增长率/%
大连港	中国	15	990～1000	−2.0～−1.0
安特卫普港	比利时	16	935～945	4.4～5.5
厦门港	中国	17	920～930	7.5～8.7
丹戎帕拉帕斯港	马来西亚	18	900～910	5.6～6.8
洛杉矶港	美国	19	852～860	2.2～3.1
丹戎不碌港	印度尼西亚	20	712～720	3.2～4.3

表 9.3　2016 年全球前二十大集装箱港口吞吐量预测排名

港口	所属国家	排名	集装箱吞吐量/万标准箱	同比增长率/%
上海港	中国	1	3700～3720	1.2～1.7
新加坡港	新加坡	2	3000～3020	−3.0～−2.3
深圳港	中国	3	2460～2480	1.6～2.4
宁波-舟山港	中国	4	2130～2150	4.0～4.9
釜山港	韩国	5	2010～2030	3.4～4.5
青岛港	中国	6	1820～1840	5.3～6.5
香港港	中国	7	1800～1820	−10.3～−9.3
广州港	中国	8	1780～1800	3.2～4.4
迪拜港	阿联酋	9	1655～1670	6.2～7.1
天津港	中国	10	1420～1430	1.2～1.9
鹿特丹港	荷兰	11	1260～1270	3.0～3.8
巴生港	马来西亚	12	1240～1250	4.5～5.3
安特卫普港	比利时	13	1000～1010	3.6～4.6
高雄港	中国	14	990～1000	−3.5～−2.6
丹戎帕拉帕斯港	马来西亚	15	950～960	5.0～6.1
厦门港	中国	16	930～940	1.3～2.4
大连港	中国	17	920～930	−2.5～−1.5
汉堡港	德国	18	850～860	−3.4～−2.3
洛杉矶港	美国	19	840～850	2.9～4.2
长滩港	美国	20	750～760	4.3～5.7

第 10 章　总结与展望

本书以系统工程思想为指导，从时间、空间及经济贸易三个维度构建一个从中心逐渐向外辐射的全球集装箱港口系统“四环”研究框架。所构建的全球集装箱港口系统“四环”研究框架反映了全球生产贸易格局、全球货物流量和流向的系统特征。

针对港口系统的研究问题，基于所构建的全球集装箱港口系统“四环”研究框架，本书提出一个新的融合模型、方法和技术，将定量模型、定性知识和集成技术相结合的集装箱港口系统研究方法框架。同时，基于新建立的港口系统研究方法框架，选择处理复杂系统的 TEI@I 方法论，来构建 TEI@I 方法论港口系统集成预测研究方法框架。在实证研究上，基于所构建的全球集装箱港口系统“四环”研究框架和 TEI@I 方法论港口系统集成预测研究方法框架的理论研究，分别构建并预测了“一环”珠三角港口系统的集装箱吞吐量、“二环”中国港口系统的集装箱吞吐量、“三环”亚洲港口系统的集装箱吞吐量、“四环”全球港口系统的集装箱吞吐量，以及给出全球前二十大集装箱港口实证研究，预测和分析全球各主要集装箱港口的货运需求。

基于该理论研究基础，中国科学院预测科学研究中心从 2009 年已连续 10 多年跟踪研究并出版了 10 部《全球 Top20 集装箱港口预测报告》系列研究专著，并通过有关媒体将研究预测结果对全球发布，该研究对相关行业和企业的科学决策发挥了重要的作用。该研究定量地分析全球 20 多个港口集装箱运输增长规律的差异性，为港口国家和临港城市有关政府部门进行行业管理、港口企业健康发展提供科学依据，并基于各港口预测结果，做了相应的政策分析，取得了一批得到港口单位和政府有关管理部门充分肯定和受到国际同行好评的重要成果。

从预测理论和实证研究来看，基于 TEI@I 方法论的理论和实证研究，进一步将集装箱港口发展的现象和规律，以及所识别的定量指标与 TEI@I 方法论的研究思路、方法和技术相结合，提炼 TEI@I 方法论实证研究中不同时序分解集成预测技术方法与数据特征之间的相互匹配关系，确定与之相匹配及兼容的分解和集成方法，以有效刻画集装箱港口系统未来发展的各因素间相互作用机制，构建全球主要港口集装箱货运量的 TEI@I 方法论综合集成预测模型，定量研究全球典型集装箱大港的发展趋势，这样能显著提高全球集装箱港口系统的分析与预测能力，推动预测理论和实证的研究进程。

在今后相关领域的研究，可以从以下几个方面展开：

在理论研究方面，基于集装箱港口系统演化理论，界定所研究集装箱港口系统的发展阶段，并从经济学的角度深入探讨和研究不同阶段的港口产业结构演化路径与发展特征，揭示不同集装箱港口体系发展的内在机理；进一步凝练和提升不同历史阶段发展起来的、不同空间地理和经济环境下发展的集装箱港口系统演化模式、发展规律以及竞争格局等特征，进一步总结并完善集装箱港口系统演化理论，从而解析港口发展的最新机制。

在实证研究方面，针对不同历史阶段发展起来的、不同空间地理和经济环境下发展起来的集装箱港口系统演化模式、发展规律以及竞争格局等特征，基于所界定的各港口系统的发展阶段，如何获取和量化影响系统发展趋势的不确定性影响因素，并将其纳入中长期预测模型的构建中。进一步以 TEI@I 方法论的理论框架为核心，如何基于具体港口的演化模式、发展规律以及竞争格局等特征设定不同的情景，并选择和构建不同情景下的定性定量综合集成预测模型，预测全球主要港口及港口系统的集装箱货运量的中长期发展趋势。

参 考 文 献

曹有挥，李海建，陈雯. 2004. 中国集装箱港口系统的空间结构与竞争格局[J]. 地理学报，59（6）：1020-1027.

戴汝为. 1997. 一个科学的新领域——一门 21 世纪的科学[J]. 自然杂志，19（4）：187-192.

顾基发，唐锡晋. 2006. 物理-事理-人理系统方法论：理论与应用[M]. 上海：上海科技教育出版社.

顾基发，唐锡晋，朱正祥. 2007. 物理-事理-人理系统方法论综述[J]. 交通运输系统工程与信息，7（6）：51-60.

郭琨，崔啸，王珏，等. 2012. “京十二条”房地产调控政策的影响——基于 TEI@I 方法论[J]. 管理科学学报，15（4）：4-11.

黄安强，肖进，汪寿阳. 2011. 一个基于集成情境知识的组合预测方法[J]. 系统工程理论与实践，（1）：55-65.

梁小珍. 2015. 航空旅客运输需求预测与机场布局规划研究[D]. 北京：北京航空航天大学.

刘军，张方风，朱杰. 2011. 系统工程[M]. 北京：清华大学出版社，北京交通大学出版社.

欧变玲，张嘉为，汪寿阳，等. 2011. 2012 中国经济预测与展望[M]. 北京：科学出版社.

彭传圣. 2007. 东亚港口集装箱运输发展前景[J]. 港口装卸，2：39-40.

钱学森. 1991. 再谈开放的复杂巨系统[J]. 模式识别与人工智能，1（4）：5-8.

钱学森，于景元，戴汝为. 1990. 一个科学的新领域——开放的复杂巨系统及其方法论[J]. 自然杂志，1（13）：3-10.

乔杜里. 2011. 亚洲：全球贸易的新方向[J]. 珠江水运，12：62-63.

孙斌，姚海涛. 2012. 基于 PSO 优化 LSSVM 的短期风速预测[J]. 电力系统保护与控制，40（5）：85-89.

汤铃，余乐安，李建平，等. 2016. 复杂时间序列预测技术研究：数据特征驱动分解集成方法论[M]. 北京：科学出版社.

汪寿阳，许利枝. 2012. 2012 年の中国主要港におけるコンテナ取扱量の予測と分析[J]. 東アジアへの視点（East Asian Economic Perspectives），23（4）：30-36.

汪寿阳，余乐安，黎建强. 2007. TEI@I 方法论及其在外汇汇率预测中的应用[J]. 管理学报，4（1）：21-27.

汪寿阳，黄安强，许利枝，等. 2011. 2011 年全球 Top20 集装箱港口预测报告[M]. Hong Kong：Global-Link Publisher.

汪寿阳，许利枝，Lai K K，等. 2012a. 2012 年全球 Top20 集装箱港口预测报告[M]. Hong Kong：Global-Link Publisher.

汪寿阳，许利枝，谢刚. 2012b. 2012 年のアジア主要港におけるコンテナ輸送量の予測と分析[J]. 東アジアへの視点，23（3）：32-41.

汪寿阳，许利枝，谢刚，等. 2013. 2013 年全球 Top20 集装箱港口预测报告[M]. Hong Kong: Global-Link Publisher.

汪寿阳，谢刚，许利枝，等. 2014. 2014 年全球 Top20 集装箱港口预测报告[M]. Hong Kong: Global-Link Publisher.

汪寿阳，谢刚，许利枝，等. 2015. 2015 年全球 Top20 集装箱港口预测报告[M]. Hong Kong: Global-Link Publisher.

汪寿阳，谢刚，许利枝，等. 2016. 2016 年全球 Top20 集装箱港口预测报告[M]. Hong Kong: Global-Link Publisher.

汪寿阳，谢刚，许利枝，等. 2017. 2017 年全球 Top20 集装箱港口预测报告[M]. Hong Kong: Global-Link Publisher.

汪应洛. 1998. 系统工程理论、方法与应用[M]. 北京：高等教育出版社.

王成金. 2008. 全球集装箱航运的空间组织网络[J]. 地理研究，27（3）：636-648.

王成金，于良. 2007. 世界集装箱港的形成演化及与国际贸易的耦合机制[J]. 地理研究，26（3）：557-568.

许利枝，汪寿阳. 2012. 港口物流预测研究：基于 TEI@I 方法论[J]. 交通运输系统工程与信息，12（1）：173-179.

许利枝，汪寿阳. 2014. 集装箱港口预测方法及其实证研究：基于 TEI@I 方法论[M]. 北京：科学出版社.

许利枝，汪寿阳. 2015. 集装箱港口预测研究方法：香港港实证研究[J]. 管理科学学报，18（5）：46-56.

许利枝，汪寿阳，Lai K K，等. 2010. 2010 年全球 Top20 集装箱港口预测报告[M]. Hong Kong: Global-Link Publisher.

许伟，马建，汪寿阳. 2011. 系统分析方法集成研究及其在预测和监测中的应用[M]. 北京：科学出版社.

闫妍，许伟，部慧，等. 2007. 基于 TEI@I 方法论的房价预测方法[J]. 系统工程理论与实践，7：1-9.

姚潇，余乐安. 2012. 模糊近似支持向量机模型及其在信用风险评估中的应用[J]. 系统工程理论与实践，32（3）：549-554.

余乐安，汪寿阳，黎建强. 2006. 外汇汇率与国际原油价格波动与预测——TEI@I 方法论[M]. 长沙：湖南大学出版社.

张嘉为，索丽娜，齐晓楠，等. 2010. 基于 TEI@I 方法论的通货膨胀问题分析与预测[J]. 系统工程理论与实践，30（12）：2157-2164.

张珣，张莉莉，尚妍，等. 2012. 2013 中国经济预测与展望[M]. 北京：科学出版社.

真虹，刘桂云，张婕姝. 2010. 第四代港口及其经营管理模式研究[M]. 上海：上海交通大学出版社.

Alenezi A，Moses S A，Trafalis T B. 2008. Real-time prediction of order flowtimes using support vector regression[J]. Computers and Operations Research，35（11）：3489-3503.

Anderson C M，Park Y A，Chang Y T，et al. 2008. A game-theoretic analysis of competition among container port hubs：the case of Busan and Shanghai[J]. Maritime Policy and Management，35（1）：5-26.

Armstrong J S. 1985. Long-range Forecasting：form Crystal Ball to Computer[M]. New York：Wiley.

Baird A J. 2002. The economics of container transhipment in Northern Europe[J]. International Journal of Maritime Economics，4（3）：249-280.

Baird A J. 2006. Optimising the container transhipment hub location in northern Europe[J]. Journal of Transport Geography，14（3）：195-214.

Bandt C，Pompe B. 2002. Permutation entropy：a natural complexity measure for time series[J]. Physical Review Letters，88（17）：174102.

Beria P，Laurino A. 2016. Determinants of daily fluctuations in air passenger volumes. The effect of events and holidays on Milan Malpensa airport[J]. Journal of Air Transport Management，53：73-84.

Bessec M，Fouquau J. 2017. Short-run electricity load forecasting with combinations of stationary wavelet transforms[J]. European Journal of Operational Research，264.

Box G E P. 1976. Time Series Analysis Forecasting and Control[M]. 2nd ed. San Francisco，USA：Holden-Day.

Box G E P，Jenkins G M，Reinsel G C. 1994. Time Series Analysis，Forecasting and Control[M]. Englewood Cliffs，NJ：Prentice-Hall.

Breunig M M，Kriegel H P，Ng R T，et al. 2000. LOF：Identifying density-based local outliers[C]. ACM Sigmod Record，ACM，29（2）：93-104.

Buckley W. 1968. Modern Systems Research for the Behavioral Scientist[M]. Chicago：Aldine Publishing Company.

Burroughs R. 2005. Institutional change in the Port of New York[J]. Maritime Policy and Management，32（3）：315-328.

Chen S H，Chen J N. 2010. Forecasting container throughputs at ports using genetic programming[J]. Expert Systems with Applications，37（3）：2054-2058.

Choi T M，Yu Y，Au K F. 2011. A hybrid SARIMA wavelet transform method for sales forecasting[J]. Decision Support Systems，51（1）：130-140.

Chou C C，Chu C W，Liang G S. 2008. A modified regression model for forecasting the volumes of Taiwan's import containers[J]. Mathematical and Computer Modeling，47：797-807.

Chow G C. 1960. Tests of equality between sets of coefficients in two linear regressions[J]. Econometrica，28（3）：591-605.

Colebrook J M. 1978. Continuous plankton records-zooplankton and environment，northeast Atlantic and North-Sea，1948-1975[J]. Oceanologica Acta，1（1）：9-23.

Cullinane K，Song D W. 2001. The administrative and ownership structure of Asian container ports[J]. International Journal of Maritime Economics，3（2）：175-197.

Cullinane K，Song D W. 2007. Asian Container Ports：Development，Competition and Cooperation[M]. Basingstoke：Palgrave Macmillan.

Cullinane K，Fei W T，Cullinane S. 2004. Container terminal development in Mainland China and its impact on the competitiveness of the port of Hong Kong[J]. Transport Reviews，24（1）：33-56.

Cullinane K，Teng Y，Wang T F. 2005. Port competition between Shanghai and Ningbo[J]. Maritime Policy and Management，32（4）：331-346.

De Langen W. 2005. Trends and opportunities for the long-term development of Rotterdam's port complex[J]. Coastal Management，33（2）：215-224.

De Langen W. 2007. Port competition and selection in contestable hinterlands；the case of Austria[J]. European Journal of Transport and Infrastructure Research，7（1）：1-14.

De P. 2006. Total factor productivity growth：Indian ports in the era of globalisation[J]. Maritime Economics and Logistics，8（4）：366-386.

De P，Ghosh B. 2002. Productivity，efficiency and technological change in Indian ports[J]. International Journal of Maritime Economics，4（4）：348-368.

De-Gooijer J G，Klein A. 1989. Forecasting the Antwerp maritime steel traffic flow：a case study[J]. Journal of Forecasting，8（4）：381-398.

Dickey D A，Fuller W A. 1979. JSTOR：journal of the American Statistical Association[J]. Journal of the American Statistical Asso，74（366）：427-431.

Diebold F X，Mariano R S. 1995. Comparing predictive accuracy[J]. Journal of Business and Economic Statistics，13（3）：253-263.

Ducruet C. 2008. Hub dependence in constrained economies：the case of North Korea[J]. Maritime Policy and Management，35（4）：377-394.

Ducruet C，Lee S W. 2007. Measuring intermodalism at European port cities：an employment-based study[J]. World Review of Intermodal Transportation Research，1（3）：313-334.

Ducruet C，Jo J C. 2008. Coastal cities，port activities and logistic constraints in a socialist developing country：the case of North Korea[J]. Transport Reviews，28（1）：35-59.

Ducruet C，Notteboom T. 2012. The worldwide maritime network of container shipping：spatial structure and regional dynamics[J]. GaWC Research Bulletin，12（3）：395-423.

Ducruet C，Roussin S，Jo J C. 2009. Going west? Spatial polarization of the North Korean port system[J]. Journal of Transport Geography，17（5）：357-368.

Engelena S，Meersmana H，van De Voordea E. 2006. Using system dynamics in maritime economics：an endogenous decision model for shipowners in the dry bulk sector[J]. Maritime Policy and Management，33（2）：141-158.

Everett S. 2007. Port reform in Australia：regulation constraints on efficiency[J]. Maritime Policy & Management，34（2）：107-119.

Fan G F，Peng L L，Hong W C，et al. 2016. Electric load forecasting by the SVR model with differential empirical mode decomposition and auto regression[J]. Neurocomputing，173：958-970.

Ferrari C，Parola F，Morchio E. 2006. Southern European ports and the spatial distribution of EDCs[J]. Maritime Economics & Logistics，8（1）：60-81.

Findley D F，Monsell B C，Bell W R，et al. 1998. New capabilities and methods of the X-12-ARIMA seasonal-adjustment program[J]. Journal of Business & Economic Statistics，16（2）：127-152.

Franses P H，Dijk D V. 2005. The forecasting performance of various models for seasonality and nonlinearity for quarterly industrial production[J]. International Journal of Forecasting，21（1）：87-102.

Frémont A，Ducruet C. 2005. The emergence of a mage-port from the global to the local，the case of

Busan[J]. Tijdschrift Voor Economische En Sociale Geografie，96（4）：421-432.
Fung K F. 2001. Competition between the ports of Hong Kong and Singapore：a structural vector error correction model to forecast the demand for container handling services[J]. Maritime Policy and Management，28（1）：3-22.
Fung K M. 2002. Forecasting Hong Kong's container throughput：an error-correction model[J]. Journal of Forecasting，21（1）：69-80.
Gao Y，Luo M，Zou G. 2016. Forecasting with model selection or model averaging：a case study for monthly container port throughput[J]. Transportmetrica，12（4）：366-384.
Geng J，Li M W，Dong Z H，et al. 2015. Port throughput forecasting by MARS-R SVR with chaotic simulated annealing particle swarm optimization algorithm[J]. Neurocomputing，147（1）：239-250.
Gholamian M R，Ghomi S M T F，Ghazanfari M. 2006. A hybrid intelligent system for multi-objective decision making problems[J]. Computers and Industrial Engineering，51：26-43.
Giuliano G，O'Brien T. 2008. Extended gate operations at the ports of Los Angeles and Long Beach：a preliminary assessment[J]. Maritime Policy and Management，35（2）：215-235.
Gooijer J G D，Hyndman R J. 2006. 25 years of time series forecasting[J]. International Journal of Forecasting，22（3）：443-473.
Gouvernal E，Daydou J. 2005. Container rail freight services in north-west Europe：diversity of organizational forms in a liberalizing environment[J]. Transport Reviews，25（5）：557-571.
Gouvernal E，Derbie J，Slack B. 2005. Dynamics of change in the port system of the western Mediterranean[J]. Maritime Policy and Management，32（2）：107-121.
Grammenos C H. 2009. The Handbook of Maritime Economics[M]. London：LLP.
Granger C W J，Jeon Y. 2007. Long-term forecasting and evaluation[J]. International Journal of Forecasting，23（4）：539-551.
Grobar L M. 2008. The economic status of areas surrounding major U.S. container ports：evidence and policy issues[J]. Growth and Change，39（3）：497-516.
Grossmann I. 2008. Perspectives for Hamburg as a port city in the context of a changing global environment[J]. Geoforum，39（6）：2062-2072.
Guerrero D，Rodrigue J P. 2012. The waves of containerization：shifts in global maritime transportation[EB/OL]. http://people.hofstra.edu/jean-paul_rodrigue/downloads/Container_Waves_v2.pdf [2013-10-01].
Guy E，Alix Y. 2007. A successful upriver port? Container shipping in Montreal[J]. Journal of Transport Geography，15（1）：46-55.
Hall P V. 2007. Seaports，urban sustainability，and paradigm shift[J]. Journal of Urban Technology，14（2）：87-101.
Hang T N，Nabney I T. 2010. Short-term electricity demand and gas price forecasts using wavelet transforms and adaptive models[J]. Energy，35（9）：3674-3685.
Hassani H，Kalantari M，Yarmohammadi M. 2017. An improved SSA forecasting result based on a filtered recurrent forecasting algorithm[J]. Comptes Rendus Mathematique，355（9）：1026-1036.
Hawkins D M. 1980. Identification of Outliers[M]. London：Chapman and Hall.

Hayuth Y. 1981. Containerization and the load center concept[J]. Economic Geography，57（2）：160-176.

Hayuth Y. 1982. The port-urban interface：an area in transition[J]. Area，14（3）：219-224.

Hayuth Y. 1988. Rationalization and deconcentration of the U.S. container port system[J]. The Professional Geographer，40：279-288.

He K，Yu L，Lai K K. 2012. Crude oil price analysis and forecasting using wavelet decomposed ensemble model[J]. Energy，46（1）：564-574.

Hilas C S，Goudos S K，Sahalos J N. 2006. Seasonal decomposition and forecasting of telecommunication data：a comparative case study[J]. Technological Forecasting and Social Change，73（5）：495-509.

Holt C C. 2004. Forecasting seasonals and trends by exponentially weighted moving averages[J]. International Journal of Forecasting，20（1）：5-10.

Hornik K，Stinchcombe M，White H. 1989. Multilayer Feedforward Networks are Universal Approximators[M]. Amsterdam：Elsevier Science Ltd.

Hoshino H. 2010. Competition and collaboration among container ports[J]. The Asian Journal of Shipping and Logistics，26（1）：31-47.

Hoyle B S. 1989. The port-city interface：trends，problems and examples[J]. Geoforum，1989，20（4）：429-435.

Hoyle B S. 1999. Port concentration，inter-port competition and revitalization：the case of Mombasa，Kenya[J]. Maritime Policy and Management，26（2）：161-174.

Huang A，Lai K，Li Y H，et al. 2015. Forecasting container throughput of Qingdao port with a hybrid model[J]. Journal of Systems Science and Complexity，28（1）：105-121.

Huang N E，Shen Z，Long S R，et al. 1998. The empirical mode decomposition and the Hilbert spectrum for nonlinear and non-stationary time series analysis[J]. Proceedings of the Royal Society A：Mathematical Physical and Engineering Sciences，454（1971）：903-995.

Hui E C M，Seabrooke W，Wong K C. 2004. Forecasting cargo throughput for the port of Hong Kong：error correction model approach[J]. Journal of Urban Planning and Development，130（4）：195-203.

Hyndman R J. 2006. Another look at forecast accuracy metrics for intermittent demand[J]. Foresight the International Journal of Applied Forecasting，1（4）：43-46.

Inclan C，Tiao G C. 1994. Use of cumulative sums of squares for retrospective detection of changes of variance[J]. Publications of the American Statistical Association，89（427）：913-923.

Itoh H. 2002. Effeiciency changes at major container ports in Japan：a window application of data envelopment analysis[J]. Review of Urban and Regional Development Studies，14（2）：133-152.

Jeevan J，Ghaderi H，Bandara Y M，et al. 2015. The implications of the growth of port throughput on the port capacity：the case of malaysian major container seaports[J]. International Journal of E-Navigation and Maritime Economy，3（8）：84-98.

Jia H，Lampe O D，Solteszova V，et al. 2017. Norwegian port connectivity and its policy implications[J]. Maritime Policy and Management，44（3）：1-11.

Jin X，Yi X，Julei F U，et al. 2014. A transfer forecasting model for container throughput guided by discrete pso[J]. Journal of Systems Science and Complexity，27（1）：181-192.

Kao L J，Chiu C C，Lu C J，et al. 2013. A hybrid approach by integrating wavelet-based feature extraction with MARS and SVR for stock index forecasting[J]. Decision Support Systems，54（3）：1228-1244.

Kast F E，Rosenzweig J E. 1972. General systems theory：applications for organization and management[J]. The Academy of Management Journal，15（4）：447-465.

Kim K J. 2003. Financial time series forecasting using support vector machines[J]. Neurocomputing，55（1-2）：307-319.

Kim K J，Ahn H. 2012. A corporate credit rating model using multi-class support vector machines with an ordinal pairwise partitioning approach[J]. Computers and Operations Research，39（8）：1800-1811.

Klein A，Verbeke A. 1986. The design of an optimal short term forecasting system for seaport management：an application to the port of Antwerp[J]. International Journal of Transport Economics，14（2）：57-70.

Kuby M，Reid N. 1992. Technological change and the concentration of the US general cargo port system：1970-88[J]. Economic Geography，68（3）：272-289.

Lam W H K，Ng P L P，Seabrooke W，et al. 2004. Forecasts and reliability analysis of port cargo throughput in Hong Kong[J]. Journal of Urban Planning and Development，130（3）：133-144.

Lee J Y，Rodrigue J P. 2006. Trade reorientation and its effects on regional port systems：the Korea-China link along the Yellow Sea Rim[J]. Growth and Change，37（4）：597-619.

Lee S W，Song D W，Ducruet C. 2008. A tale of Asia's world ports：the spatial evolution in global hub port cities[J]. Geoforum，39（1）：372-385.

Leung M T，Chen A S，Daouk H. 2000. Forecasting exchange rates using general regression neural networks[J]. Computers and Operations Research，27（11）：1093-1110.

Levine B，Nozick L，Jones D. 2009. Estimating an origin-destination table for US exports of waterborne containerised freight[J]. Maritime Economics and Logistics，11（2）：137-155.

Li Y，Wang X，Sun S，et al. 2017. Forecasting short-term subway passenger flow under special events scenarios using multiscale radial basis function networks[J]. Transportation Research Part C Emerging Technologies，77：306-328.

Liao K P，Fildes R. 2005. The Accuracy of A Procedural Approach to Specifying Feedforward Neural Networks for Forecasting[M]. Amsterdam：Elsevier Science Ltd.

Lin D Y，Huang K L. 2017. An equilibrium-based network model for international container flows[J]. Maritime Policy and Management，44（1）：1-22.

Lin C S，Chiu S H，Lin T Y. 2012. Empirical mode decomposition–based least squares support vector regression for foreign exchange rate forecasting[J]. Economic Modelling，29（6）：2583-2590.

Liu Y，Zhou C，Guo D，et al. 2010. A decision support system using soft computing for modern international container transportation services[J]. Applied Soft Computing，10（4）：

1087-1095.
Loo B P Y，Hook B. 2002. Interplay of international，national and local factors in shaping container port development：a case study of Hong Kong[J]. Transport Reviews，22（2）：219-245.
Luo M，Grigalunas T A. 2003. A spatial-economic multimodal transportation simulation model for US coastal container ports[J]. Maritime Economics and Logistics，5（2）：158-178.
Makridakis S G，Wheelwright S C，McGee V E. 1983. Forecasting：Methods and Applications[M]. New York：Wiley.
Mallat S G . 1989. A Theory for Multiresolution Signal Decomposition：The Wavelet Representation[M]. IEEE Computer Society.
McCalla R J. 2008a. Container transhipment at Kingston，Jamaica[J]. Journal of Transport Geography，16（3）：182-190.
McCalla R J. 2008b. Site and situation factors in transhipment ports：the case of the Caribbean Basin[J]. Tijdschrift voor Economische en Sociale Geografie，99（4）：440-453.
Medda F，Carbonaro G. 2007. Growth of container seaborne traffic in the Mediterranean Basin：outlook and policy implications for port development[J]. Transport Reviews，27（5）：573-587.
Memon Q A. 2003. Synchronized choas for network security[J]. Computer Communications，26（6）：498-505.
Mi X W，Liu H，Li Y F. 2017. Wind speed forecasting method using wavelet，extreme learning machine and outlier correction algorithm[J]. Energy Conversion and Management，151：709-722.
Mostafa M M. 2014. Forecasting the Suez Canal traffic：a neural network analysis[J]. Maritime Policy and Management，31（2）：139-156.
Notteboom T E. 1997. Concentration and load centre development in the European container port system[J]. Journal of Transport Geography，5（2）：99-115.
Notteboom T E. 2006. Container throughput dynamics in the East Asian container port system[J]. Journal of International Logistics and Trade，4（1）：31-52.
Notteboom T E. 2010. Concentration and the formation of multi-port gateway regions in the European container port system：an update[J]. Journal of Transport Geography，18（4）：567-583.
Notteboom T E. 2016. The adaptive capacity of container ports in an era of mega vessels：the case of upstream seaports Antwerp and hamburg[J]. Journal of Transport Geography，54：295-309.
Notteboom T E，Rodrigue J P. 2005. Port regionalization：towards a new phase in port development[J]. Maritime Policy and Management，32（3）：297-313.
Ortega L F. 2014. A neuro-wavelet model for the short-term forecasting of high-frequency time series of stock returns[J]. Journal of Forecasting，33（2）：134-146.
Paflioti P，Vitsounis T K，Teye C，et al. 2017. Box dynamics：a sectoral approach to analyse containerized port throughput interdependencies[J]. Transportation Research Part A Policy and Practice，106：396-413.
Pallis A A，Vitsounis T K，De Langen P W. 2010. Port economics，policy and management：review of an emerging research field[J]. Transport Reviews，39（1）：115-161.

Pao H T. 2009. Forecasting energy consumption in Taiwan using hybrid nonlinear models[J]. Energy，34（10）：1438-1446.

Papailias F，Thomakos D. 2017. EXSSA：SSA-based reconstruction of time series via exponential smoothing of covariance eigenvalues[J]. International Journal of Forecasting，33（1）：214-229.

Peng W Y，Chu C W. 2009. A comparison of univariate methods for forecasting container throughput volumes[J]. Mathematical and Computer Modelling，50（7-8）：1045-1057.

Perron P. 1997. Further evidence of breaking trend functions in macroeconomic variables[J]. Journal of Econometrics，80：355-385.

Petering M E H. 2009. Effect of block width and storage yard layout on marine container terminal performance[J]. Transportation Research Part E，45（4）：591-610.

Pilcher N，Tseng P H. 2017. Can we really measure the impact of port governance reform?[J]. Maritime Policy and Management，44：1-14.

Rana M，Koprinska I. 2016. Forecasting electricity load with advanced wavelet neural networks[J]. Neurocomputing，182：118-132.

Rao R M. 1998. Wavelet Transforms：Introduction to Theory and Applications[M]. New Jersey：Addison-Wesley.

Ruiz-Aguilar J J，Turias I J，Jiménez-Come M J. 2015. A novel three-step procedure to forecast the inspection volume[J]. Transportation Research Part C Emerging Technologies，56：393-414.

Sakalayen Q，Chen S L，Cahoon S. 2017. The strategic role of ports in regional development：conceptualising the experience from Australia[J]. Maritime Policy and Management，44（4）：1-23.

Sandelowski M. 2000. Combining qualitative and quantitative sampling：data collection and analysis techniques in mixed method studies[J]. Research in Nursing and Health，23：246-255.

Schulze P M，Prinz A. 2009. Forecasting container transshipment in Germany[J]. Applied Economics，41（22）：2809-2815.

Seabrooke W，Hui C M，Lam H K，et al. 2003. Forecasting cargo growth and regional role of the port of Hong Kong[J]. Cities，20（1）：51-64.

Setzler H，Saydam C，Park S. 2009. EMS call volume predictions：a comparative study[J]. Computers and Operations Research，36（6）：1843-1851.

Sharma V，Yang D，Walsh W，et al. 2016. Short term solar irradiance forecasting using a mixed wavelet neural network[J]. Renewable Energy，90：481-492.

Sherman H，Rowley D J，Armandi B R. 2006. Strategic Management：An Organization Change Approach[M]. Oxford：University Press of America.

Shinohara M. 2010. Maritime cluster of Japan：implications for the cluster formation policies[J]. Maritime Policy and Management，（37）：377-399.

Slack B，Wang J J. 2002. The challenge of peripheral ports：an Asian perspective[J]. GeoJournal，56（2）：159-166.

Stavroulakis P J，Papadimitriou S. 2017. Situation analysis forecasting：the case of European maritime clusters[J]. Maritime Policy and Management，44（3）：1-11.

Stopford M. 2009. Maritime Economics[M]. London：Routledge.

Suykens J A K, Vandewalle J. 1999. Least squares support vector machine classifiers[J]. Neural Processing Letters, 9: 293-300.

Tan T Y. 2007. Port cities and hinterlands: a comparative study of Singapore and Calcutta[J]. Political Geography, 26 (7): 851-865.

Tang L, Yu L, He K. 2014. A novel data-characteristic-driven modeling methodology for nuclear energy consumption forecasting[J]. Applied Energy, 128 (3): 1-14.

Tay F E H, Cao L. 2007. Application of support vector machines in financial time series forecasting[J]. Journal of University of Electronic Science and Technology of China, 29 (4): 309-317.

Tian X, Liu L, Lai K K, et al. 2013. Analysis and forecasting of port logistics using TEI@I methodology[J]. Transportation Planning & Technology, 36 (8): 685-702.

Tian X, Liu L, Wang S. 2015. Evolving competition between Hong Kong and Shenzhen ports[J]. Maritime Policy and Management, 42 (8): 729-745.

Tian X, Xu L Z, Liu L M, et al. 2009. Analysis and forecasting of port logistics using TEI@I methodology//Business Intelligence: Economic and Financial Forecasting[M]. New York: IGI Publisher, 2009.

Tsai F M, Huang L J W. 2015. Using artificial neural networks to predict container flows between the major ports of Asia[J]. International Journal of Production Research, (14): 1-10.

Twrdy E, Batista M. 2016. Modeling of container throughput in Northern Adriatic ports over the period 1990-2013[J]. Journal of Transport Geography, 52: 131-142.

UNCTAD. 2011. Review of Maritime Transport 2011[R]. Geneva: UNCTAD.

Vapnik V N. 2000. The Nature of Statistical Learning Theory[M]. New York: Springer-Verlag.

Veenstra A W, Mulder H M, Sels R A. 2005. Analysing container flows in the Caribbean[J]. Journal of Transport Geography, 13 (4): 295-305.

Wang H, Gearhart J, Jones K, et al. 2016. Estimation of an origin-destination table for U.S. imports of waterborne containerized freight[J]. Transportation Research Record Journal of the Transportation Research Board, (2548): 35-42.

Wang J J. 1998. A container load center with a developing hinterland: a case study of Hong Kong[J]. Journal of Transport Geography, 6 (3): 187-201.

Wang J J, Slack B. 2000. The evolution of a regional container port system: the Pearl River Delta[J]. Journal of Transport Geography, 8 (4): 263-275.

Wang J, Zhu W, Zhang W, et al. 2009. A trend fixed on firstly and seasonal adjustment model combined with the-SVR for short-term forecasting of electricity demand[J]. Energy Policy, 37 (11): 4901-4909.

Wang J, Qin S, Zhou Q, et al. 2015. Medium-term wind speeds forecasting utilizing hybrid models for three different sites in Xinjiang, China[J]. Renewable Energy, 76: 91-101.

Wang S Y. 2004. TEI@I: a new methodology for studying complex systems[C]. Tsukuba, Japan: The International Workshop on Complexity Science.

Wang S Y, Yu L, Lai K K. 2005. Crude oil price forecasting with TEI@I methodology[J]. Journal of Systems Science and Complexity, 18 (2): 145-166.

Welch P D. 1967. The use of fast Fourier transform for the estimation of power spectra: a method

based on time average[J]. Audio and Electroacoustics IEEE Transactions on，15（2）：70-73.
White H. 1990. Connectionist nonparametric regression：multilayer feedforward networks can learn arbitrary mappings[J]. Neural Networks，3（5）：535-549.
Winters P R. 1996. Forecasting sales by exponentially weighted moving averages[J]. Management Science，6（3）：324-342.
Woo S，Pettit S，Kwak D，et al. 2011. Seaport research：a structured literature review on methodological issues since the 1980s[J]. Transportation Research Part A，45：667-685.
Xiao Y，Wang S Y，Liu J J，et al. 2016. Throughput estimation based port development and management policies analysis[J]. Maritime Policy & Management，43（1）：84-97.
Xiao Y，Wang S Y，Xiao M，et al. 2017a. The analysis for the cargo volume with hybrid discrete wavelet modeling[J]. International Journal of Information Technology & Decision Making，16（3）：851-863.
Xiao Y，Xiao J，Wang S Y. 2017b. A hybrid forecasting model for non-stationary time series[J]. International Journal of Knowledge and Systems Science，3（2）：67-82.
Xie G，Wang S Y，Zhao Y，et al. 2013. Hybrid approaches based on LSSVR model for container throughput forecasting：a comparative study[J]. Applied Soft Computing Journal，13（5）：2232-2241.
Xie G，Wang S，Lai K K. 2014. Short-term forecasting of air passenger by using hybrid seasonal decomposition and least squares support vector regression approaches[J]. Journal of Air Transport Management，37（2）：20-26.
Xie G，Zhang N，Wang S Y. 2017. Data characteristic analysis and model selection for container throughput forecasting within a decomposition-ensemble methodology[J]. Transportation Research Part E：Logistics and Transportation Review，108：160-178.
Yap W Y，Lam J S L. 2006. Competition dynamics between container ports in East Asia[J]. Transportation Research Part A：Policy and Practice，40：35-51.
Yelland P M. 2006. Stable seasonal pattern models for forecast revision：a comparative study[J]. International Journal of Forecasting，22（4）：799-818.
Yeo G T，Roe M，Dinwoodie J. 2008. Evaluating the competitiveness of container ports in Korea and China[J]. Transportation Research Part A：Policy and Practice，42（6）：910-921.
Yiping L E，Hitoshi I E D A. 2010. Evolution dynamics of container port systems with a Geo-Economic Concentration Index：a comparison of Japan，China and Korea[J]. Asian Transport Studies，1（1）：46-61.
Yu L，Wang S，Lai K K. 2008. Forecasting crude oil price with an EMD-based neural network ensemble learning paradigm[J]. Energy Economics，30（5）：2623-2635.
Yu L，Wang Z，Tang L. 2015. A decomposition-ensemble model with data-characteristic-driven reconstruction for crude oil price forecasting[J]. Applied Energy，156：251-267.
Zhang G P. 2003. Time series forecasting using a hybrid ARIMA and neural network model[J]. Neurocomputing，50（1）：159-175.
Zhang K，Gençay R，Yazgan M E. 2017. Application of wavelet decomposition in time-series forecasting[J]. Economics Letters，158.